奈良県立大学
ユーラシア研究センター学術叢書シリーズ2
vol.3

奈良に蒔かれた言葉Ⅱ

近世・近代の思想

奈良県立大学ユーラシア研究センター編著

碧地金銀絵箱　第二五号（献物箱）
ヒノキ材 縦27.9センチ 横17.5センチ
高10.6センチ（中倉151）　正倉院宝物
（本文105頁【図2】）

葡萄唐草鳥獣文食器セット（有田、精磁会社製、1880年代）（本文111頁【図8-1】）

葡萄唐草鳥獣文食器・ソースチュリーン（蓋物・部分）
径16.5センチ 高16.8センチ（本文112頁【図8-2】）

宮内庁所蔵（『御即位十年記念特別展　第六回展　饗宴―近代のテーブル・アート』、宮内庁三の丸尚蔵館編集、宮内庁、財団法人菊葉文化協会発行、平成12年1月15日）

はじめに

「センセー、センセー。はーい。シツモンで～す」

「……また、あなたですか。2巻でも4巻でも、出てきた学生さんじゃないですか」

「同じキャラが出てくるのはキャラ側せいじゃくてぇ、筆者の怠慢だと思うんですけどぉ」

「メタなセリフを……。この第3巻は授業スタイルの記述じゃないんですけどね」

「え～、そーなんですかぁ。聞いてませ～ん。でも出てきちゃいましたから、シツモンで～す」

「……どうぞ」

「さっきのぉ『奈良文化イメージ論』のガイダンスのぉ、この講義でぇ、何を学ぶのかぁってとこでぇ」

「イラっとなるので、語尾を伸ばさないでください」

「だってぇ、そういうキャラ設定なんですぅ」

「より尖鋭化させてません？　紙数が限られているので、質問は端的に」

「講義の目的は、『これまで語られてきた奈良』を題材にして、奈良の固定的なイメージと奈良本来のアイデンティティとの関係を探ること、とおっしゃいました」

「別人のような口調になりましたね。確かにそう言いました」

「そのあと、たった数日間の『見物記』にすぎない和辻哲郎の『古寺巡礼』が、奈良の『聖典』のように扱われているけど、その中の和辻の記述には『とんでもないfake』が混じっていて、後世に信じられない悪影響がもたらされた、ともおしゃいました」

「ええ」

「逆に、志賀直哉の一言が、今も『奈良の食』を苦しめているけど、文脈をきちんと追えば、志賀は奈良をうんと褒めていて、奈良は『食』よりも、ホスピタリティで人を呼ぶ方が似合っていると言いたかったのだろう、と」

「意外に、よく覚えていますね」

「でぇ〜、ここからがぁ〜、シツモンですけどぉ〜、第1にぃ〜」

「……わざとらしい」

「ええと、第1に和辻や志賀の記述やその理解が奈良のイメージと関わって問題だということは……、うん、この方が楽です。『古寺巡礼』などの読解が講義の中身ということですか。第2に、この講義は奈良県立大学ユーラシア研究センターの『近世・近代の思想研究会』の成果を再構成したものだとおっしゃいました。現在、本の出版準備中ということでしたが、その本も、和辻の嘘などを暴く『暴露本』みたいな内容になるのですか」

† † † †

確かに本書も「暴露本」にした方が、売れるだろう。その方が出版社の方にも喜んでもらえそうだ。だが、そうはいかない。研究会の認識は、一部の「語られた奈良」

から、奈良イメージが固定化され、そこから逆行して奈良のアイデンティティまで、固められてしまっているのではないか。本当の奈良は、たったひとつの「ＮＡＲＡ」ではなくて、もっと多様な、複数形で表現した方が良い「ＮＡＲＡＳ」のようなものではないかというものだ。和辻の嘘を糺しても、一つの間違った「ＮＡＲＡ」が消去されるだけで、多様な「ＮＡＲＡＳ」には近づかない。「ＮＡＲＡＳ」は「有名」な言説や評論の「語り手」（和辻ら）や「語り方」（『古寺巡礼』など）を、これまであまり奈良との関わりが意識されてこなかった「語り手」や「語り方」から逆照射するかたちでしか、現れてはくれないだろう。なので講義も、そして本書も……。

†　†　†　†

「近世や近代の奈良に蒔かれた言葉や思想を、丹念に拾い集めていく作業になります」

「ふ～ん。でもぉ～、ドーしてキンセー・キンダイなんですかぁ～」

†　†　†　†

研究会活動を通じて、奈良のアイデンティティとは、奈良に首都が置かれていた時代よりも、廃都以降の時代に関わっているらしいとわかってきた。首都でなくなって１０００年以上経過しても、ほとんど首都そのままの状態で、設備や機能が継承・活用されている。人類史上類例をみない、この都市機能の維持こそ、奈良本来の地域アイデンティティではないか。そして、「地方時代」から「地方のない時代」に移りつつ今日、地方が共通して抱える問題解決にも貢献できる地域力であり、国際的に移転可能なソフトパワーといえるだろう。近世・近代の奈良は、日本のあらゆるものの起源を創り出した古代ほどの派手さはないが、古代に生み出されたものを今日に繋ぐための営みが続けられた時代であった。それを知る手がかりは、当時を生きた人々の記録や記憶に残されているだろう。

† † † †

「ふんふん。なんとなくだけど、わかったかなって感じ。で、そーゆーことが本になり、そーゆーことが講義される、と」

「そうなりますね」

「この大学の図書館でも読めますよね」

「もちろん」

「ふふ。じゃあ～、講義なんか出なくてもぉ～、図書館で本読みゃ良いって、ことですよねぇ～。じゃ、サヨナラ」

† † † †

やれやれ。

（編集責任者　中島敬介）

〈注記〉

1．本書に収録された論考は各執筆者からの寄稿と本研究会での講演内容を編集責任者が書き起こしたもので構成され、所属団体や奈良県立大学の公式的な見解を示すものではない。

2．文章は日常使われる標準的な日本語を用い、漢字は基本として常用漢字・音訓表に基づき、必要に応じて古語・外国語・ローマ字を使用した。ただし、文脈に関わるものについては執筆者の判断に委ねた。

3．固有名詞の表記は筆者・発話者の意向を尊重した。ルビは読みやすさを考慮して適宜付したが、特に人名、地名等の固有名詞に関しては、筆者・発話者の意向を尊重した。

4．固有名詞や事実関係については基本的に執筆者・発話者に委ねたが、執筆者等への聴き取りや必要な範囲での文献等による調査を加えた。この調査は、出典／専門用語／慣用句／その他各種の表現／誤字・脱字の確認とともに、現在も継続している。

5．本文の上段に入る注記は（注＋数字）、本文の最後に入る《注》は（数字）で記している。

なお、本書の内容に関するご質問・ご意見は、編集責任者にお寄せ下さい。

（編集責任者　中島敬介）

〈目　次〉

折口信夫の歌と思想

――「葛の花」の歌をめぐって

植村　和秀

はじめに

葛の花　踏みしだかれて、色あたらし。この山道を行きし人あり(1)

この歌は現在、釈迢空《しゃくちょうくう》の代表的な名歌となっている。釈迢空は折口信夫《おりくちしのぶ》の創作者としての名前である。折口は歌人であり詩人であり小説家であり、また、国文学者であり民俗学者でもあった。ただしその自己理解によれば、折口は国学者である。その折口にとって、文学は決して国学者の余技ではなかった。むしろ歌をはじめとする文学こそは、社会を道徳的に活性化させうるものだったのである。

昭和7年（1932）の回想で折口は、文学への思い入れを定めたのは中学卒業頃であったとしている。その思い入れは、国学への思いと結び付いていた。

> さやう、中学の中頃になった頃には、大抵さうである如く、私も文学が、この世唯一の存在と謂った気持ちに、向いて行って居ました。我々のぼんやりと尊敬して居た国学のうちから歌を選んで、我々の進むべき第一のもの、と言ふ様に考へ初めて居た事は事実です。つまり、歌と、学問の興味とを調和すると言ふ点に於て、これを歴史観の上にすゑる短歌史の専攻に、一生を委ねようと思うたのが、大体、中学卒業期ごろの空想でした(2)。

折口が大阪の天王寺中学校を卒業したのは、明治38年（1905）である。卒業後は東京の國學院に進学して国学者の三矢重松《みつやしげまつ》に師事し、やがて短歌史のみならず多方面に巨大な学問的業績を残していくこととなる。それとともに、歌を始めとする多方面の創作活動によって、折口は近代日本の文学史に力強い足跡を残してもいた。その際折口は、自分が文学者として異風であるとも感じていた。学者であること、国学者であることが自己の文学を異風とすることへの自覚が明瞭にあったのである。

先に引用した回想で、折口は、当時は「単なる文学的な歌ばかりに本道の満足は出来なかった」と記し、今ならそれを、「幾分その世の中を思はせ、しかもその底に、その時代の指導精神の流れてゐるものを欲して居た」と説明できるとする。[3]「国学の指導精神に触れて居ない、所謂純文学派の人々には訣（わか）らない」だろうとはしながら、自己の文学が「特別に変った興味と、骨つぽさとを持って居た所以（ゆえん）」と自認するのである。[4]

それでは折口にとって、国学とはどのようなものなのであろうか。昭和12年（1937）に大阪朝日新聞に掲載された「国学とは何か」で、折口は、国学は「自由な道念の基礎を国文学に置いてをり、それから清純な生活を民族に持ち来さうといふ欲望を学風としてゐる」としている。[5]ここで折口は前年の2・26事件に言及し、「国学はあゝした要素を含まない、胸の寛い生活を築かうとしてゐるものであった」とも主張している。[6]拙著『折口信夫』でも論及したように、折口の国学は、政治的な急進主義に走るものではなく、社会の道徳感覚を清新にして、世の中をより善いものにしようとするものなのである。[7]

それゆえ文学は、折口にとって遊戯ではない。ただし、何か他のものの道具でもない。文学は文学として、どこまでも自由な創作に力尽くされるべきものである。そして、それが真実に尽くされるならば、そこから人心を動かし社会を清新にする力が発揮されるはずなのである。ただ、そのような考え方はなかなか理解しにくいものである。ここでは「葛の花」の歌を題材に、その思想へのつながりを検討してみることにしたい。

一　歌への思い

社会生活の歌

折口は学問でも文学でも探究を重ねる人物であった。そのため折口の学説は複雑に展開し、折口の文学は推敲が重ねられる。その探究は特に日本語に向けられ、古語の解明と文学表現の摸索が積み重ねられていくのである。

しかし折口は、文学の表現で古語のみに固着するわけではない。現代人の生活に根ざした現代の言葉の文学的開発にも、創作者として熱心に取り組んでもいるのである。

昭和5年（1930）に改造社から刊行された『現代短歌全集』第13巻の「追ひ書き」で、折口は、「歌に、今欠けてゐるものは、題材よりは、時代的感受である。さうして、持続性の予期出来る新音律である」としている。[8] 短歌滅亡への危機感を公言する折口は、ここで「次の様式と発想法とを発掘する為の試みの中途にある」

『海やまのあひだ』
（改造社、1925）

とも語り、新しい取り組みへの意欲を表明している[9]。

その際折口は、自然よりも人間に、とりわけ人間たちの生活に自己の関心があることを宣言する。本叢書で以前に紹介したように、折口は、大阪人であることに愛着を抱いていた[10]。この「追ひ書き」でも折口は、都会人としての来歴と自己の文学との関係をこう述べている。

> 私は、町人の子である。人事《ジンジ》に、心を動かされることが、頗（すこぶる）深い。若くから自然に狎れきって、海山の間の遊行を娯しんだ。けれども、山も海も見る為ではなかった。そこに営まれるひそかな人生に触れたかった為らしい。旧制約の下に、粛然と整頓した社会を見たかったものと思ふ。だが私は、戒心の緩んだ時は、擾乱した都会生活を、而（しか）も叙事的に写さうとした。此亦（これまた）、私の持つ矛盾と見えるものだ。私は、都会人の心を、詩に遠いものと考へない。同時に、物欲を恣にしたい心の、悪むべき事を知って居る。其（それ）ゆゑ、抒情的な傾向の物は、羇旅の歌に著しく、叙事傾向のものは、都会生活を題材とするものに多い[11]。

このような折口が初めての公刊歌集の冒頭に置いたのが、「葛の花」の歌であった。『海やまのあひだ』と題した歌集は年代順に編集されており、大正14年（１９２５）作の１首が序文のように置かれ、大正13年（１９２４）作の「葛の花」が本文の最初に、そこから時を遡って明治３７年（１９０４）頃までの作品が収録されている。

『海やまのあひだ』
(改造文庫、1929)

折口の生年は明治20年（1887）であり、ここには海山を巡る旅の歌のみならず都会での生活の歌も収録されている。その刊行は大正14年（1925）5月であり、出版元は改造社である。刊行後も一部の歌に修正が加えられたため、全集の定本は昭和4年（1929）刊行の改造文庫版となっている。

連作「島山」

「葛の花」の歌が入れられたのは、連作「島山」であった。昭和28年（1953）口述の「自歌自註」で、折口はその成立事情を以下のように解説している。なお、文中の14年は13年の誤りである。

> 蜑（あま）の村、島山と続いてゐる連作は、発表したのは大正十四年の日光誌上であるが、歌のもとの形の出来たのは大正十年、壱岐《イキ》の島での事であった。この年、三十五歳、七月・八月と続いて琉球旅行の帰途、博多から壱岐に渡った。さうして此処に半月ほど居って、民俗採集をした傍、得た製作が、此二篇其（その）他であった。だから、其頃段々あらゝぎに疎々しくなって、作品を発表しなかった訣である。[12]

なお、歌集での順序は「島山」、「蜑の村」であり、いずれも旅の歌である。「島山」は以下の14首で構成されている。

島山

葛の花 踏みしだかれて、色あたらし。この山道を行きし人あり
谷々に、家居ちりぼひ ひそけさよ。山の木の間に息づく。われは
山岸に、昼を 地《ヂ》虫の鳴き満ちて、このしづけさに 身はつかれたり
山の際《マ》の空ひた曇る さびしさよ。四方の木《コ》むらは 音たえにけり
この島に、われを見知れる人はあらず。やすしと思ふあゆみの さびしさ
わがあとに 歩みゆるべずつゞき来る子にもの言へば、恥ぢてこたへず
ひとりある心ゆるびに、島山のさやけきに向きて、息つきにけり
ゆき行きて、ひそけさあまる山路かな。ひとりごゝろは もの言ひにけり
もの言はぬ日かさなれり。稀に言ふことばつたなく 足らふ心
いきどほる心すべなし。手にすゑて、蟹のはさみを もぎはなちたり
沢の道に、こゝだ逃げ散る蟹のむれ 踏みつぶしつゝ、心むなしもよ
いまだ わが ものに寂しむさがやまず。沖の小島にひとり遊びて
蜑の家 隣りすくなみあひむつみ、湯をたてにけり。荒《アラ》磯のうへに
ゆくりなく訪ひしわれゆゑ、山の家の雛の親鳥は、くびられにけむ
鶏の子の ひろき屋庭に出でゐるが、夕焼けどきを過ぎて さびしも(13)

「島山」の連作は「蜑の村」の連作へと滑らかに続き、壱岐の山と海の風景が眼前に浮かび上がるようになっている。とはいえ、島山を壱岐に限定する必要はない。

北海道も本州も四国も九州も、日本の島々はどれも島山と呼んで差し支えないであろう。そして、そこを歩く折口のさびしさは、読者の身に沁みて感じうる心情である。家々を見下ろしている一人、音があふれる中の一人、音が絶える中の一人、知る人のない一人、聞く人のない一人、相手のいない一人、家の温もりを外から見ている一人、その一人が歩む孤独さ。折口のさびしい心は読む人の心を内側から揺り動かしうるものとなっているのである。

二　折口による自歌自註

色に心をとめてほしい

それでは「葛の花」の歌も、さびしい心の発した歌なのであろうか。まずは折口の解説を聞いてみよう。先に引用した「自歌自註」の説明である。

> 山道を歩いてゐると、勿論人には行き逢はない。併(しか)し、さういふ道に、短い藤の花房ともいふべき葛の花が土の上に落ちて、其が偶然踏みにじられてゐる。其色の紫の、新しい感覚、ついさっき、此山道を通って行った人があるのだ、とさういふ考へが心に来た。もとより此歌は、葛の花が踏みしだかれてゐたことを原因として、山道を行った人を推理してゐる訣(わけ)ではない。……これは、紫の葛の花が道に踏まれて、色を土や岩などににじましてゐる処を歌ったので、今も自信を失ってゐないし、同情者も相当にあるやうだが、

> この色あたらしの判然たる切れ目が、今言った論理的な感覚を起し易いのである。[14]

ここで折口が気にしているのは、この歌が推理小説的な謎解きのように読まれてしまうことである。心情にではなく推論的な知性に歌が働きかけてしまうことは、折口の本意ではないのである。

実際、そのように誤解した論評に対して、折口は昭和13年に反駁文を書いている。そこで折口は、「唯（ただ）自然の中に、殆（ほとほと）自然と同じ様に蹂躙せられた葛花の色に、心をとめる」ことを望み、葛の花を踏みにじる「心ない山人のわざを思ふ」ような「作った感情」を読み込まないことを求めている。[15]折口の言う通り、たしかに頭であれこれ考えるよりも、鮮やかな色を見た瞬間に心を入れると、自分の心がすーっとどこかへ伸びていくように感じられる。その瞬間の映像を通して読者と作者の心の間に扉が開いて、山道まで見える気がするのである。

文学的実験

折口はまた、この歌には文学的な実験が含まれていたことも明らかにしている。短歌への散文詩の取り込みという実験である。

> 私自身のつもりを申しますと、此歌には散文詩をとりこまうと言ふ計画があったのです。其でしだかれてだのといふ、所謂（いはゆる）殺風景な感じのある語も

『迢空歌選』
(養徳社、1947)

入れ、色あたらしなど言ふきっぱりし過ぎて感情の流動を堰きとめる嫌ひのある詞なども使ひました。行きし人ありなど言ふぶっきらぼうな投げ出した様な表現も試みたのでした。もう随分昔の作物ですが、当時の心持ちを覚えてゐましたので、申し添へました。[16]

なお、昭和22年（1947）刊行の『迢空歌選』では、葛の花の歌はこのように表記されている。

葛の花
踏みしだかれて
色あたらし―。この山道を
行きし人あり[17]

この歌選の表記方法を門下の池田弥三郎は、折口の「四句詩形への執念」の一例として紹介している。[18] 池田の回想によれば、昭和11年（1936）頃に「新古今前後」という折口の原稿を下整理した際、引用する歌は「点、丸、あきなどで三カ所で切ることを原則に」するよう指示されたそうである。[19]

それは、横に並べれば四句詩形になるということです。三カ所で切れ、そして四句詩形の形を考えろということは、一つには啄木に対する考え方がある。折口先生は啄木を軽蔑しておりました。というよりも、啄木をもてはやしすぎる世間を。……それほどの歌人だったのかしらとわたしも考えますけれども、それはとにかく、啄木が三行詩にしていた。その啄木の三行詩から迢空が四行詩、四句詩形を思い付いたといわれるのは終生の痛恨事だというふうに考えていたんでしょうね。そういうことばは使いませんでしたが。ですから、啄木の真似ではない、全然別のところから出てきたんだということが言いたかったらしい。とにかく三カ所で切ってくれること、それを基準にしてもらいたいとわたし、じかに言われた記憶がございます。ですから大多数の歌を、折口先生は二カ所あるいは四カ所に切らずに三カ所で切っている。[20]

ちなみに、石川啄木の最初の歌集『一握の砂』の冒頭にあるのは、有名な歌である。

東海の小島の磯の白砂に
われ泣きぬれて
蟹とたはむる[21]

この歌を読みなおすと、ついつい、折口の島山に出てくる小島や蟹を想い起こしてしまう。それはさておき、折口が四句詩形に至る歴史的経緯の深さを熱心に説いてきたことを池田は強調している。

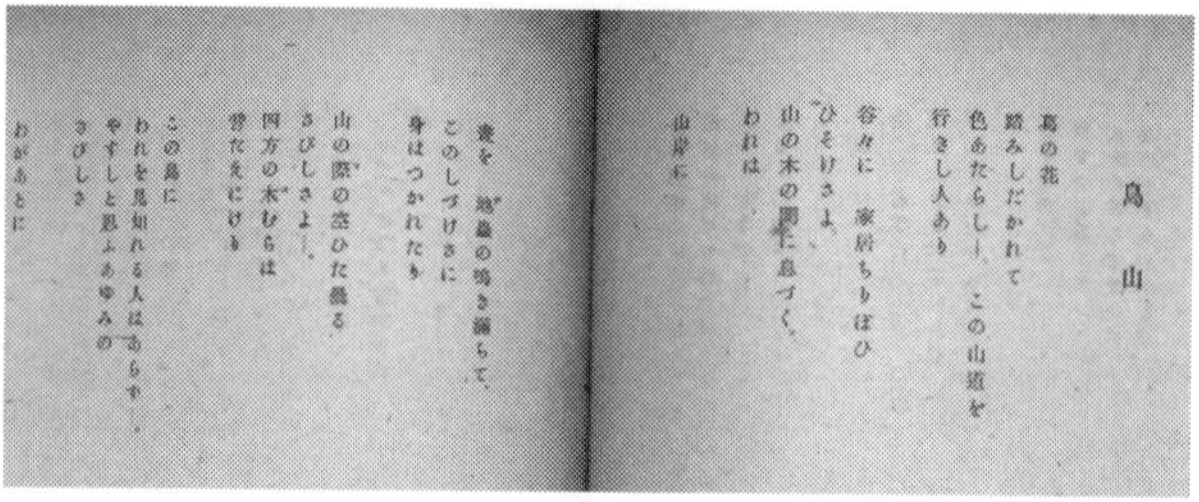

島山

葛の花
踏みしだかれて
色あたらしー。この山道を
行きし人あり

谷々に 家居ちりぼひ
ひそけさよ。
山の木の間に息づく。
われは

山岸に
昼を 地虫の鳴き満ちて、
このしづけさに
身はつかれたり

山の際の空ひた曇る
さびしさよ―。
四方の木むらは
音たえにけり

この島に
われを見知れる人はあらず―。
やすしと思ふあゆみの
さびしさ

わがあとに

『迢空歌選』「島山」

……四句詩形というものが早くから日本の詩の中に動いておって、本来ならば短歌というものはもう室町時代半ばごろに四句詩形に変っていくべきだったんだ。ところが紙の上に固定した短歌の勢力が意外に強かったために、とうとう民間の民謡の上に動き出していた短歌系統の民謡がつかもうとしていた形式を、短歌のほうはとうとう見向きもしなかった、ということをあちこちで説いておられるんです。[22]

さて、四行になって気になるのは「色あたらしー。」で改行されていないことである。折口は「色あたらしー。この山道を」としている。「ー」が時の持続を示すのであれば、句点に強く心をかけて、じっーと集中することが表記方法によって求められているように筆者には感じられる。ここに心の扉が置かれていて、読む人がそれを開けて心情を共有することが期待されている。そう感じられてならないのである。

三　編集の変遷

壱岐か奥熊野か

「葛の花」の歌は、折口の求めるように、「葛花の色に、心をとめる」ようにして念を込めるべきなのであろう。もとより、文学は作者からも自由であってよいはずである。どのように歌を理解するかについて、正解を求めるのは野暮なことであると思う。

しかしそれでも、魅力的な歌に接すると考えたくなってしまう。まして折口のように、国学の思想に立つ歌人であれば、あれこれ詮索したくもなる。実際、この山道の場所について、壱岐か奥熊野かで議論が行なわれたことがあるのである。

折口自身は昭和28年（１９５３）口述の「自歌自註」で壱岐と述べている。大正10年（１９２１）8月23日から9月中旬まで、島の各地で民間伝承の調査をした際、その時に原形ができたと述べている。なお、折口は大正13年（１９２４）の夏にも島を再訪し、民間伝承学を講義している。『全集』の年譜では8月となっているが、『壱岐日報』には9月3日来島、10日頃出発の記載があるとの指摘がある。[23] この再訪で壱岐の印象は強まったことであろう。

昭和12年（１９３７）刊行の『短歌文学全集　釋迢空篇』でも、折口は壱岐での作品と述べている。8月の歌の章に収録された島山は「すべて壱岐島での作。発表は遅れて、大正13年」とされ[24]、「壱岐の島へ」の小文を経て奥熊野の連作へと続くように構成されている。奥熊野の連作には、「明治諒闇の年の夏、心ひそかな旅をした。志摩から熊野、更に日高郡まで歩いた。同行伊勢清志・上道清一。当時中学教師の私は、年二十六であった」との付記が加えられている。[25]

この奥熊野旅行は明治45年（１９１２）の8月13日から25日に行なわれた。当時の折口は大阪府立今宮中学校の嘱託教員であり、伊勢と上道は生徒である。年譜に「山中で道に迷い、二日間絶食して彷徨」とあるように[26]、大杉谷方面に入り込んで遭難し、かろうじて森林作業の人たちに助けてもらっている。

さて、壱岐との繰り返しの言明にもかかわらず、奥熊野の作品ではないかという論争が生じたのは折口の編集のためであった。大正13年（1924）10月刊行の『日光』第1巻第7号に「海山のあひだ」と題して初めて公表した際、折口は、「葛の花」の歌を含む「沢の道に」までの7首を連作「奥熊野」に入れていたのである。なおこの時点では、「踏みしだかれて」の後の読点がない。発行日は10月1日であり、北原白秋を主軸とする10月特別号である。

奥熊野

谷々に、家居ちりぼひ　ひそけさよ。山の木の間に息づく。われは
葛の花　踏みしだかれて色あたらし。この山道を行きし人あり
山岸に、昼を地虫の鳴き満ちて、このしづけさに　身はつかれたり
山の際《ま》の空ひた曇る　さびしさよ。四方の木むらは　音たえにけり
ゆき行きて、ひそけさあまる山路かな。ひとりごゝろは　もの言ひにけり
いきどほる心すべなし。手にすゑて、蟹のはさみを　もぎはなちたり
沢の道に、こゝだ逃げ散る蟹のむれ　踏みつぶしつゝ、心むなしもよ
虚耳《そら》をさびしみにけり。沢深く　人来たる杖の音を聞きつゝ、

・

若松のみどりいきるゝ山原に　わがあし音の　いともかそけき
目のかぎり　若松山の日のさかり　遠峰《とほみね》の間の空のまさ青《を》さ
田向ひに、黒檜《くろひ》立ち繁《し》む山の崎　ゆたになだれて　雨あるに似たり(27)

ここでは「谷々に」の歌が先頭である。『海やまのあひだ』に「虚耳を」の歌は収録されず、「若松のみどり」以下は3首のみで「島山」、「蜑の村」に続く連作「山」となっていく。他方、『日光』の「海山のあひだ」では、「奥熊野」と「蜑の村　壱岐」が対の連作である。山が「奥熊野」、海が「蜑の村　壱岐」なのであろう。

『日光』と『改造』

歌集版の「島山」には、「奥熊野」から7首、「蜑の村　壱岐」から2首が入れられている。ただし、「ゆくりなく」の歌は「鶏の子」の歌の詞書に変更されている。また、「壱岐にて」と題する歌は『日光』第1巻第8号にもある。目次にないものの、4首が誌面左下に小さく掲載されており、[28]「蜑の家」の歌が「島山」に入れられている。残り3首は歌集の「蜑の村」に入っている。11月号であり、発行日は11月1日である。

さて、ここで事態を複雑にしたのが、大正13年（1924）11月刊行の『改造』に掲載された連作「島山――壱岐にて――」である。『日光』とも歌集版の「島山」とも違う構成で、非常に近い日程で異なる編成の連作が公表されたのである。発行日は11月1日である。

『改造』の連作では「葛の花」が最初となり、『日光』にない以下の5首が続いて掲載されている。一部修正が加えられるものの、そのすべてが歌集の「島山」に入れられるのである。

わがあとに　歩みゆるべずつゞき来る子にもの言へば、恥ぢてこたへず

この島に、われを見知れる人はあらず。やすしと思ふあゆみのさびしさ
ひとりある心ゆるびに、島山のさやけきに向きて、息づきにけり
もの言はぬ日のかさなれば　稀に言ふことば拙く　心足らふも
いまだ　わが　ものにさびしむさがやまず。沖の小島にひとり遊びて(29)

ここに島という言葉が出現し、歌集では山や沢の歌とつなげられることとなる。『改造』の「島山——壱岐にて——」ではさらに5首が続き、そのうち4首は『日光』8号の歌と同じであり、歌集に収録されている。残り1首は歌集未収録である。

こうして、奥熊野と壱岐の歌、『日光』と『改造』の歌は再編され、歌集の「島山」となった。山と沢に島が加わり、壱岐らしい連作が完成したのである。しかし編集の変遷からすれば、「葛の花」の山道は奥熊野にも思われてくる。「虚耳を」の歌は奥熊野での遭難時の心情に通うし、「海山のあひだ」とするなら奥熊野の方が印象深い。しかもより重大なのは、この変遷が「葛の花」だけではなかったことである。地虫や蟹も、どこの山、どこの沢に生きていたのか、分からなくなってしまうのである。

四　幾重にも練り込まれる心

体験の重なり

「自歌自註」では、「山岸に」「いきどほる」「沢の道に」の歌の解説に壱岐での具体

的な体験が語られている。奥熊野での作品であれば、この自註はすべて創作ということになる。さらに、「谷々に」「山の際の」「ゆき行きて」の歌の解説がない理由も気になるところではある。[30]

これについて、折口の歌は複数の体験が重ね合わせられて作られていくとの指摘が繰り返しなされている。池田弥三郎と加藤守雄は、昭和45年（１９７０）の対談で奥熊野か壱岐かを検討し、壱岐の山は浅すぎて歌の内容として違和感があるとした。[31] 池田はさらに、「でき上がった歌の背後には、沖縄・壱岐・熊野が重なり合って揺曳している」とも追記している。[32]

評論家の山本健吉はこの対談に言及し、初出は「奥熊野」であると折口門下の岡野弘彦と千勝重次から昭和41年（１９６６）に教示されたと昭和48年（１９７３）に回顧している。[33] 山本は、改造社の抜擢に応えて折口が「葛の花」の歌を壱岐の連作に入れ、「匂いだつ艶麗さ」を演出したのではないかと推測している。[34]

他方、岡野弘彦は、昭和59年（１９８４）刊行の『山本健吉全集』解説で、以下の歌を折口の手帳に発見したと記している。[35] 岡野は、折口による自歌自註の口述筆記者である。

焼け土の道にはひたる葛の蔓こゆる道細くなりまさりたり（つつ）

これは、折口が天竜川支流の気田川上流を歩いた大正9年（１９２０）の旅日記の7月22日の条に記された歌である。[36] 気田川上流は、愛知県や長野県に近い静岡県西部の奥深い地域であり、『海やまのあひだ』では「島山」「蜑の村」「山」の次に「気多《ママ》川」の連作がある。

この解説で岡野は、折口は「春の焼畑を作るための火がひろがって黒々と焼け土になった山道」を実際に歩いており、「葛の花」の歌の「初案」はここではないかと推定している[37]。そこから「『日光』に発表された形になるまでの数年間に、焼畑の具体性が消え、踏みつぶされた葛の花の鮮烈さと、自分より先にこの道を踏んで山に入っていった人への思いが、より濃密になっていった」とするのである[38]。

ただし岡野は、「折口のこういう歌は、最初の印象を体験した現場ですぐさま作品にするというようなものではなく、何年も心の中で保ち続け、時にまた新たな刺戟による触発を複合させながら、作品として発酵させて」いくものであると注意を促している[39]。気田川が正解ということでもないのである。さらに岡野は、『折口信夫の記』でもこう指摘している。

> 作者自身が、熊野の山中でのこととしても、壱岐の山道でのこととしても、不自然さを感じなかったのだろう。折口の心の中でこういう体験が次第に深まり、成熟した一首の歌として凝縮してゆくのには、長い時間と体験の深まりが必要なのであって、その契機を単純に一時期の場に限るのは不自然なのである。迢空の短歌の描写は、単純な写実では決してない[40]。

心から心へ

その折口は昭和7年（1932）に、「社会現象を自分の心に一度入れて、また出してくると、かう現れてくるといふのが、所謂、美であり、文学の問題である」として、「つまり批評を含みながら、更にその上の生活を生まうとするものが、われ〳〵の考へる美である」としていた。[41] たしかに、葛の花の色も山道の風景も、折口の心の中に入れられて出てきた表現であり、何か、読む人の心を動かすものがあるように感じられる。

人も　馬も　道ゆきつかれ死に、けり。旅寝かさなるほどの　かそけさ[42]

この歌も折口の代表作であり、大正12年（1923）の連作「供養塔」に入れられている。しみじみとした何かが読む人の心の中に入ってくる歌のように思う。それは、歌に他者の心情への扉を開く力が込められているからではないだろうか。

歌人の阿木津英は、大正8年（1919）1月の『アララギ』に公表された連作「日向の国」を評して、折口の歌にある「自己」が自分一人の自己ではなくなっていると指摘している。折口の短歌が独自の境地を達したことへの非常に鋭い指摘である。

それは、なり代わってうたうというやり方とも違う。万葉の歌にしばしば現れてくる数限りない人々のしてきた旅の思いと、今でも見かける旅から旅を続ける人々に触れて呼び起こされる思いと、自らのする旅の体験と、それらを一

つの〈われ〉に圧縮したもの、すなわち空想の翼の浮力が統合した主体なのであった。(43)

阿木津はさらに、折口が「数限りない「昔の旅人」の体験を、歌に抽出している」とし、連作中の歌に「迢空が取り出している〈われ〉という主体は、〈体験の束〉」であるとする。(44)

そこに動いている情感は、現実から取り出された一人の生活主体の「感情」なのではなく、迢空という個人の内部で、万葉の歌を読むという体験と、今なお旅を続けて生活する人々に触れて起きる思いと、自らの旅の体験と、それらが圧縮され織り合わされ統合された、ひとまとまりの〈体験の束〉から生み出される詠嘆なのであった。(45)

「日向の国」の冒頭には、「山岸の葛葉のさがり　つら〳〵に、仰ぎつゝ来し。この道のあひだ」と修正されて歌集の連作「姶羅の山」に入れられた歌が掲げられている。(46)「島山」との素材の近さが気になるものの、ここではもう追求せずにおきたい。

それよりも、「体験の束」の指摘を踏まえると折口の歌論が思い起こされてくる。「歌よむ人のために」と題する小文で折口は、秀歌には「練り上げ鍛へ上げた生活感情が、まるで、圧縮したばねのやうになって入ってゐる」と指摘していた。(47)「そのばねがはづれると同時に、その歌の読者の心、即作る者としての心に、過去人の感情が充満して来る」とするのである。[48] これは、晩年の昭和26年（1951）に『主婦之友』に寄せた作歌助言の文章である。

筆者は、「葛の花」の歌にそのような「ばね」を強く感じる。そこには幾重にも練り込まれた心情があり、その心情が読者の側にあふれ出てくるように感じるのである。しかも、扉を開けて入ってくるのは折口の心情だけでなく、折口が心通じた過去の人間たちの心情でもあると思う。葛の花の色の新しさは、山道を歩く人間の心情へと思い至り、そこから思いが広がって読む人の心を豊かにしていってくれるのである。

歌と思想

こうして歌を通じて心情を共有することは、折口の思想にとって非常に重要なことだったのではないだろうか。それによって読者の心が清らかに、清新なものになるのであれば、折口が国学に求めた清純な生活の実現に、歌は大いに貢献できるはずだからである。逆に言えば、そのような歌であってこそ、折口にとって意義あるものであり、そのようなものであるならば、詩や小説などにも同様の意義が認められるのである。

そこで重要なのは過去の人間の心情を、その社会生活を踏まえて把握することにある。国文学や民俗学など折口が心入れした学問は、過去の社会生活とそこに暮らす人間の心情を明らかにすることに貢献しうるものであった。文学のみならず学問もまた、折口にとっては、過去の人間との間の心の扉を開くものだったのではないだろうか。

　折口のさびしさは、社会の中にいて、集団に入りたくても入れない孤独である。人間は本来社会の中にあり、社会は心情の共有によって成立する。その心情の共有を再活性化させることができれば、社会は活性化できるはずであり、心情の優れた伝達方法として、文学は国学の志にきわめて重要なものとなる。日本社会を活性化させるためには、日本語の文学を通じて過去の人間の心情を共有し、心情の継承から創造していくことが必要なのである。

　それゆえ折口にとって、歌は遊戯でも機知を磨くためのものでもなく、客観的な観察分析に止まってよいものでもない。歌は過去への扉を開き、現在から未来へと飛翔する力を作者に、さらには読者に与えるものでなければならない。それは詩や小説も同様である。もとよりそれは、文学への過大評価であるかもしれないし、心情の共有への過信であるかもしれない。日本社会の過去への執着が強すぎると批判することもできるであろう。ただそれは、折口の抱いた文学への期待なのであり、日本語の継承と創造への自らの使命感の発露でもあったのであろう。さびしい一人の歩みとなろうとも、折口は先人を思って進むのである。

おわりに

　折口は「姶羅の山」への「自歌自註」で、「半生に近く旅をつゞけたやうな気のしてゐる私」と述べている[49]。最後に蛇足ながら、「葛の花」の歌は旅先のどのような人生に触れたものかを検討してみたい。

　これが奥熊野の遭難時であるならば、不安な心情に光を与えたのは森林作業員であろう。三重県の船津から花抜峠を経由していく道は、奈良県の林業家である土倉庄三郎が明治27年（１８９４）に新しく拓いた土倉道と推定される。大杉谷を経て奈良県川上村へと通じる道である。しかしもしかしたら、熊野を旅した国学者の加納諸平への追慕の心情であるのかもしれない。加納は天保5年（１８３４）に別の道から大台ヶ原山に登頂しており、その旅の歌集に池田弥三郎は「海山」という詞書や「葛の花」の趣意に似た歌を見出している。[50] これに対して気田川ならば、焼き畑耕作者となりそうである。それでは壱岐ならどうなのだろうか。

　折口の壱岐訪問は民俗学的な調査のためであり、特に関心を持っていたのは「やぼさ」信仰であった。「雪の島」で折口は、この信仰に陰陽師・唱門師が深く関わって「芸術の芽を栽ゑ」、「百合若説経といふ戯曲」を語る巫女の「いちじよ」は「やぼさ社に常に参る」と説明している。[51] あるいは折口は、やぼさ社に参った人のいる形跡を見て、信仰が今も生きていることを体験し、その感激を歌に表現したのではないか。このように読みたくもなってしまう。

　『海やまのあひだ』の刊行は大正14年（１９２５）であり、それは、折口の学問がその巨大な姿を現した『古代研究』3冊の刊行の少し前であった。「雪の島」の初出は、昭和5年（１９３０）刊行の第1部民俗学篇第2である。また、「日本文学の発生」と題した論考が『日光』誌上に続々と発表されたのは大正13年（１９２４）のことであり、これらは「国文学の発生」と改題されて昭和4年（１９２９）刊行の第2部国文学篇に収録されている。

壱岐での調査は、信仰と文学、文学や芸能の発生、それらと社会生活との関係について折口の見通しに学問的根拠を与えた。それはまた、折口の思想的な自信を強めたのではないか。歌のみならず学問においても、折口の努力は実を結びつつあり、しかもそれは、折口の国学の志に力を添えるものでもあった。「島山」の冒頭に壱岐の「山道」を配置し、文学や芸能とつながる信仰者の歩みに心寄せることは、この幸先を寿ぐのにも好適だったように思われる。大正13年（１９２４）の夏に折口は壱岐を再訪している。あるいは、その印象も重なって「葛の花」は壱岐となったのかもしれない。あれこれ詮索するほどに、心は折口の心を追いかけて走ってしまう。折口の独特の魅力のためである。

《注》

＊折口信夫の引用はすべて、折口信夫全集刊行会編『折口信夫全集』（中央公論社、一九九五～一九九九）による。以下では『全集』と表記する。引用文は一部現代風に改めている。

1. 『全集』第二四巻、一八頁
2. 『全集』第二九巻、一八七～一八八頁
3. 『全集』第二九巻、一八八頁
4. 『全集』第二九巻、一八九頁
5. 『全集』第二〇巻、三七八頁
6. 『全集』第二〇巻、三七九頁
7. 拙著『折口信夫――日本の保守主義者』（中公新書、二〇一七）、特に第一章参照。
8. 『全集』第三一巻、三一二頁

9. 『全集』第三一巻、三一二頁
10. 拙稿「折口信夫の明日香」『奈良県立大学ユーラシア研究センター学術叢書1 vol.3 奈良に蒔かれた言葉　近世・近代の思想』（京阪奈情報教育出版、二〇二二）、二〇頁
11. 『全集』第三一巻、三一三～三一四頁
12. 『全集』第三一巻、二二四頁
13. 『全集』第二四巻、一八～一九頁。「鶏の子」の歌は全集で「雞」となっているが原本に従って修正している。
14. 『全集』第三一巻、二二七頁
15. 『全集』第二九巻、二八六頁
16. 『全集』第二九巻、二八五頁
17. 『全集』第二五巻、五五六頁
18. 池田弥三郎『孤影の人―折口信夫と釈迢空のあいだ』（旺文社文庫、一九八一）、一一二頁
19. 『同』、一一五頁
20. 『同』、一一五～一一六頁
21. 久保田正文編『新編　啄木歌集』（岩波文庫、一九九三）、一八頁
22. 池田弥三郎『孤影の人』、一一七頁
23. 『全集』第三六巻、五五、五九頁。『壱岐日報』の記載は、横山順「「葛の花」の歌5」参照（2022年11月11日確認　kuzukahi5 (zashiki.com)）
24. 釋迢空『短歌文学全集　釋迢空篇』（第一書房、一九三七）、三一九頁
25. 『同』、三一七頁
26. 『全集』第三六巻、四四頁
27. 釋迢空「海山のあひだ」（『日光　第一巻第七号』一九二四）、九八～九九頁
28. 迢空「壱岐にて」（『日光　第一巻第八号』一九二四）、五一頁。
29. 釋迢空「島山―壱岐にて―」（『改造　一九二四年一一月号』一九二四）、一五四～一五五頁。歌集では2首目の「さびしさ」の前に一文字アキ、4首目の「なれば」は「なれり。」、「描く

心足らふも」は「つたなく　足らふ心」となっている。5首目の「さびしむ」は改造文庫版で「寂しむ」に修正されている。

30. 『全集』第三一巻、二二六〜二三〇頁
31. 池田彌三郎・加藤守雄『迢空・折口信夫研究』（角川書店、一九七三）、九四〜一〇二頁。
32. 『同』、一〇一頁
33. 山本健吉「壱岐か奥熊野か――「葛の花」の歌に秘されたもの」『山本健吉全集』第一二巻（講談社、一九八三）、七二頁
34. 『同』、七四〜七五頁
35. 岡野弘彦「解説」『山本健吉全集』第九巻（講談社、一九八四）、四一八頁
36. 『同』、四一八頁
37. 『同』、四一八〜四一九頁
38. 『同』、四一九頁
39. 『同』、四一八頁
40. 岡野弘彦『折口信夫の記』（中央公論社、一九九六）、一四七頁
41. 『全集』第二九巻、一九六〜一九七頁
42. 『全集』第二四巻、二一八頁
43. 阿木津英　『アララギの釋迢空』（砂子屋書房、二〇二一）、一九九頁
44. 『同』、二〇〇頁
45. 『同』、二〇〇頁
46. 『全集』第二四巻、六一頁
47. 『全集』第三一巻、六五〇頁
48. 『全集』第三一巻、六五〇頁
49. 『全集』第三一巻、一三八頁
50. 池田彌三郎・加藤守雄『迢空・折口信夫研究』二七七〜二七八頁
51. 『全集』第三巻、一一三頁

近世・近代の万葉集研究

井上　さやか

【基調報告】

はじめに

近世は全く門外の徒で、あまりご期待に添えるようなお話は出来ないと思いますが、以前、奈良県立万葉文化館の共同研究などの関わりで近世資料を扱って、『万葉集』の近世の享受をみたことがありましたので、今回はそのことを中心に話題に挙げようかと思います。近世資料で、当館が所蔵している書籍でもあります『大和名處《めいしょ》和歌集』についてご紹介しようと思います。もう一つの話題としましては、２０１９年の3月に書いたものですが、実はフランス語で万葉歌が最初に欧米に紹介されたであろうということの追跡調査をしまして、それが近代の『万葉集』の享受という一面ということで、この2つを柱に進めてまいりたいと思います。

1.『万葉集』と「百人一首」

２０１９年2月の奈良県立大学ユーラシア研究フォーラムでご紹介しましたもの（テーマ：「万葉集がうたう古代の奈良」）から、一部紹介させていただきます。そのフォーラムの時にも少しお話させていただいたのですが、『万葉集』が後世、どういうふうに享受されていったかというときに、まず話題になるのが、百人一首との関わりということが当館でもよく質問に挙がってきます。だいたい皆さん、『万葉集』そのものというよりは、百人一首の有名な歌ということで、「あ、聞いたことある」

というところのつながりでご存知の方が多いというのが現状かと思います。

２０１９年４月、新しい元号が令和になったとき、もう少し『万葉集』に興味を持ってくださる方が若干増えたかな、という感触はございますが、その前の段階では「万葉集、何それ？」みたいな状態ではあったかと思います。現代のことは置いておくとしましても、百人一首にしましても『万葉集』そのものではないということをその時にもご紹介させていただきました。

例えば、話題になることが多いのですが、持統天皇《じとうてんのう》の

春過ぎて　夏来るらし　白栲の　衣乾したり　天の香具山

という歌は聞き覚えはあるのに、百人一首の歌と少し違うな、というふうに皆さんお感じになります。それはなぜかというところですが、『万葉集』というのはそもそも漢字だけで書かれています。奈良時代というのはまだひらがなもカタカナも無い時代で、その代わりに漢字を使っているような状態です。いわゆる「万葉仮名」なども申しますが、古代にはそういう言い方は当然しておりませんで、近現代の研究者、特に近代と言っていいと思いますが、「万葉仮名」という言い方を学術用語としてふりまして、今もそのような言い方をしております。

それは、例えば、「夏来るらし」の「らし」を「良之」と書くように、一字一音を当てるようなものに限って「万葉仮名」と呼びます。ただ、例えば「春」というのは、現在と同じような漢字の「春」を当てていたりしますから、こういった書き方をしているものを「万葉仮名」とは言いません。ですので、全部が全部「万葉仮名」で書

いてあるというふうによく言われてしまうのですが、そういうことでも無いのです。こういうことを、新しい元号「令和」が発表された２０１９年4月以降ずっと申し上げているようなところでございます。あと、「夏来るらし」の「夏」など、今申し上げましたように、一字一音で漢字を仮名のように使っている一方で、普通に今現在通用している漢字の使い方も当時からしている部分というのが混ざっている、というのが特徴と言えるかと思います。

4句目のところですが、「ころもほしたり」を「衣乾有」と、こういう書き方もしてありまして、これはいわゆる一字一音の表記とはまた違う表記方法ということになります。

このような漢字本文の書き方が平安以降になりますと読めない、ということになりまして、おそらくは研究が始まったと思われます。梨壺《なしつぼ》の五人(注1)という当時の歌人からすでに研究が始まったという事は書物などにも記載してあるところですが、ざっと千年は研究が続いているにも関わらず、未だに訓めていない『万葉集』の歌もございます。今回はその難訓歌といわれるものは取りあげませんが、こういう状況が研究史をみる中にもあるということで、その中に百人一首というのも位置付けてもいいのではないか、ということが言われております。と言いますのは、訓み方というのもやはり解釈に深く関わってきますので、訓み方と書き下し方、それから意味の捉え方というのは必ず連動してくるというところです。

平安時代ですとか鎌倉時代というのは、主に写本として『万葉集』は伝わっていたと考えられています。現存する書物では、そのようにしか確認できません。ただ

注1．天暦5年（951）村上天皇の命により、平安御所七殿五舎の一つである昭陽舎に置かれた和歌所の寄人。昭陽舎の庭には梨の木が植えられていたことから梨壺と呼ばれた。『万葉集』の解読、『後撰和歌集』の編纂などを行った。「五人」は、大中臣能宣、源順、清原元輔、坂上望城、紀時文。

それが、今申し上げましたように、解釈と多分に密接に関わっていた。ただ、近世以降のように、注釈書のような形で事細かに解釈を書いた書物というのは現存していないということです。百人一首自体も、いつ、どのようにという経緯がきちんとは立証できないところにはなっております。例えば、

春過ぎて　夏来にけらし　白妙の　衣ほすてふ　天の香具山

という形で、百人一首では親しまれていると思います。現行の百人一首では、このようなよみかたをされております。これを調べてみますと、「小倉百人一首」の中に入っている歌の形と同じものが『新古今和歌集』の中に登場してまいります。その他にも『八代集《はちだいしゅう》』(注2)がございますが、平安から鎌倉にかけて編集されている勅撰和歌集の中に一部ずつ万葉歌人の歌というものが登場しておりまして、特に『新古今和歌集』は、かなり時代が下りますが、鎌倉時代の訓まれ方というのが、どうも「小倉百人一首」でとられた形のようだということがわかっています。

『万葉集』の成立年代は、はっきりとはわかっておりません。ただ、最後の歌というところで、万葉集は20巻本ですから、巻二十の最後の歌を見ますと、759年に大《おお》伴家持《とものやかもち》が歌った歌、と記載がありまして、少なくともそれより後に編集したであろうということがわかります。8世紀末頃ではないか、という説が有力ですが、平安時代に入ってから今の形になったと唱える研究者もいらっしゃいます。要は、よくわかっておりません。

それから『小倉百人一首』。今のよく知られている形というのは1240年頃に

注2. 勅撰和歌集のうち最初の『古今和歌集』、『後撰和歌集』、『拾遺和歌集』、『後拾遺和歌集』、『金葉和歌集』、『詞花和歌集』、『千載和歌集』、そして8番目の『新古今和歌集』までの8集をいう。なお、「代」とは勅撰集が奉られた天皇の御代の意。

成立したと考えられておりますが、成立も撰者もはっきりとは言えない状況のようです。藤原定家《ふじわらのさだいえ》が撰んで小倉山荘に色紙として貼っていた秀歌百首というのが「小倉百人一首」の元である、というようなことを踏まえますと、おおよそこのくらいの年代になるかと考えられております。『万葉集』と実に数百年の開きがあります。

その間に書かれたり、「口承」で伝わったりしたのであろうと言われます。『万葉集』というのは、「小倉百人一首」が成立したころにはもうすでに簡単には読めない状態であると、書物としては書き伝えられていましたが、そんなに一般の目に触れるような、あるいは有名な歌人達の間ですらもそこまで目にする機会があったとは思えない、というようなことも言われています。そうすると、有名な歌だけが人口に膾炙していて、秀歌として語り継がれるうちに、その当代風の文法に変えられていった可能性を考えた方がいいというようなことが、現在言われております。なので、「夏来たるらし」が「来にけらし」に、「衣乾したり」が「衣ほすてふ」に、平安風に文法が変わっていったと。そう考えないと、文字で伝わったとするとあまりにも改変が大きいと言えます。その最たるものが山部赤人のこの歌でして、

田子の浦ゆ　うち出でて見れば　真白にそ　不尽の高嶺に　雪は降りける

現在の代表的な訓み方です。研究者によって若干違ってくる場合もありますが、この歌に関しては、おおよそこの訓み方で定着しています。「田子の浦ゆ」は「田兒之浦従」。「従う」という漢字は当時、「～ゆ」という読ませ方をしております。「真白にそ」は「真白衣」とあります。「衣」を「そ」と訓むのは一字一音の発音を表す漢

字の用法ですけども、「御衣《おんぞ》」という言い方が古くありまして、衣のことを「そ」と言いますので、それを仮名として当てたと考えられます。「不尽の高嶺に」は「不盡能高嶺尓」と書かれています。「不尽」も正確には「不盡」というのが『万葉集』の書き方で、現在のような「富士」という文字使いは、少なくとも奈良時代にはされていません。「雪は降りける」は「雪波零家留」。「家に留まる」と書いてあるところ、明らかにこれは仮名として使っていまして、漢字の意味は関係なくなっています。単なる発音として紹介していると考えますと、「零《ふる》」の後の送り仮名「ける」と明らかに訓むことができます。

これが『新古今和歌集』、つまり百人一首の形では

田子の浦に　うち出でて見れば　白妙の　富士の高嶺に　雪はふりつゝ

となっていまして、明らかに当時の文法に合わせて改変がされています。「降りける」ですと、以前に雪が降っていて今はもう止んでいる、だから山頂が見える、という現実的な景色が見えたことがよくわかりますが、「雪はふりつつ」ですと、今現在、雪が降っている最中の山頂が地上から見えるかというと、おそらく見えません。それを考えると、平安朝以降の想像の中の美的景を詠む。現実に歌人がそこに行ってないのですが、想像の中で詠むという、その好みに非常に合う形に変えられている、と言えるかと思います。

このように、一例とってみますと、『万葉集』と「百人一首」の歌はよく似ていますが、実は違うところがいっぱいありまして、数百年の間を考えると、その享受と

いうところも含めて、非常に興味深い状況になっていると考えております。

2.『万葉集』と近世の通俗地誌

近世になりますと、先ほども少し申し上げました通り、訓み方だけではなく、つまり漢字本文の横に書き下したものを書いて写本として伝えるというだけではなく、その間に注釈が入ってまいります。だいたい、これが国学の隆盛と軌を一にしていると言われています。『万葉集』や『古事記』の研究というのは、平安以前の古い日本というものを探そうとした近世国学と切っても切れないと言われています。では、その近世の資料の中に注釈書以外も含めて考えるかというと、普通は考えません。ただ、当館（奈良県立万葉文化館）での研究のあり方として、『大和名所記』や『大和名所図会』という、いわゆる近世の地誌類についても一緒に取り上げてみるとおもしろいということで、ご紹介します。

例えば、飛鳥浄御原宮《あすかきよみがはらのみや》と呼ばれている所は、天武天皇や持統天皇の時代の宮です。これが、近世の『万葉集』の注釈書ではどこかわからない、というぐらいで留めてあるんですが、『大和名所記』や『大和名所図会』などのいわゆる名所案内では、浄御《きよみ》の訓み方を少し変えて、「浄御《じょうご》」と理解します。上《うえ》に居《い》るという文字を当てて「上居《じょうご》」っていう字名が、今も明日香村の中にあります。「上居」っていう地名があるからそこのことだと、林宗甫《はやしそうほ》(注3)などは言っています。これは、現代から見ると、研究としては全くあり得ない説です。飛鳥や浄御原宮などを詠んだ万葉歌の表現を見ると、成立しないのですが、こういった事を当時の地誌は言っています。ですから、

注3．生没年不詳。延宝期、元禄期のころ、今の大和郡山市に住んでいた町人学者。『大和名所記』（和州旧跡幽考）の作者。

研究者はこういう史料は取りあげないのですが、逆に近世の旅行記の中では『万葉集』の歌に詠まれた地を名所として取りあげますし、その歌に出てくる地名をこういうふうに紹介しています。それが牽強付会な説であったとしても、そういう考え方が当時広まっていたというのがおもしろい現象だ、と思っております。

この「上居」から近い所に「石太屋《いしぶとや》」という陵があるとも書いてありまして、この石太屋というのは、いわゆる石舞台のことでございます。それで、『万葉集』の長歌の一部分が載せられています。

藤原宮《ふじわらのみや》というのは、「釈日本紀曰、此地さだかならず」、この場所はわからない、何何曰く、というように、いろいろな説が引用されていますが、藤原宮というのは大原にあるということが『多武岑記』の中に出てくる、と引用しておりまして、近年御造営の大織冠《たいしょくかん》の大宮がこれだ、「大宮是也」ということにも言及しています。

この大原の地というのは京都の大原ではなくて、みなさんが今日この万葉文化館に来ていただいた時に、玄関から山の方を見ていただいたところに集落がありますが、あの辺りを古代には「大原」と呼んでおります。これは『万葉集』の歌の中にも出てまいりまして、天武天皇と大原にいた天武天皇の后の一人とのやりとりが残っています。それが

我里に　大雪ふれり　大原の　ふりにし里に　ふらまくはのち

という天武天皇の御歌になります。で、この大原が藤原と同じ場所だ、藤原京はここにあった、というのが林宗甫の説として『大和名所記』に載っています。こういっ

た言説は、先ほども申しましたが、『万葉拾穂抄《まんようしゅうすいしょう》』ですとか『万葉考』などは17世紀から18世紀にかけての『万葉集』の注釈書ですが、そこでは一切触れられていませんし、そうではない説が唱えられています。例えば、北村季吟《きたむらきぎん》(注4)の『万葉拾穂抄』の中では、明日香の清御原というのは大和の高市郡にあって、今の島の宮の東の地がこれである（大和ノ國高市ノ郡今ノ島ノ宮正東ノ地是也）と言っています。確かに島ノ宮は今の石舞台の辺りですが、あの辺りの東といいますと、『大和名所記』に浄御（上居）と言っている地域と若干重なってはきます。ただ、その後の賀茂真淵《かものまぶち》の『万葉考』では、この明日香の清御原がどこかというのは明言しておりません。

一方、藤原宮に関しては『万葉拾穂抄』は明言していません。賀茂真淵は、宮があるところは十市郡で、香山（香具山）、耳成（耳成山）と畝火（畝傍山）の3つの山の真ん中にあるのが巻一・50番歌に出てくるので、その場所だ（宮の所は十市郡にて、香山・耳成・畝火の三山の真中也）と、はっきりと指定しております。で、これは、明日香村にある大原とは全くの別地になりますので、この賀茂真淵の説というのが正しかったということです。これは考古学的に現在証明されているところです。

その後、18世紀の終わりに出てきますが、秋里籬島《あきざとりとう》(注5)の『大和名所図会』では、相変わらず浄御原というのは「上居村をいふ。或いは浄御に作る。」と書いてあって、これは明らかに『大和名所記（和州旧跡幽考）』を踏まえた書き方になっています。それから、藤原宮というのも大原村にあると、「近年御造営ありし大織冠の大宮是なり」と、この文言などはほとんど『大和名所記』を引用しています。万葉文化館

注4．1625~1705。江戸前期の歌人・俳人・古典学者。近江の人。通称、久助。号、拾穂軒。後に幕府に仕官する。

注4．1625~1705。江戸前期の歌人・俳人・古典学者。近江の人。通称、久助。号、拾穂軒。後に幕府に仕官する。

注5．生歿年未詳。文化・文政期の読本作者・俳人。京都の人。名は舜福、字は湘夕、通称は仁左衛門。日本各地を取材旅行し、読本や名所図会を著した。また、和歌・俳諧を能くし、博学を以て世に呼ばれる。著作に「源平盛衰記図会」「誹諧早作伝」など。

『大和名所図会』

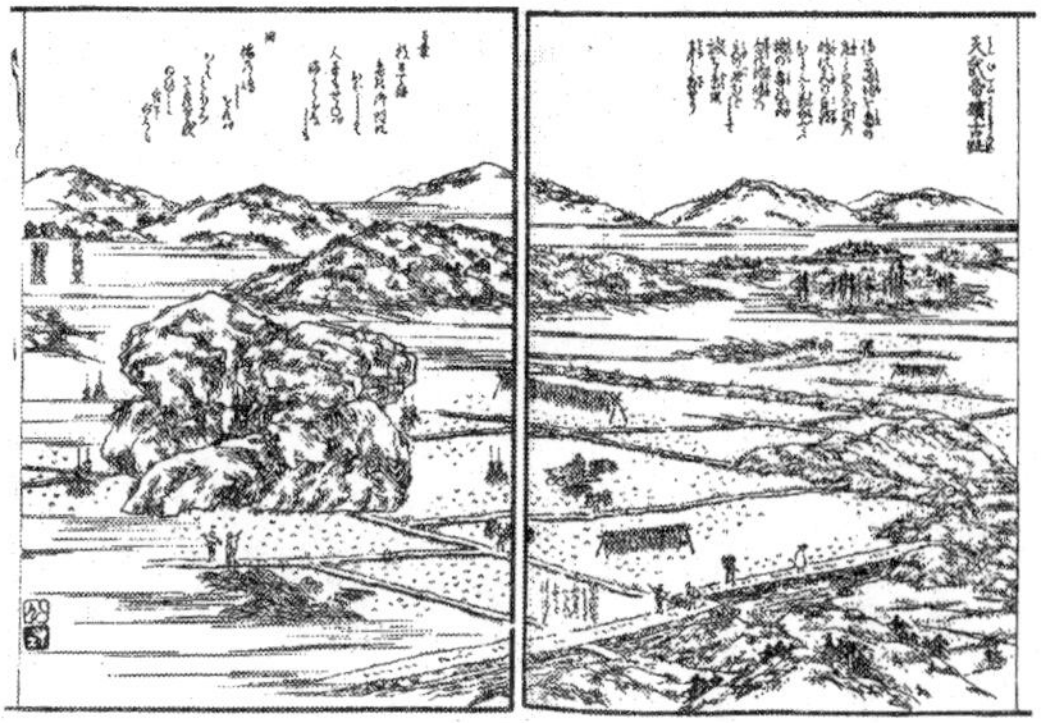

のすぐ目と鼻の先ですが、今も大織冠の社、いわゆる藤原神社という小さなお社があって、ここで藤原鎌足《ふじわらのかまたり》が産まれた、「ここが産湯の跡だ」という伝説があります。藤原の祖先塚と言われているのが、現在は円墳が確認出来まして、藤原鎌足のお母さんである大伴夫人《おおとものぶにん》の墓だと伝えられていますが、発掘されていないので誰ともわからないそうです。

『大和名所図会』の図版を載せました（上図）が、先ほど申し上げました、上居（浄御）ですね。どこに浄御原宮があったか、ということが書かれているのがこの図版でして、小さく人がいるところがありますけど、左側に大きく出ているのが、現在の石舞台を画いたもののようです。これが「石太屋」と呼ばれているということで、『万葉集』の島の宮の挽歌を載せたり、あと、小さく下の田んぼの中の所に「上居」（浄御）を紹介する一文が書き込まれていたりします。『大和名所図会』というのはこういうふうに見ていても非常に楽しい名所案内書ですけれども、学術的には間違った知識がこうやって流布されていたんだなというのが私としては非常に興味深く思っております。

参考までに、その時に取りあげられている歌をご紹介します。

飛鳥宮《あすかのみや》というのは、現在の発掘調査によれば、飛鳥浄御原宮も飛鳥岡本宮《おかもとのみや》や飛鳥板蓋宮《いたぶきのみや》というのも全部同じ場所にあったということがわかっています。それによって歌の解釈も若干変わってきている状況がございます。

また、藤原京というのは歌の表現そのものから該当する場所を発掘すると出てきました。香具山と耳成山と畝傍山の三方に囲まれた場所に宮があったということが『万葉集』の歌に詠まれていまして、先ほど申し上げましたように、近世資料の中ではそれがきちんとは確認されてなかったらしいことは当然わかるのですが、『万葉考』の賀茂真淵がこの歌から指摘しているように、現在では発掘調査によって、藤原京跡というのは史跡にも指定されるように、その3つの山の間にありました。特に、大極殿の跡というのは耳成山の南側に広がっていたということが考古学的に確認されているところです。

このように、飛鳥、少し藤原宮の事も含めましたが、様々な言説がある中で、研究者が通常扱わない近世の資料として『大和名所図会』などを見てみるのも一つおもしろい視点を提供してくれるのではないか、と思います。

3．万葉文化館蔵『大和名處和歌集』

もう一つの話題ですが、『大和名所記』や『大和名所図会』とはまた別ですが、『大和名處和歌集』というものがございますので、こちらを簡単にご紹介させていただきたいと思います。こちらは以前、飛鳥のことを共同研究しておりました時に、当館に関連の本がありまして、そこから少し選んで調べましょうといったぐらいで、ほんとにきちんとした調査が出来ているとは言えない状況です。ただ、この『大和名處和歌集』というのは、大和国内の名所旧跡に和歌を附して紹介した書であるというところで、『大和名所記』や『大和名所図会』とも関連深い内容になっています。

これは、池田末則《いけだすえのり》さんという方が、近世大和の史跡・文学史研究史料として貴重な意義があるんだとも指摘されていて、『大和名處和歌集』自体も翻刻して出版されているところです。ですが、その翻刻されている本と、当館が所蔵している写本と結構中身が違っておりましたので、こういう調査を少しした、というところです。近世の人にとっての古代の飛鳥像っていうのを垣間見せてくれるのではないか、と思ったというところです。

池田末則さんは残念ながら既にお亡くなりになられまして、この方が持っていた近世の地誌類というのは散逸してしまっています。もしどこかでお見かけになりましたら、是非お知らせいただけたらありがたいです。

この『大和名處和歌集』ですが、『奈良県史料　第三巻』というところに概説も載っておりました。この本といいますのは、大和国斑鳩隠士長景福《ちょうけいふく》という方が整理したものとしてあります。随所におびただしい付箋をもって加筆している、ということでした。当館が所蔵しているのは、そこまでの加筆、付箋は無かった状況なので、明らかに違う段階の写本ということが言えるかと思います。ついに版本とはならなかったようだと指摘されています。かつて保井文庫にも取りあげられていたとありまして、既に刊行されているか、これも写本だったかは今のところ判断出来ないということで、それ以降の報告は私も見ていません。

乾建治《いぬいけんじ》氏の調査によっては、この景福という方が斑鳩の藤門周斉《ふじのとしゅうさい》(注6)の門弟であるということがわかったとも書かれています。この藤門周斉という方は、竜田川に楓を植えて、名所を復活させたということで知られている歌人です。この付箋の文字を

注6．１６９２〜１７７６。江戸時代中期の歌人。大和の人。

見る限り、池田氏が刊行されているシリーズの中に出てくるのですが、『飛鳥古跡考』とある原本の筆跡と酷似しているので、両者は同じ著者ではないかと述べておられますが、私は、そこまで言えるかどうか疑問をもっております。ただ、『万葉集』や『古今集』など80種類以上に及ぶ歌集から名歌などを取りあげて、県内の名所を紹介している点で、特筆すべき書籍であるということについては、私も同じ意見です。

また、本書は関係名所歌以外にも在地の伝承もつぶさに記録しており、『大和志』が地誌史料として高く評価されていますが、この書物というのは近世大和の史跡・文学史研究史料として貴重な意義をもつものとして信じて疑わない、というふうに紹介され、翻刻が出されています。さらに、寛政9年（１７９７）に大和国の国学者・竹口英斎が著した『陵墓志《りょうぼし》』の中で、この書物の著者の本名は長景福ではなくて長尾《ながお》宗珉《そうみん》と言えるだろう、と書かれています。

要するに、こうしたよくわかっていない本が残っていて、その一部が当館にも所蔵されているということをご紹介したのですが、池田末則氏ご自身が書いているところは確認されたのですが、その原本にあたる史料の中に巻頭言というのが無くて、どこを論拠にされてこのような結果に至ったかというのが確認できておりません。なので、実は１７９７年に『大和名處和歌集』が成立した、というところも確認出来ていません。本当にこの年代で合っているのか、というのは悩ましいところです。

次に長景福について調べておりますが、『国書人名辞典』によりますと、長尾景福という人物が確かに実在していた、和算家であった、生没年不明、江戸時代後期の人である、ということが書いてありまして、江戸中期の奈良の歌人の門弟の一人と考えるには、少し時代が合わないというところです。まして、１７９７年にこの本を「斑鳩隠士」として出したとすると、計算が合いません。もし、この『国書人名辞典』に出てくる長尾景福さんが全部同じ本を書いている人物とすると、家系のところに「日向延岡藩士山本与兵衛の息子」とあります。

非常に個人的な事で恐縮ですが、実は私の実家が宮崎県延岡市でして、ちょっと個人的に気になって調べていました。結果的に、著作とあるところの三種の本というのは年代が離れていて、『大和名處和歌集』が『国書人名辞典』の段階では年代が入っておらず、出版年がわからなかったので、おそらく長尾景福さんが同じこの本を書いていると結論付けたと思いますが、先ほども申しましたように、池田末則氏の研究を踏まえると、同じ人が寛政2年（１７９０）、寛政9年、文化6年（１８０９）に全部書いたとするのはいいとして、その前に日向延岡藩士からわざわざここに来て斑鳩に在住していたというのを考えると、その後の閲歴が考えにくいかと思います。相当長生きした人、というふうに考えればいいのかもしれません。少し悩ましく思っているところで、結論は出ていません。

その他にも、『大和名處和歌集』という書物自体は、『国書総目録』であったり『大日本歌書綜覧』であったり、いろいろな書物に出てはいますが、どの書物でも現物を確認出来なくて、かつてあった書物一覧によって記載しているという注意書きがついていました。そもそも確認出来たところも、見てみると１９４５年の戦災で消失した水戸藩の彰考館文庫にあったということが書いてあったり、現存している史料が非常に少ない状況だということがわかっています。

注7．底本（通常は古い時代の貴重な書物）を写真撮影し、それを原版にしてオフセット印刷などの方法によって印刷した複製本のこと。景印本あるいは影印とも言う。

『大和名處和歌集』の概要についてです。池田末則氏が翻刻している影印本《えいいんぼん》（注7）も出ていますが、当館が所蔵している写本と相当違っていまして、当初の日本地名学研究所――私設研究所でしたので、池田氏が亡くなられた段階でもう無くなったようです――、この当時の蔵書のものと比べると、単純に引き写したもの、どちらが先でどちらが後というのも言いにくいですが、写本だということは言えません。草稿本の段階が万葉文化館で現在持っている本で、それをもう少し書き進めたのが「日本地名学研究所」が持っていた本ではないか、と今は考えているところです。

特に違う所というのが飛鳥に関するところです。飛鳥に関わる部分についてご紹介します。先ほど少しお話ししましたように、飛鳥浄御原宮や飛鳥岡本宮など、そういった飛鳥（明日香）に関わる地名というのが、項目だけですがづらづらと並んでおりまして、『万葉集』の歌もいくつか紹介されているというところを掲出しております。

万葉文化館の本では「飛鳥渕《あすかのふち》」、

あすか川　渕は瀬になる　世なりとも思ひ初けん　人は忘れじ

これを『万葉集』の歌として紹介していますが、残念ながら万葉歌ではなく『古今和歌集』の恋の巻に入っている歌です。ですから、こういう挙げ方を見ても、先ほどの『大和名所記』や『大和名所図会』と同じように、いわゆる当時の注釈書のレベルを踏まえて書かれているものではないらしい、ということが言えるかと思います。

それから「飛鳥都」とあるのも、「皇極斉明二帝の皇居の地なれは都とはいふと」

というふうにありまして、

たをやめの　袖吹かへす　飛鳥風　都を遠み　いたづらにふく

とあります。これは、今は「たをやめ」ではなくて、「采女（うねめ）の袖吹かへす明日香風」と訓読されているところで、この時代の研究としては、江戸時代の訓読としては「うねめの」ではなくて「たをやめの」と読んでいたことは、他の注釈書とも重なるところではあります。こうしたいろいろな違いというのがありまして、また『万葉集』というものも原本をあたっていないということは明らかで、何らかの類書の引き写し、もしくは『大和名所記』などの引き写しでしょうか、原典にあたらず孫引きをするような、そういう形で書かれているであろうということが指摘できます。

それから、万葉文化館蔵本よりも明らかに書き足してあるところというのが、日本地名学研究所蔵本の中には確認できますので、やはり万葉文化館が持っているのは、最初は日本地名学研究所蔵本の本の簡略版で引き写したかと思っていたのですが、大事な所を書かないというのは考えにくいので、万葉文化館蔵本の方がまだその前の段階の草稿的なものであって、日本地名学研究所蔵本というのがその後のもう少し整理されたもの、と考えた方がいいのではないかと現状では思っています。

あと、この文化館の東側に「八釣《やつり》」という地名が今も残っていますが、「八釣川」や「八釣山」を紹介している箇所がございます。先ほどの「大原」、それから藤原京が現在の明日香村大原にあるということがここでも書かれていまして、『大和名所記』や『大和名所図会』と同じ系統の言説というのが個々に出てきているということが確認されます。やはり、『万葉拾穂抄』や『万葉考』など、そうした注釈書の類いとは違う、知識のルーツみたいなものが『大和名所図会』系統には脈々と流れているのだというところです。

類書との比較というのはもう少し詳しく見ていかなければいけないところだと思いますが、『大和名所記』ですとか『和州巡覧記』や『大和名所図会』というものの記述の系譜的な関係というのは深いと考えています。で、先ほど言いましたように、この長景福というのは謎のままでよくわかりませんが、こうしたものを見ていきますと、国学者の間で伝えられていく学術的な見解というものと一般の人に向けた書物の中で、近代の人にとっての古代のイメージや『万葉集』の歌のイメージというのが全く別のところで作られているというところは、ひとつのおもしろい現象として、『万葉集』の注釈研究からすると取りこぼしてしまうところですが、こういう今回の研究会（近世・近代の思想研究会）のような趣旨であると、むしろそれはおもしろい視点になるかと思った次第です

4．19世紀海外での『万葉集』享受

今度は、最初に『万葉集』が欧米にどのように紹介されたかというお話しです。これは２０１９年2月の奈良県立大学でのフォーラムの時にもご紹介した歌ですが、「出金詔書歌」といいまして、奈良の大仏の鍍金の為の砂金が国内から初めて見つかったということを言祝いだ大伴家持の長歌がありまして、その反歌一首だけが

ヨーロッパに伝わっていたということを確認したということです。かなり時代が下る話ですが、19世紀にヨーロッパで初めて紹介された万葉歌というのが、その「出金詔書歌」の反歌でして、ご存じの通り当時はジャポニスムが一大潮流を成すような時代であったかと思います。

で、ジャポニスムと言いますと、去年くらいからも再び話題になっていましたが、一般的には美術工芸品を中心に語られることが多いかと思います。葛飾北斎《かつしかほくさい》の影響などが中心だったかと思います。私は文学が専門ですので、文学側から見てみますと、これもまたひとつおもしろい別の視点、動向があるのではないかと思っています。いろんな本から、この時代のどういう書物の中に日本関係のことが紹介されているかということを拾い集めてみますと、江戸時代までもざっとこうした簡略の年表ができることをご紹介しておきます。

13世紀末マルコポーロ『東方見聞録』
1546（天文15）ポルトガルとの交易
1582（天正10）天正遣欧少年使節団
1592（文禄元）ワーヘナール『航海宝鑑』
1596（慶長元）リンスホーテン『東方案内記』
1610（慶長15）ノールト『世界一周紀行』
1613（慶長18）慶長遣欧使節団
1621（元和7）ダヴィティ『世界帝国誌』※「日本王国志」掲載

1641（寛永18）オランダ東インド会社を出島へ移す
1645（正保元）カロン『日本大王国志』
1676（延宝4）ストライス『三大旅行記』　スハウテン『東インド紀行』
1727（享保12）ケンペル『日本誌』
1820（文政3）ティチング『幕府治下見奇聞録』
1826（文政9）シーボルトが葛飾北斎に作品を依頼
1830（天保元）シーボルトが『萬葉拾穂抄』を船載し帰国
1834（天保5）ティチング／クラプロート『日本王代一覧』
1851（嘉永4）プフィッツマイヤー『日本古代詩の研究』
1853（嘉永6）黒船来襲
1858（安政5）日仏修好通商条約
1862（文久2）ロンドン万国博覧会（文久遣欧使節団）
1867（慶応3）パリ万国博覧会（幕府・薩摩藩・佐賀藩）

特におもしろいなあと思いましたのが、最初にフランス語で紹介された万葉歌というのが『日本王代一覧』という本で、林鵞峰《はやしがほう》（注8）が書いて1652年に出版しました。日本で出版した本をオランダ語訳したのがティチングという在日オランダ商館長だった人です。その方が記した『幕府治下見聞奇聞録』という本が1820年に刊行されまして、その中にも『万葉集』とか『古今集』に関する言及が見られます。ただ、ここでは歌自体は紹介していなくて、「そういうものがあります」という程度の

注8．1618～1680。京都出身。林羅山の三男。江戸時代前期の儒者。名は春勝、恕。字は子和、之道。別号に向陽軒など。僧号は春斎。編著に『日本王代一覧』『本朝一人一首』など。

紹介になっているようでした。

１８２６年にはシーボルトが葛飾北斎に作品を依頼していまして、一昨年、シーボルト博覧会が日本でありましたが、その中ではっきりと書かれていたということで、興味深いと思いました。シーボルトが持ち帰った書物ですとか物品の一覧が現存していますが、その一覧によりますと、先ほど申しました、１６８６年に成立した北村季吟の『万葉拾穂抄』の版本を持ち帰っているということがわかっています。この『万葉拾穂抄』は今、実際に、オランダのライデン大学の蔵書として保管されているようです。そのすぐ後になりますが、１８３４年に、本日問題にしている『日本王代一覧』のフランス語訳というのが出版されています。

このあたりのことを考えますと、『万葉集』が海外に出たのは19世紀の初めぐらいに舶来品としてシーボルトが持ち帰ったのが最初だったのか、と想像たくましく出来るところではあります。１８５４年の開国後に、日本の文化が欧米に紹介されて、それからジャポニスムが隆盛したというのが一般的な考え方だと思われますが、少なくとも日本との交易が始まった16世紀には、欧州の一部の人々の間には、日本の情報というのがもたらされていたということが、こういった状況を見るとおわかりいただけるかと思います。

日本語の書籍というのは、17世紀初めに平戸のイギリス商館の関係者が持ち帰ったのが最も早い例だということが、これも２０１８年に出版されたピーター・コーニツキー氏（ケンブリッジ大学名誉教授）の論文の中で指摘されています。ですから、それ以降だと思いますし、その当時はまず読めない外国語の何かわからない本として認識されていたものが、絵画や美術工芸品というものが入っていくことになって、もっと日本の文化への興味というのが膨らんでいったのだろうと想像されます。

　絵画とは違って、文学の享受というのは、言語の壁が立ちはだかりますので、やはり翻訳という一段階を踏まなければなかなか伝わりにくいところはございますが、先ほど申し上げましたように１８２０年以降というのは、特に『万葉集』ということに注目していきますと、１８３０年のシーボルトの『万葉拾穂抄』を舶載したというところなどが非常に注目されるかと思っています。１８３４年のフランス語訳の『日本王代一覧』、ティチングが元々訳したものをクラプロート[注9]が引き継いで、註を附して出版したものですが、クラプロートのその註の中に初めて『万葉集』の歌が具体的に出てきました。ドイツ語では、１８５１年にプフィッツマイヤー[注10]が『日本古代詩の研究』これは『万葉集』のことですが、を刊行しています。いずれも、１８５３年の黒船来港、開国以前のことであった、というところは確認しておきたいと思います。

　ティチングが林鵞峰の『日本王代一覧』を、オランダ通事の協力を得て翻訳してオランダに持ち帰っていたらしいのですが、ティチングは１８１２年に死亡しています。ティチングの没後に、クラプロートが蔵書を全部買い取ったという記録があるそうです。その買い取った中にオランダ語訳されたものがあった、ということのようです。それをクラプロートは更にフランス語に訳した。神話や以降の歴史を、そこに足してフランス語に翻訳して刊行したものだということです。この書物

注9．１７８３～１８３５。ドイツの東洋学者。

注10．１８０８～１８８７。オーストリアの東洋学者。ヨーロッパにおける万葉集研究の開拓者。著書に「日本古代詩の研究」など。

注11．1837～1914。フランスの民俗学、言語学、日本学者。

がフランス国内で紹介されたことによってフランス国内で日本歴史の理解度が増進して、レオン・ド・ロニー（注11）、この人も『万葉集』の翻訳、出版に関わっていまして、当館でも所有している本がありますが、そうした有名な日本学研究者に知識を与えた、そのきっかけになったものだと確認されました。

この原著にあたる『日本王代一覧』というのは、神武《じんむ》天皇以降の107代にわたる天皇のことが書いてある書物ですが、特にこの『万葉集』の歌が註に出てきたというところは孝謙《こうけん》天皇条にあたりまして、孝謙天皇代の天平勝宝4年（752）4月に大仏開眼供養があった、その天皇は東大寺へ行幸し百官が供奉して、そこで儀式を元日と同じように行った、ということが書かれています。これらの記事というのは、ある程度『続日本紀』に依ったものでして、要約してあることも確認出来ます。『続日本紀』の記事に特に違えるようなところはありませんでした。ただ、最後に付け加えられている、藤原仲麻呂《ふじわらのなかまろ》が寵臣であったから天皇が御在所としたのだというところは『続日本紀』にはありませんので、そこは林鵞峰が付け加えたところだと考えられます。

当該箇所について、フランス語訳ではこういうふうに紹介されています。

Le 4e mois de la 4e année(752), eut lieu l' inspiration2 de l' image du Daï Bouts, auquel on offrit nu banquet. A cette occasion, l' impératrice alla au temple Tôdaïsi, accompagnée d' une pompe égale à celle qui est en usage au jour de l' an. A son retour, elle visita le Daïnagon Fousiware-no Naka maro

(Theng yuan Tchoung ma liu). Par estime pour sa personne et en récompense de ses bons services, elle resta pendant quelque temps chez lu i.

当該箇所のフランス語訳をひとつひとつ辞書を引きつつ比べてみますと、内容をそのまま翻訳している、ということがなんとなくわかります。それから天平勝宝4年が西暦752年に該当することですとか、藤原仲麻呂の中国語発音というのが加えられているところが特徴的でした。

さらに、脚注部分において、『万葉集』と家持の万葉歌について触れています。

On lit dans le Manyo zio (Wan ye tsy), quiest un recueil d' anciens poèmes par Tutsi bana no Moroyè (Kiu Tchou hioung) :Le 12e jour de la 5e lune de la 21e des années Ten pe, le prince de Yetsiou, pour complimenter le Daïri Sur la découverte de l' or, fit les vers suivans:

So e me ro ghi
Ni mi o sa ki yen to
A zou ma na ro
Moutsi-no kou yama ni
Ka ga ne fana sako.

ここが肝になるかと思いますが、これがクラプロートが付けた註の部分で、まず『万葉集』を「Manyou-shuu」ではなくて「Manyo zio」と発音しているようです。で、その中国語読みが「Wan ye tsy」と書いてあります。また、「Tutsi bana no Moroyè」とあるのは「橘諸兄《たちばなのもろえ》」のことのようです。それも中国語読みがかっこ書きで「Kiu tchou hioung」と書いてあります。なぜ、いちいちこういうことをしているかと言いますと、クラプロートは日本に来たことがなくて、日本語は独学だったようです。で、元々中国語を勉強していました。これも独学だそうです。なので、漢字で全部書いてある本文というのを見て、ぱっと中国語読みが浮かぶらしいです。

当時のローマ字での日本語の書き方というのが現在と同じような書き方ではなかったという事もあるのでしょうが、「Manyo zio」や「Tutsi bana no Moroyè」など、そういった発音、当時の日本人がどれぐらい外国にいたか問題があるのですが、その方たちから聞いたり勉強したりした中で、彼なりに発音を分析した結果、言語学者としてこういう書き残し方をした、言語学的な興味からこういう書き方をした、と考えられます。

次に問題の『万葉集』の歌ですが、そのまま読むとなんのことかわかりませんが、先ほども言いましたように、「Manyo zio」が『万葉集』、「Tutsi bana no Moroyé」が「橘諸兄」、による歌集の中で天平21年（749）5月12日に金が発見されたことが知らされたことを契機に詠まれた歌である、というのがフランス語で書いてあって、紹介されている歌一首がこれです。ここに記されている歌は、今読んだように変な発音ですが、大伴家持による出金詔書歌の第3反歌であるということが、おぼろげにわかります。

天皇（すめろき）の　御代栄えむと　東なる　陸奥山に　黄金花咲く

という歌があります。「すめろきの」が「So e me ro ghi」で、行が分けられて「Ni」になっていたりしますので、ほんとに文字としてよんだのかという疑問が私は湧きました。現代から見ると、やはり奇妙な発音と言わざるを得なくて、区切り方もおかしいので、これは書籍、つまり文字資料として見た物の引用ではないのではないか、と思っています。で、口承による歌を書き記したのではないだろうかと考えていまして、この書物がオランダ語訳されて、更にフランス語訳された際の主眼になっていたのは、やはり日本の歴史を紹介することにあったと思われます。

先ほどの年表でもはっきりわかるのですが、交易相手国の歴史を知るということが興味の中心としてあって、16世紀から19世紀初めにかけては日本文化を知るというところが中心にあったのだろうと思われます。なので『日本王代一覧』、神武天皇以降の歴史を知るということも重要視されたのだろうと思われます。なぜならば、交易をする時に、その国のトップをまず押さえようというのが当時の海外から来る商人達のセオリーだった、そういう意味で歴史書、その歴史の流れを踏まえながら当時のトップをおさえるというところを目指した、そのために必要な歴史書だったと考えられているそうです。

その中で、原著にはなかったこの家持の歌を加えたということになります。おそらくはクラプロートであろうと考えられています。その真意ははっきりとわかってはいませんが、口承による和歌の発音を記したと仮定すればですが、日本語の発音や和歌という文学形式に関する興味、関心が高かったのではないかと思っています。

　クラプロートは語学の天才だったということをピーター・コーニツキー氏が指摘していまして、独学で中国語に通じていた、来日履歴はないが、イルクーツクで日本語を教えていた新蔵《しんぞう》という日本人に日本語を学んだ、とあります。新蔵という人は大黒屋光太夫《だいこくやこうだゆう》の同僚だった水夫だそうです。共にロシアに漂着した後、ロシア正教に改宗して、当地に家族を得て永住した。クラプロートが記した奇妙な家持の歌というのは、もしかすると新蔵さんが暗唱していた歌だったかもしれない、と想像をたくましくしてみると、そういう可能性もあるのかと思います。耳で聞こえた通りに記したものだという可能性があるのではないかと。

　これは非常にあやふやな言い方ではありますが、最初に述べましたが、百人一首が口承の中でこういうように形を変えていったということと相通じるような気が、私自身はしています。『万葉集』について「Manyo zio」と表記したり中国語読みが表記されていたりするというのは、同じ漢字の文字列を中国語発音でも記したということが考えられるのですが、東洋の言語に対する興味関心が極めて高かった。クラプロートの閲歴を見ますと非常に納得がいくと言いますか、そういう興味があったのだろうという事が推測されます。

　『万葉集』においては、当該の歌の左注のところには、「天平感宝元年5月12日に、越中国の守の館にして大伴宿禰家持作れり」とあります。歌の左側にこういう注が付くことがあるのですが、この歌の場合は、こういう書き方がしてあります。ところが、クラプロートによるフランス語訳では、5月12日という日付は同じですが、天平21年(749)と説明されています。もし『万葉集』の写本や版本、注釈書類を見たのであれば、ここを間違うはずないと思うのです。天平感宝元年と書くべきところが天平21年、これ同じ年でもあります。金が見つかったということで天平21年に天平感宝元年と改元しています。ですから間違いではないのですが、文字資料として『万葉集』を踏まえたとは到底考えにくい。で、『万葉集』の記述に基づいていないということから考えますと、新蔵が万葉歌を読んで当該歌を暗唱していたのかということもわかりません。

ただ、先ほども話題に出しました『大和名所図会』にはこの歌が載せられていまして、そこに挙げておきましたが、『大和名所図会』の中には天平21年2月に奥州より初めて黄金を奉った、それで帝が叡感ましまして同じ年4月に天平感宝元年と改元した。で、後に「感」を「勝」と改めた。天平勝宝元年ともした、ということを紹介しています。これが盧舎那仏です。東大寺の大仏の時の記事として、『大和名所図会』に出てきています。で、『万葉集』からとして

すべらきの　御代さかえんと　あづまなる　陸奥山に　こがね花咲く

という歌が紹介されています。なので、こういう知識というのは、船乗りであった新蔵も持ち得ていた可能性はゼロではないだろうと思うわけです。少なくとも17世紀に刊行された『大和名所記』を踏襲していることが確認できていまして、東大寺でも同様の記述があることもわかっています。

同じように、大伴家持の出金詔書歌の長歌とか他の反歌もあるのですが、全部省

いて、『大和名所図会』にはこの歌だけが載っていました。なので、クラプロートが『日本王代一覧』の記事の中でこの歌を連想して注に書きたくなる気持ちは非常によくわかる気がいたします。そうした、近世における東大寺の大仏への知識というのが、フランス語訳『日本王代一覧』にも反映されたのではないのかと考えているところです。天平21年という年号の点でも、『大和名所図会』の知識と合致するのではないか、何か影響を与えているのではないか、と考えています。ただし、5月12日に詠んだ歌であるという根拠は、『大和名所記』にも『大和名所図会』にも見当たりません。

もう一つ注目されるのが、フランス語訳の注に『万葉集』の編者として橘諸兄の名前が挙がっているというところです。『栄花物語』「月の宴」の巻などには、この橘諸兄が編集したという説が提唱されていまして、最初の全歌注釈書、『万葉拾穂抄』はその説をとっています。もしかすると、この『万葉拾穂抄』も参考に見たのではないのか、と指摘出来るかと思います。

この『万葉拾穂抄』といえば、先ほど申し上げた通り、フランス語版の訳本が刊行される4年前にシーボルトが持ち帰った、日本から初めてまとまった形で海外に出た注釈書であることが、少なくとも今の段階では確認出来ます。ライデン大学の蔵書となった時点で、表紙に「橘諸兄公集」と記されています。これは現在でもそのような形で残っていまして、『万葉集』の歌全部の注釈書であり、題詞や左注の内容も掲載されているということから、家持の歌が5月12日に詠まれたということを知る手がかりになった可能性はあるのではないか、ということを総合的に考えますと、クラプロートが水夫であった新蔵の口ずさんだ万葉歌を、東洋の言語への興味関心の高さから耳で聞いて、それをそのままの音として記録して、一方で自らが知り得た『万葉集』の知識を付加して注を記したのではなかったかと。これは想像に想像を重ねているだけです。実際に、ライデン大学に現存する本をもしもクラプロートが読めていたら、もう少しちゃんとした書き方を出来たのではなかったのかと思いますが、例えば表紙だけを見ることが出来たとか、あるいは表紙を目にした誰かから「橘諸兄っていう人が作ったらしい」という知識だけを得たとか、そういう程度だったのかと想像するしかありません。

クラプロートがどのような機会に『万葉集』の知識を得たか、具体的に本を読んだかというのは全く今のところ辿りようが無くて、論拠に欠けますが、一応の仮説として今のようなことを考えた次第です。

あともうひとつ、フランス語版の『日本王代一覧』には、孝謙天皇とか天平勝宝などの漢字の活字が使われています。おそらくは活字かと。そのあたりのことは、活字そのものが残っていないのでわかりませんが、この時代にパリで出版するときにどうやってその活字を手に入れたのだろうか、というのもまた一つの謎です。ひらがなは使用されていません。ですから、考えられることは、15世紀以降の欧米の印刷技術が金属活字を主体としているということを踏まえますと、この当時のパリの出版社が清国等から漢字の活字を入手することは出来たのではないだろうかと。

ひらがなの活字、これはまだ日本だけでしか通用しないものですので、そういう活字は入手出来なかったか、あるいは必要性が無かったか、ということではないかと思いますと、何々天皇とか天平勝宝という年号だけは、漢字の活字を持っていれば組み合わせて作れなくもなかったのかもしれない、そういういろいろな問題をこの一首が孕んでいくのではないか、と思った次第です。

これ以上調査が出来ていなくて、私自身も8世紀が専門なので、あまり詳しい追跡調査が出来ていないのですが、話題提供としてご紹介させていただきました。

ご清聴ありがとうございました。

【ディスカッション】

（参加者）
井上　さやか（奈良県立万葉文化館企画・研究係長）
植村　和秀（京都産業大学法学部教授〔※「近世・近代の思想研究会」主査〕）
大川　真（中央大学文学部人文社会学科哲学専攻教授）
岡本　貴久子（奈良県立大学ユーラシア研究センター客員研究員）
西田　彰一（国際日本文化研究センタープロジェクト研究員）
中島　敬介（奈良県立大学ユーラシア研究センター特任准教授）

時代とともに変わりゆく歌の解釈

植村：素人の質問ですが、歌に正しい歌というのはあるのでしょうか。歌は、どんどん変わっていきますでしょう。で、その時にオリジナルの方を優先した方が正しいのか、一般に知られている歌の方が正しいとみた方がいいのか、どうだろうかという疑問がありまして。

井上：何をもって正しいとするのか、ということかと思います。例えば、我々が研究する対象としましては、奈良時代の『万葉集』の歌を知りたいと思っています。そうすると奈良時代の文献があればいいんですが、現存しているのは平安以降の写本なので、出来るだけ奈良時代にはどういう形だったのかということを探ろうとします。おそらくそれが正しい歌を目指しているのだと思います。

ただ、一方で思想史的に見たりして、観点を変えた場合は、百人一首に出てくる歌の形がこの時点では正しいといいますか、人口に膾炙していた歌だと考えますと、それはその段階でのこちらが知りたい情報としての正しさというのは十分持ち合わせていると思います。そういう意味で、正しいという判定は難しいです。ケースバイケースと思ってしまいます。

岡本：植村先生のご質問に関連いたしまして、基本的な資料について教えていただきたいと思います。奈良時代の原本がないということで、そこで写本をまず調べることになると思いますが、写本は基本的に今のところどのくらいあるのでしょうか。宮内庁本や国文研本などいろいろあると思いますが、それぞれの写本は写された年代によって少しずつ変わっていたりするのではないかと。

なぜ私がこのような質問をしたかと申しますと、先月の文化資源学会の研究会（「デジタル文化資源の未来」２０１９年7月27日、八木書店）で、古典籍を翻刻されたり影印本を作成されたりしている八木書店の恋塚嘉さんが、『日本書紀』も同じように写本がいくつもあり、その時代の中では内容が随分備わっているものや欠けているものもあるため、『日本書紀』全30巻のうち、どの巻の写本が残っているのか、所蔵者別に写本のリストを作成したというご発表をされました。そこで『万葉集』も同じように考えてみた場合、お分かりになる範囲でよいのですが、その中で信用できるものがどれくらいあるのか、教えていただけますか。

井上：非常に本質的な、難しい話だと思います。写本というのは確かに何種類もあります。今我々が底本として使うものは20巻、全部揃っているもので鎌倉時代の西本願寺本が一番古いので、一応それに依ってはいますが、明らかに意味が通じない、あるいは間違っているという写し方もしてありますので、手控え的なものだったのかもしれませんし、書き写される途中で書き間違ったものもあっただろうと考えられていますので、その写本研究を専門にしている方もいます。

一番古い写本というのは一部しか残っていません。桂本という、これは平安中期のもので、巻四の一部しか無いのです。これは恋の歌を特集した巻でして、やはりそういう好みがあって大事にされたのだろうと言われています。あとは、平安時代の写本が一部、古筆切《こひつぎれ》（注12）として装飾品のような形態で残っているものもありまして、それも桂本の中から切られたものです。使われている紙や絵柄が共通しますので、同じ本から切ったものだということがわかります。一般にはそれを栂尾切《とがのおぎれ》（注13）と呼んでいまして、同じ本ですが、「切れ」になった時の名前とまとまった写本の時と名前が違っていたりもします。

ですが、今のところ、現存しているものとしては平安中期の写本が最古で、しかも一部しかありません。ただ、それ以外にも平安時代の写本は複

注12．巻子本や冊子本など完全な形で伝来した古筆（奈良～室町時代のすぐれた書。特に和様の書や、かな書きのもの）を掛軸仕立てにしたり手鑑に張ったりする目的で切断したもの。

注13．現存する最古の『万葉集』の写本である桂本は巻第四のみが残り、零巻1巻（御物）及び40葉ほどの断簡が諸家に分蔵される。その断簡をとくに栂尾切とよぶ。

注14．古筆切のひとつで、『万葉集』巻第十二の断簡。伝称筆者は、平安時代後期の歌人源俊頼（1055～1129）。

注15．鎌倉時代に奈良の春日社、東大寺、興福寺の神主、僧侶らが催した和歌会の懐紙の総称。大半は春日社での法楽和歌会で詠まれた歌の懐紙で、鎌倉時代における奈良歌壇の実態を伝えるものとして貴重な史料。

数あります。当館にも一部ありますが、尼崎切《あまがさきぎれ》(注14)というものが数行だけ書いてあるのが御軸になっていて、そういったものはいくつも確認されています。

あとは時代が下って、最近になってまた春日懐紙《かすがかいし》(注15)というものが話題になりました。春日大社の〝春日〟ですが、そちらの宮司さんたちが、やはり歌をよくされていました。

中世の歌学者の中にそういう『万葉集』の写本を反故にして、裏紙に自分達の歌会の記録を書いている例がありまして、それが加賀の前田家に一部渡っていて現存しているなど、いろいろ散逸しながら最近になって何葉か出てきたりしていまして、もしかするとまだ出てくるかもしれません。そういう中世の写本というのは、いろんなところで出てくる可能性がまだまだある、と言われております。

岡本：それではまだ調査によっては出てくる可能性があるということですね。『日本書紀』も同じように、この巻には書かれてあるがこの巻にはない、ということがあって、それぞれを組み合わせながら作業を行なっているということでございました。まずは全部揃っている西本願寺本20巻を見てからですね。

井上：まず見ますね。

岡本：あやしいな、と思う場合、次に例えばどのような手段で確認できますか。

井上：これは明治時代に入って校合されたものがありまして、西本願寺本を中心にしながら、他の本ではこう書いてあるというものを全部まとめた

注16・20世紀に編纂された『万葉集』の校本。正編、増補、新増補、新増補追補から成る。

『校本万葉集《こうほんまんようしゅう》』(注16)というものが出ています。これは、活字にもなっています。一番手軽なのは、それを確認することだと思います。そうすると、西本願寺本でこう書いてあるところが桂本ではこう書いてあるというようなことが全部出てきます。

岡本：一種の研究書といいますか、解説でございますか。

井上：解説ですね。文字の違いや訓読の違いが全部ひとまとまりになっていますので、それをまず一番に当たります。

岡本：そういうところから「正しい」など、いろいろの判断がなされるということですね。

井上：本文の正しさというところが非常に難しいと思いましたのが、『日本書紀』などもそうですが、今までの研究者は、特に研究のやり方としまして、昭和までは古代の原典にどうしたら立ち返れるかというところを中心にしていまして、それで「これは間違っている」というような言い方をしてしまっているところがありましたが、平成に入りまして、やはり中世には中世の神話学のようなものがあり、それが一つの意味を成しているので、古代と考え方が違ったとしてもそれを間違いとして否定するのではなく、中世神話として見よう、というところが出てきました。

岡本：はい、そうですね。

井上：同じようなことは、やはり歌の世界でもあるという認識を持っております。

岡本：時代の流れによって、解釈などが変わります。

井上：そうです。変わるものであるし、どう考えてもその時代を経たフィルターを通してしか現代の我々は古代を見ることができないわけですから、今日もそういう観点も少しありましたが、近世の人がフィルターを通して見た古代、それを更に現代の我々が近世を通じて古代を見ている、というところがどうしても拭えないと私自身は思っています。

岡本：これまでの研究の流れを教えていただきまして、また、今回初めて仏語に翻訳された『万葉集』と『大和名所図会』と『大和名處和歌集』の関連についても大変興味深く聞かせていただきました。ありがとうございました。

元々は口承文芸だった歌

中島：『万葉集』のうたは、どういう形で詠まれて、それがどれぐらいのタイムラグがあって書き物になっていくと考えたらいいのでしょうか。例えば、「田子の浦ゆ…」という歌も、別に見てそのまま書き留めたわけではないですよね。何かの歌会で詠まれたのではないかと思うのですが。

井上：史料がないのでなんとも言えませんが、『万葉集』の中には、特に奈良時代の歌などは歌会の場で書いているような痕跡があります。ですから、大伴家持の時代などになりますと、何々の場でこういう歌会があって、誰それが集ってこれこれの歌を残しましたというような、メモのようなものがそのままあります。あとは、『万葉集』の巻五は漢文もたくさん含まれています。いわゆる令和の出典となりました「梅花宴《ばいかえん》」などもありますが、ああいうものはもう文学として作り込まれています。当時参加していた32人の歌人の作品が全部記録されていますし、その序文というのが令和の出典になったものが出てきたりしますので、あれは天平2年ですが、宴席もありますし、そうした時代には初めから書くことを想定して歌も詠まれていましたし、披露されていたことがわかります。

それより前の時代になりますと、どこまで文字と直結していたかというのは、例えば柿本人麻呂《かきのもとのひとまろ》がひとつの画期として意識されていますが、六百年代の半ば頃には、木簡史料で万葉仮名らしきものが書かれたものが出てきていますので、柿本人麻呂の前の時代くらいには歌を一字一音の文字で書き表すことをしていた可能性が確認出来ていると言ってもいいかと思います。ただ、それが現場で書くものなのかということはわからないところです。

例えば、柿本人麻呂は枕詞をよく使う人ですが、枕詞自体が書くことを想定している歌ではなく、その前の時代、口承文芸の時代の名残だと言われています。例えば、「飛ぶ鳥の飛鳥」というときに「とぶとりの…」と歌い始めたら、聞いている人がみんな「あすか」のことを歌うことがわかる、というような発想がありまして、枕詞というのは元々あります。ですから、書く歌の時代になりますと、だんだんと枕詞は廃れてしまいます。確かに、古代の歌特有なのが枕詞という技法でして、敢えて古風を狙う人は枕詞を使ったりしますが、書く文学になってくると、そういったものは廃れていきます。その端境なのが柿本人麻呂だと言われていまして、柿本人麻呂の歌になりますと文字もすごく凝っていまして、文字の書き方も発音としての言葉も両方意識していないと、この表現は出てこない、というようなことも研究で言われています。時代的にもちょうど合います。ですから、柿本人麻呂のとき、柿本人麻呂以前、柿本人麻呂以後というような形で、歌の作り方といいますか日本語の発想として、文字が無い文化、文字ありきで記録する文化、というように途中で変わったのだろうと言われています。

中島：表記として残すこと前提に歌が詠まれていた、ということですか。

井上：途中からはそうですが、歌の文化そのものは文字ありきではなく、最初には出来ているということです。そもそも、恋を語ったり結婚相手を探したりする時には文字ありきではなくて、そもそも民衆の中では、そういう歌が日常の道具として使われていたであろう、それをある段階で文字が書ける階層の人が記録したのが『万葉集』に残っているにすぎないので、それ以前に膨大な数の生活の道具としての声の歌というのは消費されていたのであろうと言われています。

　ですが、世界的に見ると独自の文字を持たない文化の方が多いので、別にそれはおかしなことでもないですし、文字が無くて歌で歴史とか神話を伝えるという民族はありますので、そういう意味から言いましても、特におかしくはないですし、神話などは元々口承文芸だったと考えられているようです。

『万葉集』以外に歌集は存在したのか

中島：『万葉集』が想定している読者とは、やはり歌を詠むような階層の人達ということですか。

井上：読者を想定していたかどうかというのが、そもそも問題になるかと思います。

中島：読ませるというより記録として残していたかもしれない、ということですか。

井上：今ですと、印刷して複数の人に見せることできますけど、長らく写本の形でしかないものを、それほど多数の人に見せる想定はしていないと思います。

中島：何を目的とした記録なのでしょうか。

井上：そこが問題なのですが、ひとつ言われていますのは、そもそも『万葉集』というものが勅撰和歌集とは違うだろうということです。明らかに犯罪者の歌も載っていますから。それに謀反で処刑された人も。大津皇子《おおつのみこ》ですとか有間皇子《ありまのみこ》もそうですが、そういう人たちの歌が入っています。あとは、ふざけた歌も入ってきていますので、それはいわゆる勅撰和歌集とは違うであろうと。そうしますと、「何の為に」ということをいろんな人がいろんな事を言っていまして、ほんとよくわかっていません。

ただ、最終的に編集に関わっているのは大伴家持であるというのは共通の認識です。それは『万葉集』20巻のうちの後ろの4巻、巻十七以降というのが大伴家持のメモのようなところで、大伴家持が何らかの形で関わっているのであろうと思われます。そうしますと、これは私撰集ではないかということがひとつ。あとは、大伴家持自身が東宮侍従ですが、皇太子の教育係に任命されていますので、皇太子の教育の一環としてこの歌集を編集した可能性も指摘されています。ですから、歌を作ることができるということは一つの教養として求められていた時代と想定しますと、そのようなお手本になるようなものというものはあっていいのではないかと思われます。

中島：良い歌と悪い歌の違いを示した、とか…。

井上：その辺りはわかりませんが、巻十六にそれが集中していて、大伴家持が編集した巻十七以降と巻十六以前というのは、やはり違う時代に出来たのだろうと考えられます。16巻目は、もしかすると東宮侍従の時には無かったかもしれないですね。

中島：1巻から20巻で重複している歌はありますか。

井上：あります。有名どころでは、額田王《ぬかたのおおきみ》の近江の天皇に贈った歌というのが巻四と巻八に重複して載っています。ですが、文字使いは全然違います。なので、どういう経緯で記録したのかということがほんとにわからないです。

ただ、大伴家持が全部書いたわけでもないでしょうから、少なくとも飛鳥時代から760年くらいまでの約130年間に詠まれた歌が編集されているということは間違いありません。大伴家持が全部の歌をその場で記録するのは不可能です。

　例えば、飛鳥時代には飛鳥時代に記録した人がいて、もしかすると飛鳥時代にただ耳で聞き覚えていた歌を藤原京の時代になって誰かが書き残したかもしれませんし、その辺りのことはよくわかりません。原本が残っていないので、筆遣いの違いもわからなくなっていますので、いろんな人がいろんなこと言っていますが、少なくとも一人の人が一時期に編集したものではないであろうと。なので、重複も出てきますし、同じ歌なのに違う文字遣いも出てくるということは十分考えておく必要があります。

岡本：その実例になるかと思いますが、先ほど申しました木を植える歌を全部洗い出してみましたところ、やはり微妙に一字だけ違っていたり、似ているようなものがあります。

井上：ありますね。ちなみに、木を植えるというのも奈良時代以降に集中します。

岡本：そうなのですね。

井上：庭というものが概念としてありませんので、飛鳥時代ですと人工の空間というものが、天皇の庭はありますが、いわゆる碁盤の目状の町並みがまだありませんので、一般の人々や貴族層にとっても、人工の庭というものを造る感覚が無くて。庭という歌も出て来ませんし、その庭に自ら植えるということも必要が無いので、歌に出てきません。社会的な背景というのが、期せずして歌の文句に出てくるという感じです。

岡本：例えば、大伴家持の時代と大伴旅人の時代ですと、植える植物も違っています。これは中西進《なかにしすすむ》先生（奈良県立万葉文化館初代館長。新元号「令和」の発案者といわれる）のお説になりますが、旅人の時代のエリートが好む（梅や橘といった外来の）植物に対して、家持の歌ではどこの野辺にでも咲く花（撫子等）を愛でるなど、好まれるものが違うということもあります。

井上：一口に『万葉集』と言っても、年代的な違いというのが内部にもあります。一番大きいのが口承と記載を跨いでいるところだと思います。

今おっしゃったように、植える、植えないということについても飛鳥時代と奈良時代では全く違いますし、衣装一つとってもそうです。単に、直接出て来ないのはわかりませんが、考古学や別の学問での成果を見ますと、都の建て方も違います。今も申し上げましたように、碁盤の目状の町並みが出来る時期や、それ以前の時期という違いもありますし、飛鳥時代は衣装がチマチョゴリに近くて、韓半島の影響をすごく受けていますが、奈良時代になりますと化粧法から何から全て唐の影響を受けています。そういうところが歌表現では見えにくいのですが、明らかにいろんなことが変わっているということを踏まえた上で理解していく必要があるだろうと思います。

植村：その辺りは、どういう人たちが歌を百年以上も一生懸命集めたのかが気になりまして、その時に何をイメージして理解したらいいのでしょうか。宗教の書物でしたら、教団の人が長い時間をかけて集めてきて、はじめは雑然とはしていますが、だんだんまとまります。そういう教団的なものではないのだろう、と。

ただ、社会層として何か歌に命をかけるような、あるいは生活がかかるような人達が、みんなで支えて作ったのでしょうか。どういう人たちがこういう膨大な作業をしてきたのかすごく気になるところですね。

井上：確かに、識字層というのはそれほど一般に広がっていたわけではないだろうということは言われています。自分の名前くらいは書けたかもしれないとは言われますが、こういう歌集を編集したり、あるいは歌の記録をするというのは、例えば大伴家持の時代ですと、防人の歌を書いているのは明らかにその防人を集めて現地に送り込む中央の役人だということが明記されていまして、その中央の役人が集めて書いたものなので、おそらく方言なども珍しいと思い一字一音で表記しているのだろうと言われています。

そういう防人の歌をなぜ集めたかといいますと、大伴家持自身の個人的な感情、興味だったと言う考え方もひとつありますが、一方では勅撰集ではないと申しましたが、そもそもの発想というのは国家レベルではないかということも一方で言われていまして。例えば、『文選』やその前の『詩経』という中国の文献、特に『詩経』は「国風」といいまして、それぞれ違う民族のそれぞれの歌を集めて、一つの書物にするということを国家事業としてやっています。それを踏まえて、『万葉集』というのも編纂されたのではないか、ということは言われております。おそらく、それはきっかけとしてはあったのではないでしょうか。

　そもそも、和歌というものが中国の文化が入ってきて初めて、自分達が日常的に歌っているこの歌の文化というのはよその国とは全然異なるものだ、ということが対外的な眼があって初めて、自国の特異性が見えますので、そこで初めて歌集を編集するきっかけが生まれたのではないか、と考えているところです。同じことが『古事記』や『日本書紀』の編集のきっかけ、動機になっているというようにも言われています。

中島：普通は、編集のコンセプトはタイトルに集約されるものではないでしょうか。この『万葉集』の意味がわかりません。

井上：わからないですね。ただ、一般名詞だった可能性も否定できなくて、「万《よろず》の言《こと》の葉《は》の集」という言い方ですとか、「言の葉」っていう言葉自体が後世になってしまいますので、時代という意味の「葉《よう》」ではないかと、今は言われています。いろんな時代に、あるいは万世に伝わるように、そういう意味合いのある『万葉集』ではなかったかと。

　平安時代の書物には『万葉集』が数十巻あったという記述も出てきますので、今のこの20巻の『万葉集』のことを言っているのか、違う『万葉集』という歌集が他に存在したのか、少し疑わしいところはあります。

『万葉集』は時代で扱いが変わっていた

中島：万葉仮名で、この「万」と「葉」は何と読むのですか。

井上：「万（ま）」という文字としても使っていますね、旧字体の方ですが。「葉」は「は」でしょうか、一応「葉（は）」という万葉仮名として出てくる場所があります。「よう」ではなさそうです。

中島：「まは」というのでは、意味をなさないでしょうね。

井上：何の言葉なのかよくわからないですね、「まは」だと。

大川：おっしゃったように、『万葉集』のオーセンティック（真正）な問題ではなくて、時代毎の捉え方や、近世には近世の捉え方があるということですね。私は近世の専門ですので、その立場からいうと、井上先生の仰る通りで、本居宣長《もとおりのりなが》に即して言いますと、宣長というのは、「万葉集対古今和歌集」と対立して捉える見方、男性性と女性性というように捉えることに本意は無かったと思います。

彼の主な仕事というのは『古事記伝』です。『古事記伝』を通して考えますと、『万葉集』は飛鳥清御原の時代に近い時代の王朝の作り物である、ということで、『古事記』と『日本書紀』の関係性や、この時に書かれたことを補填するために『万葉集』のいろんなことを事例に出すことをしています。ひとつお聞きしたいのですが、『万葉集』というのはどうも素朴な古代の王朝イメージを表象しているものであって、そういう素朴な道が説かれているという言説です。そういう言説はいつくらいから出てくるのかということが気にはなっています。

　国学でみますとそうでもないと思いますが、基本的に宣長が『万葉集』に注目したのは歌枕です。一番古語が残っているのは歌枕であって、そこにまず言葉が保存されます。それが第一です。他で、例えば私が研究しました新井白石は、『万葉集』はそれほど重視していなくて、むしろ偽書と言われた『旧事紀《くじき》』(注17)が『古事記』よりも前に成立しているので、『古事記』と『旧事紀』は同格くらい優れていると言います。全体を通したモチーフが見られるという解釈はかなり近代的な言説のような気がしますが、どうでしょうか。

井上：おっしゃる通りだと思います。研究史などを見ていますと、やはり16世紀頃までは単なる歌のお手本集といいますか、『万葉集』そのものの写本というよりも類聚されていまして、さきほど仰っていましたように、歌枕や地名で編集し直す、あるいは物の名前、例えば植えられた萩なら萩で編集するなどして、いろんな歌集の一番元になる歌集として『万葉集』は尊重されますが、『万葉集』という編集物としての形がそもそもあまり重視されていない印象があります。ですから、あくまでも歌のお手本、勉強のための本のひとつであって、あまりそのような考え方はありませんでした。

　ところが、国学や、それこそ水戸学かと思いますが、あの辺りから歴史に関わる書物の一つとして扱う考え方が出てきて、注釈に対しても、今仰っ

注17．平安時代の史書。10巻。著者未詳。大同年間（806～810）以後、承平6年（936）以前の成立とされる。神代から推古天皇までの歴史を述べたもの。先代旧事本紀。旧事本紀。

たように、『古事記』や『日本書紀』、特に『日本書紀』だとは思いますが、それを読み解く為に一つの補填する材料として、同じ時代の史料として、同じ地名がこういう歌に出てくるなど、そういう素材として扱われます。あとは、万葉仮名もそうですが、当時の言葉を勉強するための素材として使われるという使い方です。そういう『万葉集』の認識というものがまずあります。ですから、はじめは和歌のお手本集で、その次が補填する言語学的な材料のひとつとして使われます。

それから後の時代となりますと、近代に入ってから俄に「国民歌集」という言い方がされたりして、思想的な背景というものが扱われるようになってきますし、天皇から庶民までというような言い方も明治時代に出てきますので、そこがあまりにも現代の『万葉集』研究には影響を与えすぎているような気がします。それ以前の近世の言説と明治期の言説というのは、そのブリッジがどこにあるのかということは今、私も掴みきれていません。

大川：基本的には近世もそれほど強くないと思います。つまり、道があったり統一体として『万葉集』に何か教えが説かれていたり。あとは、柿本人麻呂のナショナリスティック（国家主義的）な面の強調も近世ではそれほどされていないので、おそらくそれは近代の一つの言説の形です。

あと一つ気になりますのは、フェミニズム運動もそれを少し後押ししたような。女性天皇の位置付けも、かなり近世と近代にも断絶があるのではないでしょうか。水戸学派は、和歌はあまり詠まないので、どちらかといえば津和野などです。津田真道《つだまみち》(注18)が、ライデン大学で『古事記』の古訓——宣長の読みが書いてあります——、あれをホフマン(注19)、——当時の日本学研究所のシーボルトの後任ですが——、に謹呈した本があります。津田の謹呈本には万葉仮名で書いているところがありまして。津田真道も万葉仮名で歌を詠んでいますので、津田の周辺には万葉的なマインドを持った知識人が多かったようです。最近、万葉研究も、日本思想史学などでは古代の日本人の倫理感覚を探るというオーセンティックな問題に変わってきていると思います。

　おっしゃった通り、『万葉集』はかなりばらばらで、統一して、一言で「これが『万葉集』だ」と言えないと思います。しかし、一つにまとめて原型、あるいはオーセンティックなものを見出すというようなものの呼び水になるような魅力があるんでしょうね。

井上：そうですね。『万葉集の発明（万葉集の発明——国民国家と文化装置としての古典）』（品田悦一著、新曜社、２００１年）という本もあります。近代に『万葉集』が「国民歌集」として祭り上げられたことを後付けしていく論文集です。そこが大きいのかと、今お聞きして思いますね。

　『万葉代匠記《まんようだいしょうき》』(注20)などは確かに水戸家の要請で出来ていきますので、ある程度その研究をまとめようという認識は、その当時からあると思いますが、政治的なものというものは、そこまでは確かに無いと思います。

注18・１８２９～１９０３。明治時代の法学者、官僚。津山藩出身。箕作阮甫や佐久間象山に洋学を学び蕃書調所教官となる。１８６２年西周，榎本武揚らとオランダに留学、フィセリングに学び、その講義筆記を『泰西国法論』として出版。のち新政府につかえ、明治6年（１８７４）明六社の創立に参加。元老院議官、衆議院初代副議長、貴族院議員。

注19・１８０５～１８７８。ドイツ生まれで、オランダで働いた言語学者。日本語、中国語の研究を行い、ライデン大学の初代の中国語・日本語担当教授となった。『日本語文典』などの著作で知られ、西洋においての真の意味の日本学の始祖と考えられている。

注20・江戸時代の国学者・契沖が著した『万葉集』の注釈・研究書。

大川：水戸学は、やはり考証学的な色彩が非常に強いので、物の名前や地名などの考証は詳しいです。朱舜水《しゅしゅんすい》(注21)が水戸にきて、日本と中国では同じ漢字を使っていても、実際は全然違う物を指すことがあるということに初めて気づきます。だから、あの時代というのは、辞典や博物学的な雰囲気がある。それと国民ロマンやそういう近代以降の文学的な問い方とは、質が全く異なりますね。

外国人は『万葉集』をどのように紹介したのか

井上：あとは、今回は取りあげませんでしたが、明治期のいわゆるお雇い外国人が日本の詩歌を紹介するときに、『万葉集』にやたら注目する傾向があるということを感じます。それは「国民歌集」として持ち上げられた影響もあるのかもしれませんし、海外の人から見たときに、『万葉集』を改めて発掘したといいますか、意味付けをしてしまったということが、もしかするとあるのかもしれません。

大川：チェンバレン(注22)などは、『万葉集』への評価高いですね。

井上：はい。チェンバレンや、あとはドイツですとフローレンツ(注23)が盛んに「万葉集はそもそも日本的なもので、これは欧米に紹介すべき、(日本の)誇るべき文化だ」というようなことを前言で書いていたりしますので、何かそういうところに乗っかっていた可能性があります。

注21．1600～1682。日本へ亡命し、後に水戸藩に招聘された明末清朱の朱子学者。その学問は大義名分を明らかにしたものとして高く評価されて、水戸学や尊王攘夷思想の源流の一つとなった。

注22．1850～1935。イギリスの日本学者。号は王堂。1873年に来日して、東京大学にて日本語・日本文化を研究し、多くの門下生を育てた。著書に『英訳古事記』、『日本近世文語文典』、『日本口語文典』などがある。

注23．1865～1939。ドイツの言語学者、日本学研究者。1889年に来日し、東京大学にてドイツ語、ドイツ文学を教えながら、『日本書紀』をはじめとして日本の古典をドイツ語に翻訳した。

ただ、フローレンツが帝国大学の国文学会の第1号の献本した人として記録されていますが、大半が『万葉集』を翻訳したもので、『万葉集』以降の詩歌を日本の国の詩の挨拶のような感じで翻訳して紹介している中で、その半数以上が『万葉集』の歌です。当時の現代の詩歌なども含まれていますが、日本的なものというとやはり『万葉集』だからだと。いわゆるヨーロッパの詩歌の感覚とは全然違うし、特に短歌などは違うが、長歌などを多めに翻訳して紹介するが、本質というのは短歌にあると言っています。それは全く欧米の詩歌の感覚とは違うもので、非常に評価出来るものだ、というようなことを言っています。

それに対して、上田萬年《うえだかずとし》(注24)が痛烈に批判していて、帝国文学の雑誌の中で何号かに渡って、論争が載っています。上田さんは、短歌だけではなくて俳句の訳もドイツ語の中にあったので、いろいろ解説をしているのが、全く余分な事を言ってしまって、あんなの詩歌の訳じゃない、というようなことを言っています。ですが、フローレンツさんは、いや、でも全然感覚が違うから、そういう形で紹介していかないと欧米の人には理解できないから、と。だから、長歌も評価して載せるし、俳句も少し解説しないと、それこそ植物などは全然違うし、枕詞なども伝わらないので解説しないとしょうがない、ということを言っていますが、上田さんはフローレンツが全く日本語をちゃんと理解できていないなどと最後は感情論になってしまっていまして、ちゃんとした論争が成り立っていないと思いました。欧

注24．1867〜1937。国語学者。東京生まれ。東大教授。チェンバレンに学び、ドイツに留学。西欧の言語学研究方法を紹介して科学的な国語学の端緒を開き、国語政策についても尽力した。著作に『国語のため』、『国語学の十講』など。

米に対して、自分たちの国はどれだけすごいかという自意識と劣等感の中からわっと被せていくような、そういう感覚が見え隠れしているような気がします。

あともう一つは、それとはまた別ですが、海外で文学の発表会や研究発表などしますと、時代分けのレベルが全然違っていまして、モダンかプレモダンかという区分けしかありません。現代と前近代というような感じで、古代の和歌から近世の和歌までの文学が全部プレモダン（前近代的）で一緒になってしまいます。

なのに、日本の中では国文学というのは非常に細かく時代区分がされていまして、私が所属しているのは上代や古代と言われる分野に入ります。そもそも「上代」という訳語を作り出したのが、おそらく『国文学史十講』を書いた芳賀矢一《はがやいち》（注25）です。その中でも、我が国というのは優れて、他の国よりもよほど歴史が古くて、上古の時代から文化というものがある、ということをやたら強調していて、そこで初めて「上代」という言葉は確か使われていたと思います。

大川：なるほど。

井上：ですから、ルネサンス以前・以後のような形で、古代と中世、近代に分けるとしても、それ以上に細かく分類して、更に古代に上がある、上代だ、上古だ、というようなことを言い出したのが、どうも上田のような言説にも重なっていくような強烈な劣等感と、欧米に対する自意識の末路といい

注25．1867〜1927。国文学者。福井生まれ。ドイツに留学し、文献学的国文学を提唱。国文学研究の開拓者といわれる。著作に『国文学史十講』のほか『国民性十論』、『攷証今昔物語集』など。

ますか、そういうものがそもそも近代の国文学の再編の中でまとわりついていってしまったのかと。そこに『古事記』や『万葉集』がうまくはまっていってしまった、というところがあるという気が非常にいたします。

外国による『万葉集』の再発見

大川：外国の影響を重視されましたが、私そこはノーマークでした。フローレンツなどはグリム兄弟やドイツロマン主義などを評価しましたか。

井上：確か、グリム兄弟の評価をしていたと思います。

大川：グリムが出てくるということは、やはりフォルクスガイスト（民族精神）の問題ですね。

井上：そうだと思います。

大川：では、それの文脈がやはりあったのでしょうか、『万葉集』評価という。

井上：その可能性はあると思います。以前、ドイツ文学、それこそグリム研究をしていている先生と共同研究させていただいたときには、フローレンツもありましたが、フローレンツ以前にドイツ人が翻訳している事例がありまして、それなどは辞書も無いのに訳がわからないながらよくここまで研究したな、とおっしゃっていまして、その事例も発掘していただきました。

　１８５１年に万葉歌だけを翻訳したプフィッツマイヤーの『日本古代詩の研究』――抄訳本ですが――、が出ていまして、それ自体はひどい訳だと、その（共同研究した）先生はおっしゃっていました。やはりプフィッツマイヤー自身もグリムのことに言及されていて、そういう観点で『万葉集』を取りあげたようです。

植村：ヨーロッパの人にはおそらく、日本研究するときに「こんなおもしろいものがある」と言いやすいものが見つかった。逆に日本側からすると、ヨーロッパの事情を聞けば聞くほど、国民文学が無いとダメ扱いされるので、それならこれを持ち出そうと。新渡戸稲造がアメリカで『武士道』を出したのも、日本人には倫理観が無い、道徳感覚が無いというように完全に断罪されていたので、「キリスト教じゃなくても道徳はあります」というので『武士道』を書いたわけです。それと似たような反応です。

　ヨーロッパのようなものは無いかもしれませんが、こちらにはこちらの文学があるので、要するに文明レベルですよ、という自己アピールもあって、いろいろ意見がこじれたと思います。

井上：全く同じようなことが古代にもあったと言われていまして、中国、中華文化の中で蕃国としての周辺国として日本が認められていくためには、漢字文化を取り入れて、自分達独自の文化があって、歴史があるということを証明するために、『古事記』、『日本書紀』、特に『日本書紀』が編集され、『万葉集』が編集されていったというようなことが言われていまして、それがどこまで実質的にそうだったのかはわかりませんが、今言っていただいたような、19世紀のこととすごく照応するといいますか。おもしろいですね。

植村：野蛮な文化という扱いをする面もヨーロッパにはありますし、しかし反面、立派な文学だと認めれば、それは文明レベルが高いという認定にもなるわけですし、微妙なところです。

『万葉集』は日本の中で見るべき詩歌であるという国外評価

大川：チェバレンは『古事記』の注釈書もすごく読んでいます。当時ではびっくりするくらい、我々が見ても訳としてはかなり正確ですし。

植村：チェンバレン兄弟は独特ですね。弟は、ヒューストン・スチュワート・チェンバレン(注26)です。イギリス生まれですが、ドイツに心酔してドイツ国籍を取ったという人で、この人の『19世紀の基礎』という本が売れましたが、ドイツとイギリスの文化を比較して、ドイツを絶賛する主張も盛んにしています。文化好きだが、何か独特で、あまり穏やかではない。

井上：そうですね、兄のチェンバレンが『日本人の古典詩歌』という訳本を明治12年（1880）に出していますが、日本の詩に対する批判もかなり強烈で、全然見るところがないなど、全く感情的で良くないようなことを書いています。でも、ここはいい、というようにも書いてあって、どうだろうか、この人の本心は、というような書き方をされていました。

　ただ、『古事記』の翻訳本などを見ますと非常に鋭くて、「神」というところにものすごく長い注が付いていて、神観念というのが一番訳しにくい。

注26・1855～1927。イギリス人の政治評論家・脚本家。後にドイツに帰化した人種主義者で、ヴァーグナー、カント、ゲーテに関して通俗科学的な本を書き、国家主義や汎ゲルマン主義、人種的反ユダヤ主義を支援した。1899年の著書『19世紀の基礎』は、20世紀初頭のドイツにおいて人種的・イデオロギー的な反ユダヤ主義の聖典の一つになった。

それはフェアリーでもないし、いわゆるヨーロッパで考える聖霊でもないし、GODでも無いし、そこには非常に細かく注が付いていまして、熱心に研究してらしたということはわかります。ただ、批判のやり方も非常にすごいです。詩歌に対しては激しかったです。

大川：彼は俗的なものを嫌いますね。雅俗で言うと雅が好き。彼なりの雅に合わないものは排除して、これは見るべきものではないと。小泉八雲《こいずみやくも》などは嫌いだと思いますね。

井上：小泉八雲の批判をすごくしています。小泉八雲も『万葉集』の訳をしていますが、彼らしいのは、七夕の歌だけをとりあげて『ミルキーウェイ』という本を出しています。彼にとっては、そういうところが日本的な感覚で、美しい日本だったのでしょうか。

チェンバレンの『日本人の古典詩歌』というのは、『万葉集』が半分で、残りの3分の2くらいが『古今集』の訳で、残り3分の1位が謡曲、能です。ですから、『万葉集』と『古今集』と能というのが日本の中で見るべき詩歌だといいます。

植村：玄人好みの。

大川：九鬼周造《くきしゅうぞう》(注27)とは真逆ですね。九鬼周造の日本文化というのは、むしろ捨てられた日本の俗的なもの、『「いき」の構造』が正にそれです。

西田：『万葉集』の写本をこのように江戸時代につくることがあると思いますが、内容が定まっていくといいますか、整理されていくのは、近代に入ってか

注27．1888～1941。哲学者。東京生まれ。京大教授。ヨーロッパに留学して実存哲学を学ぶ。解釈学的手法を用いて日本文化を究明。著作に『「いき」の構造』「偶然性の問題」「西洋近世哲学史稿」など。

らでしょうか。それとも、既に近世以前から整理は始まっていたのでしょうか。

井上：基本的には鎌倉時代の写本が現存していますので、そこでは固まっていますし、写本が断片でしか出て来ませんが、やはり同じような形で伝わっていたのだろうとは推定されています。ですから、おそらく奈良時代の終わりくらいにはその形で編集されていたであろうと今は考えられています。

　そもそも、そんなに読める書き方もされていませんので現存はしていませんが、おそらくそういう古い書物としては、当時は何本かあったのだろう、伝わっていただろうということは言われていますが、大半の写本が第二次世界大戦で被災しています。その前の関東大震災でも。特に一ヵ所に集められていたものなどが無くなったようでして、それを踏まえてコロタイプ(注28)でもなんでもいいので、とにかく影印本をいっぱい作っておこうというような運動が、それをきっかけに起こったと教わりました。物がなくなっても写真が残っていれば研究が出来るだろうということで、盛んに影印本がその当時出ています。

注28・写真製版の一種。ガラス版を原版にした精巧な複製法。玻璃版(はりばん)。

『万葉集』の校本について

大川：近世で『万葉集』の善本はどれがいいのかという議論を私は見たことないのですが、あるのでしょうか。

井上：多少はあったようです。近世以前にそういう校本が出ていまして、おそらくそれを皆さん踏まえたのだろうと思います。

大川：では、その間に結構論争があったんですね。

井上：はい。校本的なものがかなり古い時代から出てきていて、一番古いのですと「元暦校本《げんりゃくこうほん》」というものが12世紀には出ていまして、その段階での校合本《きょうごうほん》というものが一部だけ残っています。それ以前には、おそらく何種類も写本があります。基本は歌人や僧籍にある人が研究書を作っているようです。

大川：近世の思想家達は、注釈はそれを踏まえていますか。

井上：踏まえている可能性は指摘されていますが、その当時はまだ写本も伝来したようです。それも、現存していない写本を踏まえたようだということが指摘される場合もあります。写本の系統も研究している人がいますが、今では本当に残っていない物が多くて、わかりにくいです。写本の伝来が複雑になっていまして（発表者より手持ちの「系統図」を示す）。

大川：すごいですね。逆にそうやって残って広まったということですね。

井上：そう考えられますね。

大川：『古事記』だと、こんなにはならないです。真福寺《しんぷくじ》（注29）など、いくつかで固まってしまいますから。

井上：これが１２５０年代くらいまでの写本の流れで、その後はこの図に入れていません。

注29：愛知県名古屋市にある寺院、北野山真福寺宝生院のこと。真言宗智山派の別格本山。

大川：この校訂作業はすごく大変ですね。

井上：現存していないものも当然多いので。ただ、校合本の中に、現存はしていないが、そうした本がかつてあったということがわかるというパターンですね。

大川：宣長は校訂の問題は言わないですから、『万葉集』などは。やはりもう固まっているのですね、歌論としても。

井上：ある程度は。

大川：国学はそうでしょうか。契沖《けいちゅう》はあるかもしれませんが、それ以降はそれほどそこでは議論はしません。

西田：契沖以降は校合しても意味は無いと考えられたのでしょうか。

井上：その前に仙覚《せんがく》(注30)という学僧が13世紀頃に校合をしていまして、その仙覚本系統をずっと見ていくというところはあったようです。なので、今でもこれは仙覚本系なのか非仙覚系なのかということで問題になったりします。

大川：整理されたのですね、大体。

井上：かなり早い段階で整理されています。

大川：そうは言いますが、『古事記』に比べるとまだ読める人がいっぱいいたということですね。

井上：そうなると思います。やはり写本が各時代の書き方で伝わっていたからだと思います。

大川：逆に、『万葉集』が読めなければ『古事記』も読めなかったわけで。

注30・1203～?。鎌倉時代の万葉学者。常陸の人。天台宗の僧で、『万葉集』の研究に志し、その校訂・訓点・注釈などに画期的な業績を残した。著作に『万葉集註釈（仙覚抄）』、「仙覚奏覧状」など。

井上：そうですね。似たような漢字の使い方をしていますから。
大川：宣長は、『万葉集』の読み方をかなり援用して『古事記』を作りました。
井上：一字一音で当てはめる「万葉仮名」というのは、やはりそういうところにもありますね。『万葉集』がまとまって残っていることからの呼び名ですし。
大川：宣命体《せんみょうたい》(注31)などもそうですね。この二つですね。
井上：『古事記』でも、そういう書き方がしてあります。
大川：実は『古事記』と『万葉集』は、そういう意味でセットになっている。
井上：『古事記』も、それこそ春日大社の倉の中から見つかっている『古事記聞書』という資料があります。いわゆる真福寺本よりも前の時代にそういう『古事記』が講座として取りあげられていまして、それを享受している人がいた。中臣祐用の講義ノートですが、その講義をしている人は中臣祐字さんという宮司です。そういう方々が『古事記』を実際に書き伝えて持っていて、「ここはこういう事が書いてある」というふうにテキストとして教えていたということが伝わります。中巻の講義録が少しあるだけですが。
中島：申し訳ありませんが、時間になりました。井上先生、ありがとうございました。
一同：ありがとうございました。

※本稿は、『2019奈良県立大学ユーラシア研究センター「近世・近代の思想研究会」調査研究レポート』に掲載したものを補筆修正したうえで、当センターにおいて編集したものです。

注31．天皇の命令を漢字だけの和文体で記した文書であり、漢文体の詔勅に対していう。この文体を宣命体という。

大和近代の風景と自然観・再考

――大和ゆかりの宝物にみる「生き物」風物詩

岡本　貴久子

はじめに　大和の宝物に「生き物」をみる

「大和近代の風景と自然観」というテーマにおいて、筆者は主に人間文化によって編み出された風景について考察を試みてきた。山と人間、或いは植物と人間が織りなす自然の風光や景観で、そこで『奈良県立大学ユーラシア研究センター学術叢書1　vol.3　奈良に蒔かれた言葉　近世・近代の思想』（以下「第1巻」という）では視点を吉野に定め、彼の地の誉である「桜」と「杉」、即ち蔵王権現の霊木としての桜と、林産物として育てられる杉によって構成される文化的景観について一考を呈した。これらは「信仰」と「生業」という人間の文化的行為を通して彩られた植生風景であり、換言すれば「祈り」と「実践」、修験道に言を借りれば「実修実証」のもとに育まれる景色であった。

しかしながら、幾たびか大和の地に足を運びながら、未だ十分に見ていない風物があった。何かといえば、動物である。そこで本稿では風景のなかに彩られた生き物・動物の姿に注目してみることにした。奈良の街は、神鹿が悠々と行き交い、佇み、つま恋し、寛ぎ、時に威嚇する姿が印象的である。[1] 第1巻のコラムでは、近代林学の発展に貢献した春日神社のニホンジカについても紹介したところである。そうした生き物の生態を大和の景物から探してみる。

本文の流れとしては、まず前半部で「風景」という言葉を吟味し、後半部において大和の「生き物」文化を考察する。キーワードは食物連鎖 - *a food - chain* 。生きとし生けるものの避けて通れない営みである。

過去に表現されてきた自然風景の履歴をたどることで、何かが見つかるかもしれないし、何かを語りかけられるかもしれない、そういった試みである。

1. なぜ「風景」か──そのまなざしの先

「奈良に蒔かれた言葉」という主題のもとで何故「風景」か、といえば、それは桑子敏雄の次の言説に基づく（第1巻参照）。

「風景とは、身体をもつ者に対して立ち現れる空間の相貌である。身体もまた空間的存在であるから、人間の身体と環境としての空間は、分かちがたく結びついている。空間は、その構造、その履歴、そしてそこに生きた人びとの関心・懸念を蓄積している。だから、わたしたちは、風景のなかに多くの「もの」や「こと」、「人びとの思い」も読むことができるのである。風景を読むということは、空間のもつ複雑性を捉えることである。

　風景は偉大な書物である。ただし、その書物の内容をどれほど読むことができるかは、その風景に対峙する人間の能力にかかっている。「心ここにあらざれば、現れども見えず、聴けども聞こえず」ということになる。逆に、風景を読むことができるならば、万巻の書物を読むことに値する。風景を読むことによって、歴史のなかで語られてきた思想の意味を再解釈することもできるであろう」[2]。

　もとより筆者に万巻の書物を読みこなす力はないが、語られたり、書かれたりするなどして文字化された言葉そのものをたどる作業から、空間や場所から見えてきた、或いは語りかけられてきた思想をたどる、という、謂わば逆のものの見方に魅力を感じたのである。しかもその読み方は個々人の風景を読み解く能力、つまり感性の度合いにかかっているという。ある意味、芸術家や詩人のまなざしの先にある風景を描写する表現に近いものといえよう。

桑子敏雄は語る。「風景に身を置いて、空間に刻まれた情報を読みとること」、ある意味これは「哲学にフィールドワークを導入することである」[3]と。

「風景」と「景観」を吟味する――感性と理性

ところで、「風景」と「景観」について何の説明もしてこなかった。最初に言ってしまえば、「風景」とは中国伝来の熟語であり、「景観」は近代日本で翻訳されたドイツ語に由来する。従って、近代以前より見られる風光を表現するには「景観」では、ややもすれば味わいに欠けるであろう。

(1)「風景」の意味

まず、風景の意味から見ていこう。諸橋には「風景　フウケイ」①けしき。風光。景物。②人のやうす。風采。とあって、さらに風景を構成する「風」と「景」に分けると、「風」には、(一)①かぜ。②ふく。かぜふく。③すずむ。④かぜにあたる。⑤うごく。⑥ちる。⑦おちる。⑧にげはしる。⑨はやい。⑩をしへ。みちびき。⑪ならはし。⑫いひつけ。⑬きだて。かたぎ。⑭いきほひ。⑮詩の六義の一。諸國の民謠の稱。其の人を感化すること風の物を動かすが如き意に取る。⑯うた。ふし。樂曲。⑰うたふ。⑱やうす。すがた。⑲けしき。⑳病の名。㉑こゑ。㉒おほい。㉓はね。㉔古、凬・凮など。㉕姓。(二)かぜ。(三)つげる。という意味がある。

「風」のつく成語には、「風光」(日が出て風が吹き草木に光色あることをいふ。ながめ。人柄。品格)や「風土」(氣候と土地の有様。風氣と水土。氣候と其の土地に適する農作物。又、風俗)、「風致」(人のやうす。なりたち。おもむき。おもしろみ)、「風欠」(魂のない人のやうにぼんやりしてゐる)などがある。

「景」については、(一)①ひかり。ひざし。ひかげ。②日。③あきらか。④白いさま。⑤やうす。かたち。⑥けしき。風致。⑦おもむき。⑧うちかけ。うはぎ。衣に塵のかかるのをふせぐためのおほひ。⑨ちち。鐘の表面につけた飾りの小突起。⑩大きい。⑪つよい。⑫したふ。あこがれる。⑬あふぐ。⑭めでたい。⑮山名。⑯風の名。⑰諡。⑱姓。(二)①かげ。②映。という意味があって、諸橋には「景観」の記載はないが、「景」を冠した成語に「景勝」(景色のすぐれてよいこと。山水の景色のよい所)、「景致」(山水風物などのおもむき。風致。景趣)が挙がっている。[4] なお、「風」と「観」から成る「風観」(風采。高い臺觀)は、人柄を表したり、展望台のような物見の高所を指したりする。

(2) 研究ノート:漢詩に見える「景」と「観」

さて、諸橋にも立項のない「景観」という二字熟語であるが、なるほど確かに漢詩の世界を見廻しても、並列した「景」「観」という文字は見つかるものの、管見では「景」と「観」を一語として扱っている例は殆ど見られない。研究ノートから幾つか挙げてみよう。

例えば清時代の弘暦（弘历）に「香山夕景」と題する七言律詩がある。弘暦は乾隆帝（清の第6代皇帝高宗）の諱で、この御製は北京郊外にある景勝地「香山（廬山中の香炉峰のある場所）」を詠んだものである(5)。

蒼然曛色落巖扉、適可肩輿下翠微。伏櫪馬聞墻外聚、投巣鳥向樹深飛。
欲觀夕景觀初暮、不辨峯姿辨四圍。半日促成詩廿首、明朝可罷詠而歸。
（『四庫全書』「御製詩三集」巻三十七）(6)

ここで頸聯の第五句に見える「景」「観」は、「夕景を観むと欲して、初暮を観たり」（夕方の景色を見ようとしていたが、日が落ちたばかりのところを見た）と訓下すことができよう。ついては頸聯の解釈は「［すでに暗くなったので］（香炉）峰の様子を観察することなく、周辺［だけ］を観察した」となろうか。

清朝の弘暦からもう一首、「隨安室得句」は北京の北西部に位置した離宮円明園の40ヶ所の景勝地を詠じた五言律詩である。

福海中蓬島、早吟卌景觀。扵斯有別室、亦久號隨安。望澤常如惄、稍霑敢即歡。
昔年恒覺易、此日始知難。
（『四庫全書』「御製詩五集」巻五十七）(7)

起聯の第二句に見える「景」「観」は、「［円明園の］卌景（四十景）」が熟語であることから、「冊の景観」ではなく「冊景の観」と解すべきと思われる。従ってこの詩は「福海の中の蓬島（円明園四十景の一つ）、早く冊景の観を吟ず」と訓むのであろう。

いずれも景観を一語で訓ませるものではないが、次の一首に見る「景」と「観」は如何であろうか。『乾隆大蔵経』（全164冊）の第158冊「明覺聰禪師語録巻第十六　辨六嗣法門人戒恒編」に収録された臨済宗の僧性聰による偈頌「送慈吉後堂之盤山住静」の一部である。

神京東北有名山、多有高人隠此間。寶積道風千古震、搖鈴普化也非凡。秀水環山清供足、蒼松偃徑白雲閒。林泉盤麓多嘉菓、四季鮮花好景觀。(8)

傍線部の「好景観」は、「好《よ》き景観」と訓読し得るであろうか。或いは、「林泉盤麓、嘉菓多く（し）、四季鮮花、景観好し」というように第七句の対句として解釈することも可能ではなかろうか…？

漢詩については、筆者は甚だ不勉強であるから本稿ではこのくらいにしておくが、尤も、漢字の造語力というのは変幻自在で、場合によっては個人が思いのままに自由に新たな熟語を作るケースさえあるということであるから（国際日本文化研究センター教授伊東貴之氏談）、確かな成語か否かは今後の更なる調査検討が必要であるといえよう。

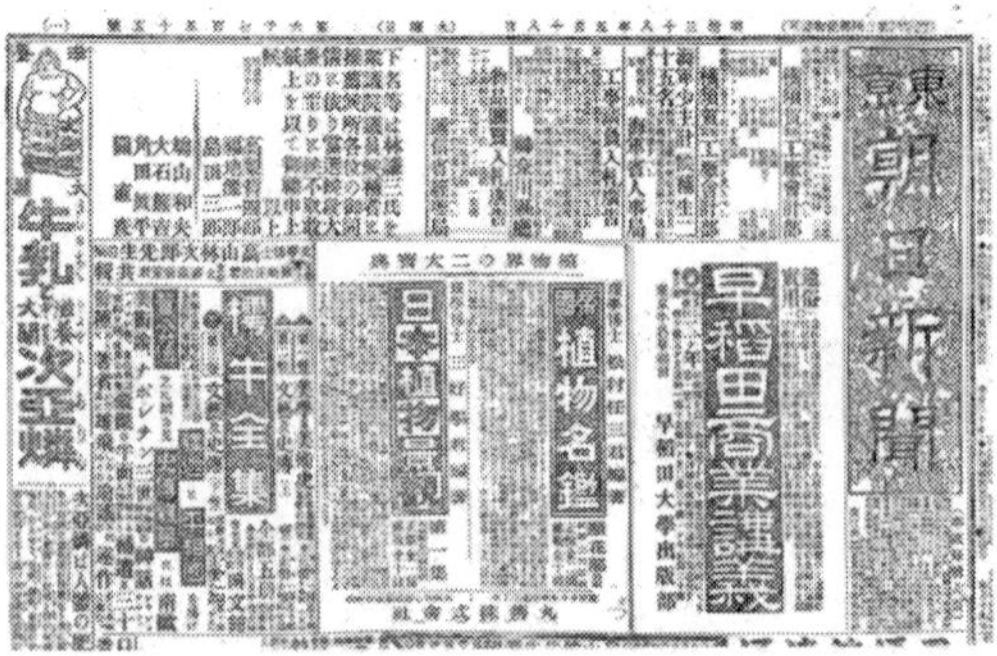
東京朝日新聞
早稲田商業講義
早稲田大學出版部
植物界の二大寶典
植物名鑑
日本植物景觀

【図1】「理學博士三好學君編著　日本植物景觀」
東京朝日新聞、明治38年5月18日付

（3）和製漢語としての「景観」

他方、和製漢語として理解される二字熟語の「景観」であるが、こちらは日国大に記載があるように、地理学用語ないし植物学用語として扱われ、地形上の風景や植物相を表すLandschaft（独）、Landscape（英）を理学博士三好学（１８６１～１９３９）が考案した明治期日本の訳語といわれる。[9]【図１】は東京朝日新聞（明治38年5月18日付）に掲載された三好学編著『日本植物景觀』（丸善）の広告であるが、本書の副題「日本野生植物培養植物及ビ植物風景ノ寫眞畫集竝ニ解説」及びその英名*ATLAS of JAPANESE VEGETATION PHOTOTYPE REPRODUCTIONS OF PHOTOGRAPHS OF WILD AND CULTIVATED PLANTS AS WELL AS THE PLANT-LANDSCAPES OF JAPAN*（傍線筆者）[10]からわかるように、「景観」というのは植物を含む陸地上の風景を指すものであった。「桜博士」の異名を取り老樹名木の保存を説いた三好学は、プロイセンのコンヴェンツ博士（Hugo Conwentz）に倣い、侯爵徳川頼倫、男爵田中芳男らとともに史蹟名勝天然記念物保存協会活動（大正３年）を牽引したことでも知られる。[11]

関連して、同協会で評議員を務めた林学者本多静六は学位論文「日本森林植物帯論」（明治33年）[12]の緒において、「森林帯の研究亦一般植物學の範圍に屬する」ものであるが、然し本研究は「植物帯を一層深く林學上の觀念」また「造林學上の知識を以て森林の狀態幷に之が林相の變化を論ずるものなり」と、近しい間柄にありながらも両学問の森林植物帯に対する見地の違いを述べている。

今日、ランドスケープ研究といえば、即ち「造園学」を意味する。「造園学」は大正期、本多静六が関係者らと東京帝国大学造林学教室内に設置した「景園学」教室に端を発し、のちに「景園」の意味がわかりにくいという理由で「造園学」教室に改称される。現代では文部省の正式な認可（昭和48年）を受けて森林風致計画学研究室として継続する一学問である。

平安中期とされる日本最古の庭づくりの秘伝書「作庭記」[13]には、造園における石《いわ》組《ぐみ》や前栽、或いは「池は亀もしは鶴の姿に掘べし。水は器物に従て、その形を為すものなり」[14]といった禁忌や瑞祥の説が見られるが、自然にあるがままの風景と解せられる「生得の山水」という表現はあっても、「景観」の文字はここにはない。「景観」はこのように本来、客観性に基づく学術的なタームに位置付けられるのである。文化財保護法に新たな類型として平成17年（２００５）に追加された「文化的景観」は世界遺産用語でもある。近代を特徴付けるグローバル性も備えているのである。

（4）「風と景」を解字する

「景観」の成り立ちを吟味したところで、さらに「風と景」の漢字の組み立てを理解するためにこれを解字すると（『漢字源』）、「風」の字形は、上記㉓に「はね」とあるように、大きな鳥（鳳）が羽ばたいて揺れ動くさまを示す。「景」は太陽の光を表す「日」と、高くて明るく大きい丘を表す「京」によって組織されることから、従って「風景」とは、上記「風光」のニュアンスに等しく、自然の大地で人間・動物・植物などあらゆる生の営みが織りなす活き活きとした景色、というのが諸橋のオリジナルに近い解釈と考えることができよう。「殺風景」という言葉に、面白味や風情を欠いたという意味合いがあるように、風景は人びとのまなざしの先にあって、その時々の心持ちやそれぞれの感性によって見え方が異なる景色、とも言えるであろう。

「景色がよい」といえば、うつわを見て面白いと思ったときに、つい口に出る表現である。うつわの中に自然の風景やイメージを感じとって「銘」（名前）をつけるのは日本的な味わい方といわれる。うつわをつくった人びとに思いを馳せ、うつわの背景にいた人間の存在を見つめることも忘れない[15]。うつわを、心で、味わうのである。

2. 大和の宝物にみる「生き物」文化 ——食物連鎖 *a food-chain*

食物連鎖 *a food-chain* は、自然界における「喰うもの」（捕食）と「喰われるもの」（被食）の関係である。動物生態学者チャールズS. エルトン（１９００～１９９１・『動物生態学』*Animal Ecology* 1927）が明らかにした関係は、簡単にいえば、緑色植物→草食動物→肉食動物→という連なりで、さらにこれが微生物などに分解され、再び植物に取り込まれるという図式である。海中においてはプランクトン→小型魚類→大型魚類→の関係が成立する。この「喰う、喰われる」の連鎖関係で、森羅万

【図2】碧地金銀絵箱　第二五号(献物箱)
ヒノキ材 縦27.9センチ 横17.5センチ
高10.6センチ(中倉151) 正倉院宝物
※カラー写真・口絵

象の生き物はその生を保ち、その生を終えるのである。現実にはこのような一貫した関係におさまることはなく、生き物の世界は多分に複雑化、多様化しているが、本稿はそのようなことを論ずる場ではないので深くは立ち入らないが、いずれにせよ万物は万物の死によって生が活かされるということを忘れてはならない。つまりは、*Memento Mori* メメント・モリである。

(1) 表現された「生きとし生けるもの」

この連鎖関係を絵画の題材に見出せば、「狩り」の場面に行き当たる。弓を射るなり槍を突くなりして人間が獲物を仕留める光景は、ラスコーの洞窟壁画を挙げるまでもなく古来、記録に遺されてきた。

我が国の美術史上においては、草花や鳥や動物が本格的に描かれるのは飛鳥・白鳳時代に至ってのことである。それ以前の縄文土器や弥生土器においては、具象的な題材は多く描かれず、動物と人間の関係を素朴な感性で捉えた図柄がごくわずかに認められる程度で、例えば縄文時代中期の勝坂式土器にはヘビやカエル、狩猟対象として食料源となるイノシシをモチーフにしたプリミティブな表現が見出せるという。だが多くを占めるのは直線や曲線、幾何学模様など意味を成さない抽象文様であった。時代が6～7世紀に移ると、シルクロードの文化遺産として草花や鳥獣等の生き物が文様として活き活きと表現されるようになる。「楽園《パラダイス》」の文様といわれる伝来のモチーフである。西方のペルシャで誕生した花鳥文はシルクロードを通じて中国・唐にもたらされ、そこから日本に伝わった。樹木・草木のイメージは

【図3】金鈿荘大刀（国宝）全体／部分 東大寺金堂鎮壇具 64.0センチ 東大寺所蔵
（奈良国立博物館編集発行『日本仏教美術名宝展』平成7年4月）

古代ペルシャの「生命樹」のモチーフに起源が求められると聞く(16)。

正倉院宝物に認められる生き物については、古裂類だけを見ても、草花では菊、牡丹、宝相華、忍冬、葡萄、蔓草、憂頓華、熱帯植物など、鳥虫類では、朱雀、鳩、鷹、鴛鴦、孔雀、鳳凰、花喰鳥、鴨、雀、鶴、蝶、蜂、龍、亀など、獣類に山羊、馬、獅子、羊、麒麟、鹿、兎、虎等々、実に豊かである(17)。

では実際に、生き物の登場する具体的な景色を食物連鎖関係の下位構造から見ていこう。まずは植物を啄ばむ生き物たち、正倉院宝物からの一点。

（2）「碧地金銀絵箱《へきじきんぎんえのはこ》」（献物箱）（【図2】）(18)（※カラー写真・口絵）

華厳宗大本山東大寺千手堂に納められたヒノキ材製の印籠蓋造《いんろうぶたづくり》の献物箱で、畳摺（地摺）のある床脚の付いた様式である。蓋表の中央に、花の枝を口にした一対の大きな鸚哥がいる。その四方を四羽の尾長の花喰鳥が囲み、周囲にたくさんの蝶が舞う様子が風雅である。二羽の鸚哥は大輪の花の上にとまっているが、うまくバランスを取りながら、ゆらゆらと揺れるようなリズム感が金泥の花枝や葉の曲線に動的に表されている。箱の側面にも、翼を広げて花片を啄ばむ二羽の花喰鳥文が見えるが、楽園の春の訪れを言祝ぐ、麗らかな作品に仕上がっている。

ここでいう「花喰鳥文」とは、鳳凰や尾長鳥といった瑞鳥が嘴に花枝を挟んだ鳥類の意匠で、正倉院宝物をはじめとして奈良時代の工芸品によく見かけるデザインである。

「花喰鳥文」を装飾した宝物から次の一点。

【図4】赤地鴛鴦唐草文錦大幡脚端飾
一片　第8号（幡の脚の飾り）
縦39.7センチ　横46.3センチ
（南倉180）正倉院宝物

（3）「金鈿荘《きんでんそうの》大刀《たち》」（東大寺金堂鎮壇具　東大寺所蔵）（【図3】）[19]

こちらは東大寺に伝わる唐様式の名刀（国宝）である。葡萄唐草をくわえる金平脱の花喰鳥文が鞘を飾っている。この大刀は、明治40年（1907）から翌年にかけて行われた大仏殿屋根改修工事で、須弥壇の台座周囲を掘り返した時に発見された三振のうちの一点である。地鎮を目的として、金堂完成までの間に納められた可能性が高いとされている。

誠に三宝の威霊に頼りて、乾坤相泰《ゆた》かに、万代の福業を修めて、動植ことごとくに栄えんこと、を祈る聖武天皇悲願の毘盧遮那仏は天平勝宝4歳（752）4月9日に開眼供養会が厳修された。天皇皇后を願主に、婆羅門僧正菩提僊那を導師として奉じられた盛大な儀式であったという。鎮護国家を支える華厳経の根本原理は一即一切、即ち森羅万象が相互に関係し合うとみなす世界観にある。基親王の夭逝、政変や天変地異、疫疱が続いた時世時節にあり、瑞鳥の飛翔する姿に世の安寧と臣民の幸福が念じられたと解せられる。

なお、「大刀《たち》」は奈良時代までの古い直刀で、「太刀」とするのは平安以降の反刀である。

（4）「赤地《あかじ》鴛鴦《おしどり》唐草文《からくさもん》錦《にしきの》大幡脚端飾《だいばんのきゃくたんかざり》（幡の脚の飾り）（【図4】）[20]

幡は古代インドの軍旗に由来するという。仏教においては教団の標幟や仏・菩薩の供養のために寺院の庭や堂宇の柱にかけられた巨大な荘厳具を指す。この宝物は、天平勝宝9歳（757）5月2日、聖武天皇一周忌の斎会に使われた灌頂幡で、全長十数メートルもある大幡の脚先を飾った断片である。花形に象られ、赤色の下地に緑地花文錦で縁取られた文様には、蓮華座に仲睦まじく向かい合って花葉を啄ばむ鴛鴦の姿がある。正倉院のはじまりは、聖武天皇の大切にした遺愛の品々を皇后がその冥福をお祈りして、東大寺の盧舎那大仏に奉献したことにあるという。

献物品の目録である『国家珍宝帳』（正式名称『東大寺献物帳』 米田雄介「正倉院宝物の成立前史」『EURO-NARASIA Q』第17号参照）に、「（原文） 奉為 太上天皇捨国家珍宝等入東大寺願文 皇太后御製」（太上天皇の奉為《おおんため》に国家の珍宝等を捨《しゃ》して東大寺に入るる願文）[21]と献上の願意が記されているように、天皇の在りし日の思い出を偲ぶ光明皇后の御心がうつされた一品である。

次は、食物連鎖関係を一段階上げて、植物を啄ばむ鳥類から獣類に注目してみよう。

【図5】鹿草木夾纈屏風
（板締め染めの屏風）
縦149.5センチ
横56.5センチ（北倉44）
正倉院宝物

（5）「鹿草木夾纈屏風《しかくさききょうけちのびょうぶ》」（板締め染めの屏風）【図5】[22]

林業家にとっては脅威の図像であろうか。大きな樹の下で、花の咲く草木を喰む二頭の牡鹿である。今日、奈良の鹿は煎餅をもらえるが、この屏風の姿が本来自然であったろう。天空には飛び交う鳥の姿、地面には草花があしらわれ、のどかに鹿が新芽を喰む森の楽園の様子である。

向き合う牡鹿は、二つ折りした絁《あしぎぬ》を板締めにして文様を染め出す「夾纈」という古代の技法を用いたことにより、全くの左

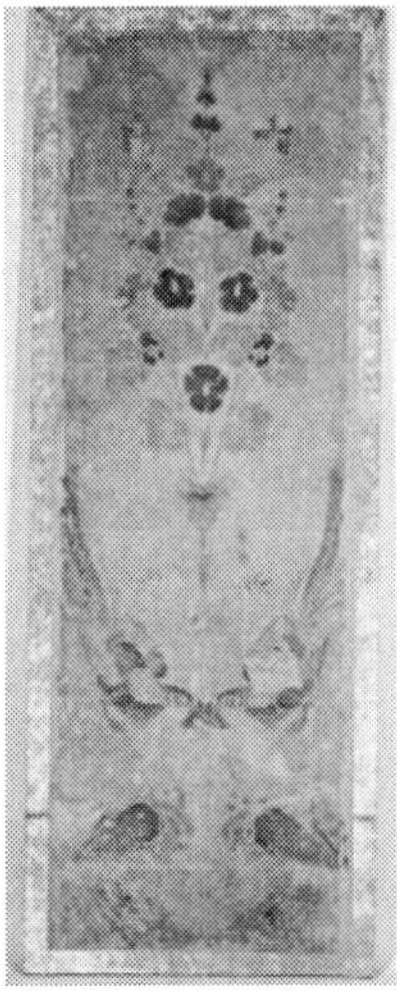

【図6】鳥草夾纈屏風
第四扇
（板締め染めの屏風）
縦148.7センチ
横56.0センチ（北倉44）
正倉院宝物

右対称になっている。シンメトリーもシルクロード文化の遺産であろうが、「国家珍宝帳」の記述によれば、献納された屏風総数百畳のなかで左右対称が特徴を為す夾纈染は65畳と最多であるという。均整のとれた様子が好まれた時代の証といえよう。(23) なお、屏風画面の中央に花樹や草木を据え、下方に動物を表した図柄は正倉院宝物では次の「鳥草夾纈屏風《とりくさきょうけちのびょうぶ》」【図6】をはじめ、「羊木臈纈屏風《ひつじきろうけちのびょうぶ》」「熊鷹臈纈屏風」「鸚鵡臈纈屏風」に例がある。表現されたこれらの草花、動物、人物はいずれも「寫實を離れて文様化し、その内容は日常生活にふれてゐるものが多い」(24)ことから、当時の人びとのまなざしの先にあった「生き物」との暮らしを考える上で貴重な資料の一つに数えられよう。

ところで余談であるが、鹿といえば筆者は以前、高野山奥の院の裏山で地元小学生たちと一緒に紫陽花と朴の苗木を植林したことがある。生まれて初めての植樹体験で、ちょうど学位論文を書き上げたところで良い記念のつもりで皆でいそしんだ。その後どうなったかと、お世話になった金剛峯寺山林部の係の方に尋ねると全部鹿に食べられたとのことであった。

さて、生きとし生けるものの食物連鎖も次の段階になると植物が外れる。無論、生々しさも増してくる。

（6）「鳥草夾纈屏風」【図6】(25)

画面中央にタチアオイと推定される草木が花を咲かせ、その上をひらひらと蝶が

【図7】鳥獣花背円鏡 第9号（海獣葡萄鏡）
全体／部分 径29.7センチ 縁厚2.0センチ
重5009.0グラム（南倉70）正倉院宝物

舞う穏やかな様子である。翻って、花樹の下ではキンケイとみられる二羽の尾の長い鳥が、向かい合って一羽の蝶を啄ばみ合っている。その眼はかっと見開き、真剣である。夾纈染めの技法によって、今にも引き裂かれんばかりの蝶の羽に緊張が増す。これが生きとし生けるものの「喰うか喰われるか」の瞬間の図式である。シルクロード文化については筆者は精通しないが、図像学では殊にキリスト教美術においては、蝶は幼虫・蛹・成虫をそれぞれ生・死・復活に擬える。または魂の象徴とすることもある。[26] 或いは仏教的に言えば極楽と修羅の構図とも見て取れるであろうし、これこそメメント・モリを端的に表した図像であるともいえる。典雅さの中に、生死の現実が織り込まれているのである。

いよいよ鳥獣たちの熾烈な弱肉強食の世界に入る。

（7）「鳥獣《ちょうじゅう》花《か》背《はいの》円《えん》鏡《きょう》 第9号」（海獣葡萄鏡）【図7】[27]

白銅製の大きな円鏡である。肉厚のレリーフが施されている。鏡背面に登場する生き物は、大型の獅子から小さな昆虫までその数57頭に及ぶ。その種類は、獅子に鴛鴦や孔雀、鶏や鹿、翼を広げた有翼馬や鳳凰が認められるが、中にはササン朝ペルシャ伝来とされる、角や翼を付けた「狻猊《さんげい》」[28]という架空の唐獅子がいる。表面を詳しく見ると、葡萄唐草文様を背景に、外区には疾走するペアの獣が大鳥や小禽類を追う姿が時計回りで循環的に描かれている。内区との界圏面には葡萄唐草の間を飛び交う鳥類と昆虫たち、尾長鳥に蝶や蜂、蜻蛉や蟷螂等々が登場し、なかなかにぎやかである。

【図8-1】葡萄唐草鳥獣文食器セット
（有田、精磁会社製、1880年代）、宮内庁所蔵
（『御即位十年記念特別展　第六回展　饗宴—近代のテーブル・アート』、宮内庁三の丸尚蔵館編集、宮内庁、財団法人菊葉文化協会発行、平成12年1月15日）
※カラー写真・口絵

ここで注目すべきは内区のレリーフである。真ん中の鈕《ちゅう》（つまみ）に弱肉強食のゲームの結果が歴然である。Gameとはそもそも狩で仕留めた獲物を指す。牡鹿に覆い被さって喰らいつく大型の獅子、その周りに親子で戯れる獅子の家族。数にして8頭の親獅子と13頭の仔獅子、お腹を見せて仰向けでじゃれ合う姿もある。仔獅子たちは親獅子が仕留めた鹿肉の分け前を楽しみに待っているのであろう。人間の世界も動物の世界も家族を養う大変さは同じである。こうして生の営みは続けられるのである。

（8）葡萄唐草鳥獣文と宮中

ところで、葡萄唐草に鳥獣文といえば、上記のように想像上の動物を含めた生き物たちが躍動的に「追いかけっこ」をする様子が特徴的であるが、この文様は宮廷内でも見つけることができる。

「染付葡萄唐草鳥獣文食器」【図8－1・2】[29]（※カラー写真・口絵）がその一つで、明治12年（1879）、米国元大統領ユリシーズ・S・グラント、通称グラント将軍が世界周遊の最後に国賓として日本を訪れた際に、明治天皇から贈られた国産の洋食器である。[30] 生産者は有田の精磁会社で、白磁にブルーの色合いが麗しい。グラント将軍がこの贈答品を受け取ったのは食器完成後の明治15年以降とされ、これらの一部がフィラデルフィア美術館に収蔵されている。流麗な「染付葡萄唐草鳥獣文」で飾られたテーブルウェアは、現在も宮中において文化勲章受章者等との懇談会などで使われており、明治以来、同じデザインのものが発注され続けているという。[31]

【図8-2】葡萄唐草鳥獣文食器・ソースチュリーン
（蓋物・部分）径16.5センチ 高16.8センチ
宮内庁所蔵
（『御即位十年記念特別展　第六回展　饗宴―近代のテーブル・アート』、宮内庁三の丸尚蔵館編集、宮内庁、財団法人菊葉文化協会発行、平成12年1月15日）
※カラー写真・口絵

この意匠のベースになったと思しき葡萄唐草鳥獣文は、正倉院宝物では上述の「鳥獣花背円鏡　第9号」（南倉70）のほかに、「鳥獣花背円鏡　第7号」（【図9－1】）[32]がある。鏡背面の内区には真上を向いて口を大きく開けた狻猊とみられる獅子の姿、外区には反時計回りに全速力でギャロップする馬、鳳凰や小禽の跳ね廻る景色が描かれる。同じく南倉70に収められた「鳥獣花背円鏡　第8号」（【図9－2】）[33]は、葡萄唐草を地文に、内区には伏獣型の鈕を囲むように肢体を屈曲させた大きな獣と鳥、外区には6頭の獣に両翼を広げて飛翔する鳥類、そらを舞う蝶の様子が確認できる。生き物たちは、たわわに実った葡萄の甘い香りに惹き寄せられたのであろうか。なかには円形ではなく珍しい方形をした「鳥獣花背方鏡」（【図9－3】）[34]もある。いずれも動物たちの活き活きとした情景に面白味がある。

宮中のテーブルウェアに飾られた染付の図案は、天平時代の鏡に見える「生きとし生けるもの」の構図が、優しくエレガントなスタイルに仕上がっている。とりわけ獅子の表情が柔和で愛想よくチャーミングである。葡萄唐草鳥獣文の近代的様式とでもいえようか。蓋物の器ソース・チュリーン（【図8－2】）に彩られた景色に観入っていると、あたかも動物たちの愉快な円舞曲《ワルツ》が聞こえてきそうで微笑ましい。

さて、獰猛な食物連鎖の闘いの中にも、獅子の親仔の睦まじい姿や鳥獣たちの楽し気な風景に、ほっと平安を感じた方も少なくないであろう。ここで、春日大社でひと休みしよう。

【図9-1】鳥獣花背円鏡
第7号 全体／部分　径24.7センチ
縁厚2.0センチ　重3707.0グラム（南倉70）
正倉院宝物

【図9-2】鳥獣花背円鏡
第8号 全体／部分　径23.9センチ
縁厚1.6センチ　重2719.5グラム（南倉70）
正倉院宝物

【図9-3】鳥獣花背方鏡
辺長17.1センチ　縁厚1.6センチ
重1934.1グラム（南倉70）
正倉院宝物

<太刀表面>

場面3　場面2　場面1

場面1

場面2

場面3

<太刀裏面>

場面1　場面2　場面3

場面1

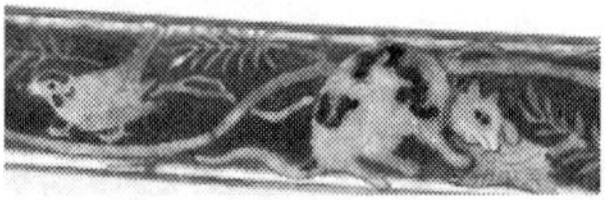

場面2

場面3

【図10】金地螺鈿毛抜形太刀（国宝）　平安時代　12世紀　春日大社所蔵

（9）「金《きん》地《ち》螺《ら》鈿《でん》毛《け》抜《ぬき》形《がた》太《た》刀《ち》」（【図10】）[35]

春日大社に所蔵される黄金の太刀（国宝）である。息を飲むほどに美しい、筆者もお気に入りの宝物である。表裏に施された、螺鈿細工の竹林に現れた雀と猫の生態を表す絵物語が、この太刀の見どころである。

春日大社の花山院弘匡宮司によれば、これは猫が雀をつかまえる三コマ漫画になっているという。まず太刀の表を見ると、鐺の右側から勢いよく雀をめがけて疾走するハンター（場面1）、雀つかまえてハンティング成功！（場面2）、満足気な様子でハンターのご帰還（場面3）。太刀の裏面は、今度は抜き足差し足で雀に忍び寄るハンター（場面1）、雀つかまえた！（場面2）、満足気な様子でハンターの毛繕い（場面3）、というストーリーである。この愛らしい姿には理由がある。実はこの猫は首輪からわかるようにペットとして愛玩された飼い猫で、この点が正倉院宝物に描かれた食物連鎖の闘争図にはない、「かわいい」をことさらに印象付けるのである。

或いは、太刀という護身や闘いの装備に、闘いに勝利した猫を表すことで御守護の意味も込められよう。加うるに、男性的で崇高な武具にさえ、繊細さと優美さを備えさせたところに、平安時代の洗練された遊びのこころがうかがえる。美術史上においては、唐風から和様のあらわれと言われる趣向である。

では、一息ついたところで天平時代に戻ろう。食物連鎖関係もさらに一段階進むと、今度は人間が登場する。

【図11】銀壷　甲
全体／部分
口径42.2センチ
胴径61.9センチ
壷重37.0キロ（南倉13）
正倉院宝物

（10）「銀壷《ぎんこ》　甲」（銀の壷）（【図11】）(36)

草原の大地に馬を走らせ、狩りに挑む人間を描いた銀製の容器である。底裏には「東大寺銀壺　重大五十五斤甲　蓋實并臺惣重大七十四斤十二両　天平神護三年二月四日」の刻銘がある。この日付けは称徳天皇の東大寺行幸がなされた日にあたり、国中連公麻呂ら東大寺造営関係者5名に位が授けられたという。その際に称徳天皇の計らいでこの銀壷が献じられたと考えられている。

壷の表面に、馬に乗った人物が虎や猪に弓を向ける様子や獅子に立ち向かう場面の描写が確認できる。周囲を見ると、これまでの図柄に等しく、鳥類や昆虫類が飛び交うパターンである。壷の受け台にも騎馬人物に獅子に虎、有翼馬など種々の生き物が配されているが、その狩猟図の精彩な様子や葡萄唐草、有翼馬を好むモチーフから製作地は唐とみるのが妥当といわれる。

この図柄の特徴は、自然界における人間対動物という「喰うか喰われるか」の原始的な関係が見られることに加え、馬を飼い慣らし、これを操るという人間の文明的行為が表現されている点である。これがすなわちドメスティケーションという行為の一種であり、自然界における生き物の共生のひとつの始まりを意味するのである。

さて、以上のように「生きとし生けるもの」における食物連鎖の関係を下位構造から順に見てきた。最後に人間が登場することで、「喰うか喰われるか」の関係に、飼い慣らすというドメスティケーションによる共生の道が開かれるといえよう。こうした自然の風景を、過去から現代に至るまで、人びとはまなざしに焼き付け、自然と折り合いをつけながら生を営み、暮らしを続けてきたのである。このことはあくまで人間側のものの見方であるが、J・ユクスキュルとG・クリサートの手に成る興味深い仕事から見た環世界もいずれ考えてみたいと思う（『生物から見た世界』畝傍書房、昭和17年）。

最後に、もう一つ。これも人間にしか想像することのできない「喰うか喰われるか」の関係図を紹介する。

（11）捨身飼虎図（玉虫厨子須弥座腰板絵）

法隆寺に所蔵される玉虫厨子に描かれた捨身飼虎図である。7世紀中頃の作とされる玉虫厨子は、宮殿部扉に神将像と菩薩像、背面に霊鷲山浄土図、須弥座の前後面に供養図と須弥山図、その両側面に本生図が配された飛鳥時代を代表する仏教工芸品として名高い[37]。

そのうちの捨身飼虎図は、周知の通り、食物連鎖の一つの頂点に位置づけられる人間がその身を捧げるべく虎の群に飛び込む図像である。捨て身で悟りを得る成仏得道を表現したものであるといわれる。虎が人間を貪る行動は自然現象であるが、一方、虎の群れに自ら飛び込む人間の姿は自然現象ではない。換言すれば、森羅万象における「生きとし生けるもの」の闘争本能に従った行為ではなく、人間の理性に基づいた行為である。

異時同図法による画面を詳しく見てゆくと、一段目は山の頂上で王子が上衣を脱ぐ場面、二段目は王子が頭からしなやかに落下してゆく場面、そして三段目が竹林で飢えた虎の群に身を横たえる場面である。インドの仏教説話「ジャータカ物語」を通して、中国大陸を経て我が国に伝えられたというこの図式の背景には、仏教の慈悲や輪廻転生、或いは「供犠」や「供養」の気持ちがあると考えられるという[38]。もはや「楽園」のイメージは失せ、あるのは「憐れみ」のイメージである。

筆者個人的には捨身飼虎図に描かれた行為には賛同しかねるが、思うに、万物の生は万物の死によってその生を保ち得るという真理を知り得た人間であるからこそ、つまりは修行を積んで悟りを得た人間であるからこそ、想像し得る限りの究極の感謝のこころを構想した図像と言えるかもしれない。

結びにかえて――メメント・モリ　或いは　諸行無常――

我々のまなざしの先にある自然の風景というのは、食物連鎖関係の頂点にある人間文化によって、時代の環境に応じて、構想され、うつされてきた履歴がある。人間が自然との共生を自覚したとき、万物は万物の死によって生が活かされるということを常に心に刻みなおしながら生きてきたのである。つまりは「メメント・モリ」である。或いは、自然界の生き物の生死を敬う心とでもいえようか。一方で、昨今、猛威を振るう自然環境をみるとき、「メメント・モリ」が忘れられ、等閑にされているように思えてならない。

今回紹介した正倉院宝物や東大寺宝物、春日大社宝物や法隆寺宝物に描かれた「生きとし生けるもの」の生死の営みの表現は、数ある例のなかのごく一部に過ぎないが、それらは色褪せることなく、現代の我々に「メメント・モリ」を語りかけてくる。少なくとも筆者にはそう感じられるのである。

桑子はかくも語る。

「そんなに立派な壺でなくても、古い壺を眺めては、のぞき込んで、小さく声を発すると、不思議な響きを返してくれる。それを聞くと、今と昔、そして未来をむすぶ時間の長さとそのなかで起こる日々の出来事に、諸行無常のひびきあり、の思いがする。[39]」

参考　「空間の履歴」（抜萃）

哲学するということは、ことばの海を泳ぐことだ。ごくありふれたことばのなかから、ひとつを選び出し、意味を見極め、それを土台にして、人間、自然、社会や歴史を見る。すると、たったひとつのことばで、いままで思いもよらなかった光景が広がってゆく。それは、のっぺりしたこの現実を眺めるための展望台を提供する。

散歩に出かけるとき、いつも頭にあったのは、この空間とそこに生きてきた人間とのかかわりをなんとか言い表したい、できれば、うまく一言で言い表すことばを見つけたいということだった。

「歴史を刻み込んだ空間」を表現する単純なことばがどうしても欲しい。「空間の歴史」だと、「蓄積された文化的意味をひそませる空間」を表現しにくい。「風土」では、「時間」や「歴史」の意味がはっきりと出ない。そんなことを考えながら、日々暮らしていたのだが、その朝、ひらめいたのが「空間の履歴」ということばだったのだ。

「空間の履歴」とは、ある空間でどんなことが起こったか、そしてどんなものとして考えられたかということの蓄積、いわば空間の意味の蓄積である。空間に与えられた意味には、宗教的なもの、思想的なものも、地域の記録など、いろいろなものがある。どんな空間にも出来事やひとびとの営み、思想、願望が染み込んでいる。それを書き記した空間の履歴書は、石碑であったり、神社の由緒書であったり、土地の登記簿であったり、あるいは、こどものころの絵日記だったりするだろう。

ひとは、それぞれの生きている空間を基礎に生きている。ゆたかな内容をもった空間に生きていながら、それと知らずに暮らしているひとは、自己のうちに、空間の意味が組み込まれない。それだけ内容の乏しい人生ということになる。

その日、「空間の履歴」ということばで、人間と環境の関係を歴史的な観点を含めて考える道筋がきっとつくれる、とわたしは確信した。もやもやが明確に像をむすんだとき、そのことばを通して、向こうにひろがる世界がいままでと違う角度から照らし出される。

こんなことばには、めったにお目にかかれない。つかんだ、と思っても、よく考えると、つまらないもののことも多い。なぜなら、目の色を変えて探しているものは、実はごく身近にあるからだ。それを発見しようとことばの海を泳ぎ渡る。哲学の楽しみである。

空間には履歴がある、と心に置きながら、身近なところに散歩に出かけてみよう。

（桑子敏雄「風景のなかへ」『空間の履歴』２００９年、東信堂、５〜11頁）

《注》

1．シカの生態を知る手がかりとなる文献として今西錦司編『日本動物記4』（思索社・昭和46年）に川村俊蔵「奈良公園のシカ」がある。

2．桑子敏雄「「空間の履歴」から読みかえる環境思想 ―「安全神話」の真実」秋道智彌編『日本の環境思想の基層　人文知からの問い』岩波書店、２０１２年、24〜25頁。

3．桑子敏雄『風景のなかの環境哲学』東京大学出版会、２００５年、201頁。

4．諸橋轍次『大漢和辞典』巻５・巻12、第７刷、１９８６年。

5．乾隆帝（１７１１〜１７９９・在位１７３５〜１７９５）清朝第六代皇帝で諱は弘曆、廟号は高宗。学術を奨励し『四庫全書』などを編纂する。

6．『景印文淵閣四庫全書』第一三〇五冊、集部二四四（臺灣商務印書館、１９８３-１９８６）、814頁、東京大学東洋文化研究所所蔵。

7．『景印文淵閣四庫全書』第一三一〇冊、集部二四九（同）、534頁、東京大学東洋文化研究所所蔵。

8．「明覺聰禪師語錄二〇巻」（性聰撰述　嗣法門人寂空編）『新編縮本乾隆大藏經第158冊』此土著述五〇（新文豊出版公司、１９９１）東京大学インド哲学仏教学研究室所蔵。

9．「景観は獨逸語のlandschaftに對して、植物學者の三好博士が與へられた名稱である。」

辻村太郎『景觀地理學講話』地人書館、１９３７年、１頁。

10. 三好學編『日本植物景觀』（百七畫版入）、丸善株式会社、１９１５年、国会図書館所蔵。

11. 岡本貴久子『記念植樹と日本近代　林学者本多静六の思想と事績』思文閣出版、２０１６年、37～38頁。

12. 本多靜六『日本森林植物帯論』著者兼發行者東京駒場農科大學官舍本多靜六、印刷星野諤次郎、１９００年3月、公益社団法人大日本山林会林業文献センター所蔵。

13. 林屋辰三郎校注「作庭記」『古代中世藝術論』日本思想大系23、岩波書店、１９７３年。田村剛『作庭記』相模書房、１９６４年。上原敬二『解説　山水並に野形図・作庭記』加島書店、１９８２年。田村と上原はいずれも本多の高弟。

14. 「池は亀又は鶴の姿に掘るのがよい。水は器物に従って、その形をなすものである。」田村剛（同前）、272～273頁。

15. 荒川正明「やきもの鑑賞の視点」學鐙編集室編『學鐙』101巻4号、丸善株式会社、２００４年、14～16頁。

16. イノシシは豊穣や多産の象徴にもなり得るとして身近な存在の生き物であったという。荒川正明「古今の陶に出合う97　やきもので表されたイノシシ」『茶道の研究』64巻1号、田中仙堂発行、公益財団法人三徳庵、２０１９年1月、16～22頁。荒川正明『やきものの見方』角川書店、２００４年、15～18頁。

17. 解説『正倉院式文様集（古裂第一輯）』木原文進堂、１９２５年、国会図書館所蔵。

18. 『第六十三回「正倉院展」目録　平成二十三年』奈良国立博物館、２０１１年、72～75頁、図版。

19. 『日本美術名宝展』奈良国立博物館編集発行、１９９５年、311頁。『文化財保護法50年記念　日本国宝展』東京国立博物館・読売新聞社、２０００年、254頁、343頁。『東大寺の至宝展』東武美術館・朝日新聞社、１９９９年、46～47頁、堀池春峰「東大寺の歴史」（同）、10～18頁。

20. 『第六十四回「正倉院展」目録　平成二十四年』奈良国立博物館、２０１２年、66～67頁、図版。

21. 『東大寺献物帳』は聖武天皇の遺愛の品（六百数十点）が記された「国家珍宝帳」と約60

種の薬品が記された「種々薬帳」から成る。米田雄介「正倉院宝物の成立前史」『EURO-NARASIA Q』第17号、２０２１年。

22．『第六十五回「正倉院展」目録　平成二十五年』奈良国立博物館、２０１３年、22〜25頁、図版。

23．実際、夾纈染は平安期には衰退する。均整のとれた端正なつくりの仏像が好まれた奈良朝に対し、木目や節までが活かされた木彫仏が作られるようになるが、ここにもその違いが現れている。『第六十二回「正倉院展」目録　平成二十二年』奈良国立博物館、２０１０年、16〜17頁。参考・井上正「霊木化現仏への道」『藝術新潮』新潮社、１９９１年１月号。

24．解説『正倉院式文様集（古裂第一輯）』（前掲）。

25．『第六十二回「正倉院展」目録　平成二十二年』（前掲）、図版。

26．柳宗玄・中森義宗『キリスト教美術図典』吉川弘文館、１９９０年、368頁。ジェイムズ・ホール『西洋美術解読事典』高階秀爾監修、河出書房新社、１９９７年、223頁。

27．『第六十二回「正倉院展」目録　平成二十二年』（前掲）、86〜87、142〜143頁、図版。正倉院宝物の「鳥獣花背円鏡　第９号」（海獣葡萄鏡）は千葉県香取神宮所蔵の国宝海獣葡萄鏡と同じ型で作られた兄弟鏡という。

28．同前、152頁。

29．「葡萄唐草鳥獣文食器セット」（有田、精磁会社製、１８８０年代）『御即位十年記念特別展　第六回展　饗宴―近代のテーブル・アート』宮内庁三の丸尚蔵館、宮内庁、２０００年、15〜16頁。

30．メアリー・レッドファーン（林美和子訳）「食卓の外交　明治天皇の洋食器と意匠をめぐる戦略」山崎鯛介・メアリー・レッドファーン・今泉宜子『天皇のダイニングホール〜知られざる明治天皇の宮廷外交〜』思文閣出版、２０１７年、115〜121頁。

31．長佐古美奈子「宮中晩餐会の歴史的考察　その（一）現在に続くイギリス風の導入」『学習院大学史料館紀要』26号、２０２０年、21〜41頁。長佐古美奈子「明治皇室の洋食器―記録にみる精磁会社の活躍」『明治有田超絶の美　万国博覧会の時代　論考集』佐賀県

立九州陶磁文化館企画、西日本新聞社発行、２０１５年、68～77頁。

32.『第六十六回「正倉院展」目録 平成二十六年』奈良国立博物館、２０１４年、73～74頁、図版。

33.『第七十回「正倉院展」目録 平成三十年』奈良国立博物館、２０１８年、18頁、図版。

34.『第六十六回「正倉院展」目録』(前掲)、76～77頁、図版。

35. 春日大社・花山院弘匡宮司「春日大社から始まる日本文化10の秘密」『講演集(第四十二集)』一般社団法人霞会館発行(非売品)、２０１９年8月、53～57頁。

36. 甲は甲乙を意味し、同型の銀壷(乙)が宝物庫に伝存し二口で一対であったことを表す。『第六十二回「正倉院展」目録 平成二十二年』(前掲)、72～76頁、図版。

37. 松田誠一郎「飛鳥・奈良Ⅰ(白鳳)時代」辻惟雄監修『日本美術史』美術出版社、２００１年、33～36頁。

38. 捨身飼虎図の最古の実例は、ギリシャ芸術やキリスト教などの文物・文明が流入する十字路にあたるインド亜大陸と中央アジアを結ぶガンダーラ地方で発見されたという。山折哲雄「人間にとっての供犠と供養」『ビオストーリー』23号、生き物文化誌学会、誠文堂新光社、２０１５年、8～12頁。

39. 桑子敏雄『空間の履歴』東信堂、２００９年、153頁。

〔謝辞〕

本稿では、学習院大学史料館学芸員長佐古美奈子様をはじめ、大久保洋子様、春日大社国宝殿、宮内庁正倉院事務所、宮内庁長官官房用度課、華厳宗大本山東大寺、東京大学インド哲学仏教学研究室、東京大学東洋文化研究所、奈良国立博物館の皆様よりこの上ないご助言ご協力を賜りました。特に文中の漢詩解釈については、国際日本文化研究センター名誉教授末木文美士様、国際日本文化研究センター教授伊東貴之様、創価大学大学院教授・公益社団法人東洋哲学研究所研究員前川健一様より貴重なご教示を賜りました。ここに記して感謝申し上げます(順不同)。

新井白石の南北朝論

大川　真

はじめに

研究史において新井白石（１６５７‐１７２５）は、「天皇や朝廷の持つ権威を幕府に移譲し、徳川王権の自立を企てようとした佐幕的立場を代表する思想家」、「天皇家から徳川家への易姓革命を構想した思想家」という見方があった。[1] 筆者は拙著[2]において上記の見方を否定し、白石は、朝廷と幕府、天皇家と徳川家との二元的な王権論を構想していたことを明らかにした。具体的には、「天命」を喪失したが「礼楽」の源泉者たる地位を辛うじて保持している「本朝天子」たる「天皇」と、「天命」を授与され「礼楽」を除く全ての政治実権を掌握している「国王」（将軍を指す）とによる。二元的でありつつ有機的な連関を有した支配構造を構想していたのである。しかしながら拙著では、白石がなぜ「源」姓を名乗ることに固執したのか、またそれと関連して現在の二元的な支配構造を正当化する際に、皇統の南北朝論はどのように組み込まれているのかという視点に基づいた十分な考察ができなかった。以上の反省に基づきつつ、本稿を進めていきたい。

1.「源君美」としての自己認識

有名な白石の自伝『折たく柴の記』の本文は、新井氏が上野国の源氏、すなわち新田氏に由来していることから起筆されている。

> 父にておはせし人は、四歳にして母におくれ、九歳にして父におくれ給ひしかば、「父母の御事、詳なる事はしらぬ也」と仰られき。我祖父をば勘解由殿と申し、祖母にておはせし御事は、染屋の何某の女也。ふたりながら常陸国下妻庄にてうせ給ひぬ。新井といふはもと上野国の源氏にて、染屋はもと相模国の藤氏なるに、いかなる故によりてか、常陸国には移り給ひぬらむ。
>
> （『折たく柴の記』上[3]）傍線は大川による。以下同じ。

ここで注意したいのは、白石の祖父が父親の幼少時に亡くなったために、新井家の系譜の詳細が不明であるとしながらも、新田源氏の末裔であると断じていることである。穿った見方をすれば、父祖から詳細な家譜が伝わっていなかったことが幸いして、新田源氏、源姓を祖とした系譜の製作が可能になったのではないか。こうした見方は私だけではなく、白石研究の泰斗である宮崎道生氏にも見られる。宮崎氏は、白石が作成した「新井家系」[4]を緻密に分析して以下のような疑義を呈している。

> 右の系図（本稿図-大川注）であるが、荒居禅師覚義の後、建武年間ごろまでの間に空白があり、次に室町時代から戦国の時代にかけて系図は再び切れてしまっている。すなわち、宗重と図《ず》書允《しょのかみ》某とのつながりが不明なのである。しかも右の系図に掲げた図書允某の孫の代、三人のうち「次子」とある人物の実体について、白石は『新井家系』中で長子刑部と季子次郎兵衛の名を挙げた後、「独り次子終る所を知らず、即ち我が祖是れなり」と記しているが、この人物につ

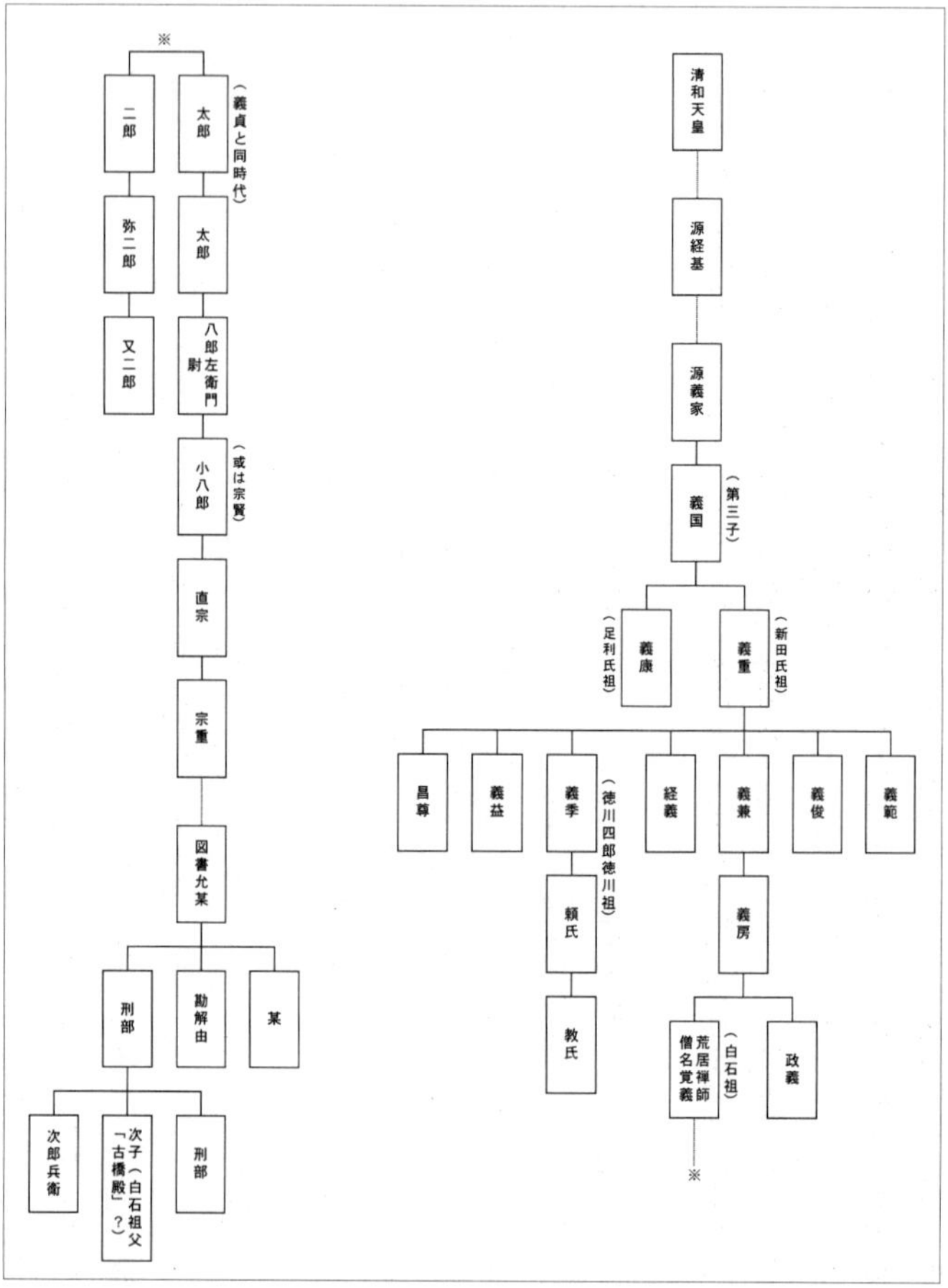
清和天皇
源経基
源義家
義国
（第三子）
義康
（足利氏祖）
義重
（新田氏祖）
義益
義季
（徳川四郎徳川祖）
経義
義兼
義俊
義範
頼氏
教氏
義房
荒居禅師
僧名覚義
（白石祖）
政義
※
※
二郎
太郎
（義貞と同時代）
弥二郎
太郎
又二郎
八郎左衛門尉
小八郎
（或は宗賢）
直宗
宗重
図書允某
刑部
勘解由
某
次郎兵衛
次子（白石祖父「古橋殿」？）
刑部

いては何らの説明もないばかりか、その前文に図書允某の三男刑部には二子があるとしていて理解に苦しまざるを得ない。この文面通りとすれば「次子」の介在する余地がないはずなので、筆者が右の系図に「次子」を加えて三人としたのは、白石のこの記述を尊重したからのことである。[5]

新井家系の二度の大きな断絶、また白石の祖父・古橋殿の位置づけに曖昧さが見られるだけではなく、新田氏を祖先とする荒居と新井との繋がりが不明な点も宮崎氏は指摘している。さらに言えば、新井家系は、徳川家の家系図（「世良田系図」）の製作過程において成立したものである。宮崎氏は以下のように、新井氏、徳川氏双方ともに新田の末裔とする論を訝しいと述べているが、私も同感である。

> 『折たく柴の記』に、上野国新田郡（現在、群馬県新田郡）世良田《せらた》庄の長楽寺に古い『新田系図』一巻があり、「我（が）家姓の事」なども見えるので写させてもらったという記事があるが、この段（「家継〈七代将軍〉の誕生と世良田の称号」）の主目的は徳川氏が新田氏の子孫であることを上掲系図によって確認したことを述べるにあって、新井家系には直接関係がないから、わずかに前記の語句が見えるにとどまっている。問題の「世良田系図」は星野恒博士が疑惑を示されたように（「世ノ所謂清和源氏ハ陽成源氏ナル考」）、信頼しがたいものである。したがって、白石の徳川氏新田後裔説も新井家を徳川氏と同一視する論も共にそのまま信受するわけにいかない。[6]

ところで、笠谷和比古氏によれば、徳川家康の源氏改姓は天正十六年の足利将軍家の終焉に合わせて行われた可能性が高いという。[7]その際、足利系源氏である吉良から系図を譲り受けて源氏改姓を果たしている。松平家には新田を氏祖とする伝承もあり、家康の祖父・松平清康も「世良田二郎三郎」を名乗っていた事実も先行研究で指摘されている。[8]しかし白石以前での徳川系図では曖昧な点が多く、新田を氏祖とする世良田系図のような筋道立った系譜のレベルには及んでいない。ここで強調したいのは、ほかならぬ白石の手によって徳川家の系譜が新田源氏（世良田新田氏）を氏祖として確定されたことである。

『折たく柴の記』によれば、白石は世良田長楽寺の広海僧正と年来交流し、同寺所蔵の「新田系図」の支流に新井氏が書かれていることを知ったという。以前は諸説の中の一説として扱っていた徳川家＝新田源氏説を公式見解として表明するのも、その時からである。[9]

また勝田勝年によれば、正徳元年（１７１１）十一月の執筆と思われる「朝鮮聘礼事」において、白石が著作で源姓を初めて名乗るようになる。前年には長楽寺所蔵の「新田系図」が幕府に献上され、白石も長楽寺の「新田系図」の書写を手許に有していた。以後、白石は著作や外交文書等において「源君美」を称するようになる。[10]白石は新田義重の四男・得川義季（徳川四郎）を始祖とする世良田新田家の系譜に執着した。己丑の生まれであった徳川家継は「俗忌に丑の人は他姓を称ずるの事あり」（『折たく柴の記』中）ということで幼少時は世良田鍋松と名乗っていたが、世良田姓の提案に白石が何らかの関与をしていたと私は推測している。白石は徳川家を「当家」というが、この語には他の儒者とは違う重さがある。南朝の忠臣として新田源氏を白石が高く評価するのも、先祖への顕彰の意図もあってのことであろう。

かく迄に武家のみだれし政を南帝の一統し給ふ事かなはざりしも、新田の氏族こそ、身にかゝりし敵なればいかにもして足利殿をうちほろぼしてむともおもはれし。其余は、忠を存し義をしれるものなきにしもあらねど、其兵力よはくして、みづからたちがたし。その外には、皆々武家と不快のものども、一旦、南に属して、おのれ〳〵が憤を散ぜむとおもひしのみなれば、つゐに功ならざる也。（新井白石『読史余論』下[11]）

2．白石の南北朝論

白石は、徳川家と同様に新田源氏（世良田新田家）の末裔であり、いわば同じ一族として徳川家を支えているという矜持を持っていた。南朝の忠臣・新田源氏を祖とする白石の自己意識は、主著『読史余論』での史論とどのように関係するのか。また南北朝の合一以降、皇統は北朝による系譜となるが、そのことを白石はどう捉えているのか。以上の二点を考察する。

鎌倉中期の後嵯峨法皇は生前中に後継の治天の君を指名せずに没した。その後、後深草上皇、亀山天皇の生母である大宮院は、亀山天皇の親政が後嵯峨の内意であったと証言し、亀山が治天の君と決定した。後深草側は当然その決定を不服に思い、両統の間で争いが生じることとなる。事態を憂慮した幕府は、後深草上皇の皇統（持明院統）と亀山天皇との皇統（大覚寺統）との間で交互に即位するという両統迭立の案を提示した。白石は両統迭立の開始について以下のような分析をしている。

> これよりさき、後嵯峨崩後に後深草・亀山兄弟御あらそひの時に、大宮院殿の仰られし処によれば、亀山一流継躰たるべし。今又、持明院殿の仰せられし処によれば、後嵯峨の叡思、しかるにはあらず。関東の輩いかにとも申さだめがたきによりて、さらば両皇の御流をかはる〴〵すへ申さむと相はかりしなるべし。たゞし、持明院殿より関東へつかはされし後嵯峨の御遺状、崩後十数年の、ちに出しなど心得られず、関東の輩もいぶかしき事にもおもひしなるべけれど、世をうたがはしくおもひしほどなれば、しかるべき事の出来しとおもひて、さらば両皇の御流をかはる〴〵すへ申さむと申し定めしなるべし。
>
> （『読史余論』上[12]）

両統迭立開始における胡散臭さに対する白石の筆致は、どこまでも冷静で突き放したものとなっており、後の南朝へと連なることになる大覚寺統を「正統」として特別視している態度は全く窺えない。大覚寺統の後宇多天皇の第二皇子として生まれ、もともとは後宇多の第一皇子である後二条天皇の子邦良が即位するまでの中継ぎとして即位した後醍醐天皇は、院政を廃止して親政を開始し、朝儀や記録所を再興し綸旨の権威化を図るなど数々の目覚ましい政治業績を上げた。一方で学問への造詣も深く『建武年中行事』等を著している。君主独裁型の政治を目指した後醍醐は、この後、倒幕を企てていくことになる。[13]

明治以降では「中興の祖」として顕彰された後醍醐であるが、その一方で強引な政治手法ゆえに暗愚な君主として厳しい評価を歴史上受け続けていた。「後醍醐不徳にておはしけれ」と述べているように、白石による後醍醐評価も惨憺たるものであった。しかしながらその批判の仕方は、他の思想家のそれとは異なる独自なものである。

第一に批判される点は、正中の変の後での対応である。正中元年（１３２４）、皇位継承に関して幕府からの干渉を排除しようと考えていた後醍醐天皇は、側近である日野資朝・俊基らの公卿や、土岐頼兼、多治見国長らの武士と倒幕計画をすすめたが、計画が事前にもれて失敗した。土岐頼有、多治見国長らは自害し、日野資朝は佐渡配流となったが、後醍醐は万里小路宣房を派遣して、幕府に自身が無関係である旨の告文を送り、罪の追及を免れた。白石はこのことを大きな躓きとして糾弾している。

> 後醍醐は、後宇多第二子。三十二歳にて受禅にて、後宇多法皇院中にて政務たり。三月、後二条の子邦良親王を東宮にたつ。元亨二年の夏、法皇より大納言藤定房を御使にて、「政を当今に任せられ、閑居あるべし」と関東へ仰つかはさる。武家異議なかりしかば、大覚寺殿へうつり給ぬ。正中元年六月、後宇多法皇崩

〈五十八〉。九月、土岐頼員・多治見国長等帝の密詔を受て鎌倉をはかるのよし聞えて、六波羅より兵をつかはしてこれをうつ。二年五月、日野中納言資朝・日野右少弁俊基とらはれて東行。帝の近臣にて密勅をうけしよし聞えしによりて也。七月、万里小路大納言宣房をして告文を高時に給る。資朝、佐渡へ流され、俊基はゆるされて帰り、朝廷無事になりたり。

　按ずるに、高倉院厳島御幸の時、清盛入道誓紙を給るよしをいひつたふ。これは入道逆威を恣にして強申たるなり。そのゝち、亀山・後宇多、関東へ告文を給りしは、浅原が事により、世の浮説を仰ひらかれんために、万乗の尊を屈して陪臣にむかひてちかはせ給ふ。こゝに至りて、王威地におちたり。此たび、後醍醐、又告文を下されしこと、しばらく関東の疑をとかしめて、御宿意をはたされんための叡謀によれりともいはむ歟。されど帝徳の御累とぞ申べき。（新井白石『読史余論』上[14]）

　告文を送付したことは倒幕の宿願を果たすための謀略とも言えなくもないが、朝廷が幕府にへりくだったことで、天皇自らが皇威を軽んぜしめたと白石は捉えた。皇威の零落の濫觴は、藤原良房の画策による惟人親王の立太子にあると白石は見ているが[15]、親政により政治刷新を行うも、亀山らに続いて幕府に告文を送った後醍醐の行為は、天皇の持つ権威が、武家の棟梁のそれと比べて、いかに軽いものであるかということを世に強く印象づけることとなった。後醍醐以降、朝廷は武家の専横をゆるし、天皇は「虚器」としてその位だけを保持するようになる。氏祖・新田の主君であれ、その大きな契機を作った後醍醐の咎は極めて大きいと白石は批難する。後醍醐の躓きとして白石がもう一つ挙げているのが、有能な臣下を排除したことである。

元徳二年四月朔日、中原章房《のりふさ》、盗のためにころさる。〈常楽記には、大判官章房とあり。〉異本太平記に、章房、清水寺に詣て下向の時、西の大門にて八幡をふし拝しに、小雨ふりけるに蓑笠にはゞきしたるもの一人、後を過ると見えしが、太刀をぬきて章房が首をうちおとして坂を下りゆく。下人四五人、「あれや」とて主の持せし太刀をぬきて逐しかど、後影だに見えずなりたり。この章房は、中家一流の棟梁、法曹一道の碩儒。しかも四朝につかへて一家の世誉を得たり。殊に当代無双の恩沢に浴し、夙夜無二の拝趨を致し、すべて釐務の断獄・朝儀の裁断、君臣の顧問を得しかば、皇家の輔弼たりしに、かゝる殃災の出来し事、朝の愁歎、道の衰微也。（中略）此章房は一道の儒宗、当職の廷尉として義を正し理を断ければ、もし検断訴訟の由来によりて、みだりに欝憤をいだき、怨念を結ぶ人やありけむ。又は、旦暮の拝趨叡賞、他にことなれば、もし権をそねみ禄をうばはんとにやありけむ。本人も親昵もかねて宿敵をさとらねば、傍輩等倫の怨望一端もなかりき。しかるに彼災害、万人の疑浅からず。爰に退て子細を尋ぬるに、此章房は、無二の拝趨年つもり、恐くは匡弼の器たりしかば恩寵も浅からざりしに付て、これは叡旨をも重くし公儀をも背まじきものと思召れ、年来の叡念をある時あらはされて、関東征伐の事を仰出されしに、章房、身を顧ず義を貽《のこ》さず真実の諫言を奉りければ、不直梟悪をさしはさみ偏頗漏脱の事あるべき器にあらざれども、叡慮に一味し奉らざりし事を深く怖れ給ひて、近臣成輔朝臣に仰談ぜられしかば、かの名誉の悪党に縁をさぐり禄をあたへて、窃に章房をうかゞはせければにや、はたして此事を達せり。さればかれが横死も、天下大変の端として朝議より出けると、後こそ粗聞えけれ。

(※以上は参考太平記からの引用——大川注)

按ずるに、これらの事によりて帝の御心を観るに、帝業つゐに全からざりし事むべなり。

(『読史余論』上[16])


「按ずるに」より以前の文章は、中原章房を称賛した参考太平記から引用している。白石は後醍醐政権のブレーンを担ったのは、吉田冬方、日野俊基らではなく、実務官僚であった中原章房であったと見ていた。司法において中原氏は活躍し、雑訴決断所の法曹吏僚の大半を中原一族が占めた[17]。白石は統治のサステナビリティをもたらすのは制度・法律と考えた[18]。そして章房を後醍醐が排除する切掛けとなったのが、章房が倒幕を諫めたことであった。「諫言を行うのは一番槍より難しい」という趣旨の文言が江戸時代に徳川家康の言として流通するが、白石は諫言[19]を忠臣の第一の役割として重視していたと言える。

3．南朝の正統性

幕府に告文を送って皇威を軽んぜしめ、諫言を行った有能な忠臣を排除した後醍醐天皇であるが、それでも南朝の正統性は否定できるものではなかった。[20]

> さても後醍醐不徳にておはしけれども、北条が代のほろぶべき時にあはせ給ひしかば、しばしがほどは中興の業を起させ給ひしかど、やがて又天下みだれて、つゐに南山にのがれ給ひき。されど、まさしく万乗の尊位を践せ給ひし御事にて、三種の神器を御身にしたがへさせ給ひしかば、時の関白近衛左大臣経忠をはじめて〈光明院御代のはじめ、建武四年四月なり〉、忠をも存し義をもしれる朝臣、多くは南朝におもむきつかへられき〈北朝にては、経忠の従弟前内府基嗣を関白とす。これ今の近衛殿の祖〉。武家の輩も又かくぞありける。されば足利殿の代となりても、なをしたがひまいらせぬ国々猶多かりき〈後亀山の始、南朝の御領、河内・大和・和泉・紀伊・伊賀・伊勢・志摩・飛騨・信濃・上野・越後・伊与・備前・石見・長門・越中・肥後・日向・大隅・薩摩等二十州におよぶ〉。しかれども終に運祚のひらけさせ給ふ事なかりし事は、皆これ創業の御不徳によりて、天のくみし給はぬによれるなるべし。
>
> （新井白石『読史余論』上[21]）

後醍醐の即位そのものには疑いを容れることはできず、また三種の神器を保持している。その結果、忠義のある公家・武家は後醍醐に付き従ったというのである。後醍醐の不徳は、南朝政権の短命という結果で天が応報をもたらすと白石は考えたのである。

南朝政権の正統性を保証している条件として、白石は正当な即位と神器の保持という要件を挙げたが、南朝に必要以上に白石が左袒したのは、後醍醐政権を支えた武家・公家の節義によるところが大きかった。

> 中世より此かた、喪乱の際、節をしり義をおもひ、力をつくし死を致すは、たゞ武人のみなり。世すこしもおだやかになりぬれば、高位厚禄に居て、武人をば奴碑・雑人のごとくおもひなし、世みだれぬれば、捧首鼠竄して、一人も身をふるひ忠を致すものなきは、公家と僧法師のみなり。おもへば、国の蠹害とは此輩をぞいふべき。されば、天道は天に代りて功をたつる人にむかひ給ふことはりなれば、そののちの代に武家世をしり給ふ事、その故ある事と覚ゆる也。しかるに建武のみだれ出来しはじめに、此近衛関白左大臣殿は、北朝にても関白になされ給ひしかども、最初に南朝へ参り給ひき。此外の大臣にては、吉田内大臣従一位藤定房なり。摂家の人々にては、二条師基公も南朝へ参り給ひて、のちに関白し給ひき。廿一年が程へだたりてのち、延文の初〈二年〉一条の内嗣も南方へ参り給ひき。その中、近衛殿と一条殿は、共に嫡子にておはせしに、かくわたり給ひしこと、誠にその家祖にはぢ給はぬと申すべし〈家祖とは、鎌足・昭宣公をさす也〉。ことには、北畠源大納言入道親房父子の忠功、いにし

への大臣にもおとり給ふべからず。此世には、朝廷の人々も多くは義をもおもひ節をも守り給ひしにや。公卿以上南山へ参られし人々も、廿余人におよべり。それより已下は猶多かり。ことに戦場にして命を絶せし人々もすくなからず。さればある人のいひしは、その代に義をも節をも守りし人々は、皆南朝にさりて、偽朝の臣たらむ事をふかく恥き。その余ノ北朝にのこりとゞまりし人々は、皆恥なき人々なりとありけり。さもこそありけめとおもはるゝ也。

（新井白石『読史余論』下）[22]

足利尊氏に建てられた「偽朝」北朝に赴いた公卿・武家らと異なり、最後まで後醍醐への忠義を全うした近衛経忠、吉田定房、二条師基、北畠親房父子らを白石は称賛している。ここで注目したいことは、南朝の正統性が、天皇自身の言動（徳）ではなく、臣下の忠義により担保されると白石が考えていることである。皇位継承の手続きや血統条件という要件だけではなく、その王朝を支える股肱の臣たちの道徳規範（特に忠義）が重視されていることは刮目に値しよう。

こうした見方は当然ながら、保身によって王朝を渡り歩いた（と見える）公卿・武家への批難へと繋がる。就中、二条良基への批難は苛烈を極めた。

それが中、二条の良基は、光明・崇光・後光厳・後円融・後小松五朝の帝師たり。その家、これを以て栄とせりと申し侍る欺。某がおもふところは、かほどの辱はあるべからぬにや。その身すでに後醍醐の朝につかへて、北朝の臣となりて関白に任じ、義詮、崇光院を廃して南帝をむかへし時、百僚をひきゐて吉野殿に参り、光厳・光明・崇光三帝、吉野にとらはれ給ひし日は、北朝にはしりて、後光厳の御即位の日又関白して、此時に三種神器も皆南方へわたりぬれば、御即位の事、いかにと傾申す人々もありしに、「宝剣には尊氏を用ひられ、神璽には良基を用ひらるべし」と申されしかば、践詐の儀、行はれしなども申すにや。かつは武家の故実なども、此家より勘進せられしにや。その事、よく五代の馮道がふるまひに似たり。かゝる人をも、我朝の人は博学広才におはして代々の帝師にておはせしなど、うやまひおもふ事、よく義といふ事の明らかならぬ俗にはなりたる也。

（新井白石『読史余論』下[23]）

二条良基は、初めは後醍醐天皇に仕えたが、南北朝分立後は北朝に参じて、以後、北朝の五代の院に仕え、太政大臣に至り、摂政・関白を四度も歴任した。また当代一流の文化人であり、『菟玖波集』などの著作がある連歌作者としても文学史上その名を列している。いわば北朝のブレーンであった良基であるが、白石はその言動を節操のないものとして批判し、栗山潜鋒『保建大記』、林鵞峯『日本王代一覧』にも記載される「宝剣には尊氏を用ひられ、神璽には良基を用ひらるべし」という良基の発言を、皇統を蔑する不遜なものとして捉えている[24]。五朝八姓十一人の天子に仕え、後代から無節操な政治家の典型とされ忌み嫌われた五代の宰相馮道に良基をなぞらえているが、馮道も良基と同様に当代一流の文化人であり、中国最初の彫板印書による九経の出版を完成した。徳川家宣・家継の政権ブレーンであった白石は、源頼朝の政権ブレーンであった大江広元を「獅子身中の虫」と酷評し、そして草創期の北朝の政権ブレーンを長らく務めた二条良基を「馮道のふるまひに似たり」と断じた。白石は政権の命運はブレーンが握ると捉えている。その故に、歴代のブレーンに対する白石の評価はかなり手厳しいものになったと考えられる。

おわりに――北朝系皇統に対する見解――

南北朝が統一して以降、北朝系天皇によって皇統が継承されていくのであるが、前述の通り、白石は、北朝が足利尊氏によって建てられたために、全き正統性は有していないと述べている。

> 北朝は、たゞ足利殿の、君にそむきまいらせられて、臣として天下をあらそひ給ふ事をさすが心のうちにおそれ給ひ、かつはその戦に毎度利なかりしによりて、すゝめ申すものどもありしかば、やがて光明院殿を君として、南北両帝の御あらそひのごとくにはとりはからはれしなり。されば心ある人々は北朝につかふる事をばはづかしき事におもひし。太平記等の物語にも、持明院殿は大果報の人にて将軍より天子を給らせ給ひしなど、世の人いひもてはやしけるとみへたり。さらば北朝は、またく足利殿のみづからのためにたてをきまいらせられし所にて、まさしき皇統とも申しがたければ、或は偽主・偽朝などもその代

にはいひしとそみへたる。
（新井白石『読史余論』上[25]）

そして「尊氏より下は朝家はたゞ虚器を擁せられしまゝにて天下はまつたく武家の代とはなりたる也」というような二元的王権構造、すなわち武家政権が実効的な政治支配を行い、天皇は「虚器」である政治構造が以降続いていくのであった。

石原比伊呂氏が論じている通り、足利が他の有力守護との差別化を図り、天皇家との儀礼的昵懇関係を演出するために北朝の存在意義があった。しかし応仁の乱以降は、天皇家と将軍家の儀礼的昵懇関係も歴史的役割を終えている。北朝は成立当初から武家というパトロンを得ることで辛うじて持続できる脆弱な王朝であった[26]。白石は、北朝以降の天皇家の在り方を指して、武家の「共主[27]」と述べるが、それはdiarchyを前提にしてはいない。政治実権を完全に掌握した武家の棟梁から庇護を受けながら、近世でも残滓のある律令的国制の頂点に立つ者として辛うじてその地位を保つ者の謂いである。北朝の正統性に疑義を呈し、また足利以降の天皇の存在形態を否定的に捉えた白石であったが、皇室の待遇改善を図るべきだと以下のように主張する。

元亨・建武の間、皇統すでに南北にわかれ、南朝はいくほどなくて絶させ給ひぬ。北朝はもとこれ武家のためにたてられ給ひぬれば、武家の代の栄をも衰をも、ともにせさせ給ふべき御事なるに、応仁の後、世のみだれ打続て、武家すでに衰給ひにし上は、朝家の御事は申すにも及ばず、当家の神祖天下の事をしろしめされしに及びてこそ、朝家にも絶たるをも継ぎ、廃れしをも興させ給ふ御事共はあるなれ。　（新井白石『折たく柴の記』[28]中）

白石は、当代の徳川家だけの問題では無く、歴代武家政権の通時的な政治責任として、皇子皇女の出家問題に対応すべきだと主張した。白石の主張は閑院宮家の創設（宝永七〔１７１０〕年）へと結実した。北朝系皇統の存続が「正統性」の議論ではなく、武家の政治責任から主張されていることに注意したい。なお言うまでもないが、白石の建議によって創設された閑院宮家の皇統が、現在の令和の天皇にまで続くのである。

付記
本稿は２０１８年11月に第十一回「歴史の文体」研究会にて口頭発表した内容を加筆修正したものであり、中央大学特定課題研究費（２０１８－19）の成果の一部である。「歴史の文体」研究会でご意見を賜った各位および中央大学に感謝申し上げる。

《注》

1．尾藤正英「新井白石の歴史思想」（日本思想大系『新井白石』所収、岩波書店、１９７５年）、ケイト・W・ナカイ著『新井白石の政治戦略―儒学と史論』（平石直昭ほか訳、東京大学出版会、２００１年）など。

2. 大川真『近世王権論と「正名」の転回史』(御茶の水書房、２０１２年)。
3. 日本古典文学大系『戴恩記・折たく柴の記・蘭東事始』p. 151、岩波書店、１９６４年。
4. 享保八(１７２３)年七月九日脱稿。署名「筑後守従五位下源朝臣君美」。勝田勝年「「新井家系」の研究―白石の道徳思想に関連して―」(『滝川博士還暦記念論文集』二所収、滝川博士還暦記念論文集刊行委員会、１９５７年)に詳しい。
5. 宮崎道生『人物叢書　新井白石』p. 4、吉川弘文館、１９８９年。
6. 宮崎道生『人物叢書　新井白石』p. 5、吉川弘文館、１９８９年。
7. 笠谷和比古「徳川家康の源氏改姓問題」『日本研究』16、１９９７年。
8. 笠谷和比古『徳川家康』(ミネルヴァ書房、２０１６年)、p. 5。
9. 宮崎道生『増訂版　折たく柴の記釈義』(近藤出版社、１９８５年)、p. 255。
10. 勝田勝年「「新井家系」の研究―白石の道徳思想に関連して―」(『滝川博士還暦記念論文集』二所収、１９５７年)
11. 日本思想大系『新井白石』(岩波書店、１９７５年)、p. 356。
12. 日本思想大系『新井白石』(岩波書店、１９７５年)、p. 268。
13. 後醍醐天皇の実像とその後のイメージの変遷については、兵藤裕己『後醍醐天皇』(岩波新書、２０１８年)が参考になる。
14. 日本思想大系『新井白石』(岩波書店、１９７５年)、pp. 271-272。
15. 「そのかみ鎌倉殿天下の事を行れしかど、猶王朝の命はおよぶ所もありき。義時が代に廃立を恣になしけるより、陪臣として国命をつかさどりしかど、さすがにいにしへのすがた世にのこりしかば、後醍醐の兵起させ給ひし時に及て、猶王命に応ずるもの多かりき。そののち南山にのがれ給ひしのちも、なを六十余州が内三分が一つは、天下に王まします事をしりき。南朝すでにほろび給ひしのちは、天下の人、皇家あることをしらず。豊臣の大閤の代のはじめ、皇家の威を仮りまいらせて天下を掌にすべしとおもひて、毎事勅詔を称せられしかど、誰かはそれに応ぜしものある。その中、かれになびきしたがひしものどもは、たゞその兵力をおそれしが故也。さらに皇威に服せしにはあらず。かく王家のおとろへ給ひし事のよしを按ずるに、はじめ文徳の幼子をもて儲位にたて給ひしより起りて、終には院中の御政務におよびて、其威権をあはせて武家に仮しあたへさせ給ひしに、事なりぬ。さらば一日二日に万機ありといふ事、もつともよく心得らるべき事にや。」（新井白石『読史余論』上、日本思想大系『新井白石』岩波書店、１９７５年、pp. 276-277）

16．日本思想大系『新井白石』（岩波書店、１９７５年）、pp. 272-274。

17．雑訴決断所の詳細については、森茂暁『増補改訂　南北朝期公武関係史の研究』（思文閣出版、２００８年）が詳しい。

18．白石は歴代の武家の棟梁のなかでも北条泰時を高く評価しているが、その理由の一つは泰時が御成敗式目を制定したことである。

> 泰時が昔を思ふには、よく誠ある所ありけむかし。子孫はさほどのこゝろあらじなれど、かたくしける法のまゝに行ひければ、及ずながら世をもかさねしにこそ。（※以上、神皇正統記からの引用—大川注）。按ずるに、泰時、異母弟政村に怨なく、父の所領をことごとく諸弟にわかちあたへ、執権十二年の後、わづかに従五位下に叙す。四条院崩御ののち、皇胤ましまさねば、土御門院の皇子後嵯峨院をたてまいらせ、その主君頼経をうやまひ、成敗式目を撰定む。（新井白石『読史余論』下、日本思想大系『新井白石』p. 331、岩波書店、１９７５年）

19．諫言に関する思想史的考察として、前田勉「諫言の近世日本思想史」（笠谷和比古編『官僚制と封建制の比較文明史的考察』所収、思文閣出版、２００８年）。

20．近世における南朝論については、勢田道生「南朝史受容と神皇正統記」『藝林』65(1)（２０１６年）が参考になる。

21．日本思想大系『新井白石』（岩波書店、１９７５年）、pp. 275-276。

22．日本思想大系『新井白石』（岩波書店、１９７５年）、pp. 377-378。

23．日本思想大系『新井白石』（岩波書店、１９７５年）、p. 378。

24．白石のように、二条良基を不遜で風見鶏的な政治家として捉える思想家は多いが、この基となった良基の発言自体は、三種の神器の保持自体に価値があるのではなく、北朝を支える臣下たちがそれぞれ善政を行うことを良基が誓ったもので儒教徳治主義の表れだとする解釈もある。玉懸博之『日本中世思想史研究』「南北朝期の公家の政治思想の一側面」（ぺりかん社、１９９８年）を参照されたい。

25. 日本思想大系『新井白石』（岩波書店、１９７５年）、p.276。

26. 石原比伊呂『北朝の天皇――「室町幕府に翻弄された皇統」の実像――』（中公新書、２０２０年）。

27. 「共主」概念については、中田喜万「新井白石における「史学」・「武家」・「礼楽」」（『国家学会雑誌』110-11・12、１９９７年）に詳細な分析がある。

28. 日本古典文学大系『戴恩記・折たく柴の記・蘭東事始』p.226、岩波書店、１９６４年。

※本稿は、『２０２０奈良県立大学ユーラシア研究センター「近世・近代の思想研究会」調査研究レポート』に掲載したものを補筆修正したうえで、当センターにおいて再編集したものです。

「鎖国日本」言説と永久開国論

桐原　健真

はじめに

19世紀初頭に誕生した「鎖国」という言葉の対概念である「開国」は、さらに下って明治初年に「開化」のイメージのもとに使われるようになる。そこには「鎖国＝保守、開国＝革新」の対立図式があった。こうした認識を踏まえ、先の敗戦後の復興・民主化は「第二の開国」として歓迎された。さらに「第三の開国」は、１９５０年代半ばの米国追従の戦後体制批判に始まり、以後、日本（人）論との結合・日本の文化的閉鎖性への批判や経済大国の義務など、その時代状況を反映させつつ、「外圧⇔自主、親米⇔疎米」を二つの軸として意味内容を変質させていった。今日でもＴＰＰなどの議論で「開国＝善」という図式が語られる。そこには「永久開国論」と言うべき抜け出せない呪縛がある。

基調報告　「鎖国日本」言説と永久開国論

1．「第三の開国」前史

「開国」という言説

戦後日本における「開国」の言説は、どのように発生し、意味内容がどのように変わったのか。本日は、これを見ることで、戦後日本における自他認識の展開過程を理解できるのではないのか、という視点で報告を進めていきたい。

幕末の水戸学者である会沢正志斎の『新論』を独訳した、日本学者で駐日ドイツ大使（当時）のV．シュタンツェル氏は「今、日本は『第三の開国』の時だと言われる。明治維新、敗戦に次ぐ開国ということだが、前の二つほど障害は大きくないだろう」（「私の処方箋」『読売新聞』２０１３年８月22日東京朝刊、６頁）と述べている。

この「第三の開国」は民主党政権下で非常に喧伝された言葉だ。２０１１年の年頭所感において菅直人首相（当時）が、今は明治の開国、戦後の開国に続く、「平成の開国」の時期であり、２０１１年は「平成の開国」元年だと宣言していた。日本人留学生の減少傾向や内向き思考の打開、ＴＰＰ推進派による改革のあり方を、首相はこの「第三の開国」という言葉で表現したのである。これに先立ち２０１０年10月28日の『読売新聞』（東京朝刊11頁）には「第三の開国期に臨むための具体的施策は何なのか議論すべき」であるという仙谷由人官房長官（当時）の発言がみえる。ＴＰＰへの不参加は日本が「鎖国」に向かうシナリオであるという認識なのだ。鎖

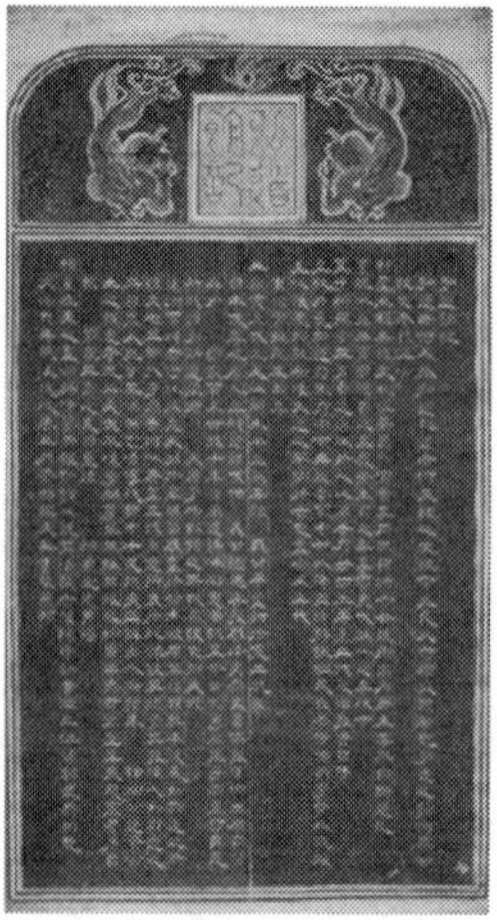

弘道館記碑拓本
京都大学附属図書館所蔵

国か開国かという二者択一の強要には、「開国」が正当な選択肢で、「鎖国」は破滅への道だ、という認識がある。こういう人たちにとって、日本の現状・日本人の自己認識は、望ましからざる「鎖国」状態にある、というところに帰着する。それゆえ、「鎖国派」に対しては、幕末の尊王攘夷をもじった、尊「農」攘夷というレッテルが貼られる。この言葉は、１９８０年代から出ては消えを繰り返しながら、ずっと続いている。２０１１年11月9日の『毎日新聞』（東京朝刊3頁）で、潮田道夫氏が「尊農攘夷」を創案したかのように語っているが、実際には、１９８３年ごろから新聞などで散見されるものである。

元になった幕末の尊王攘夷という言葉は「弘道館記」（１８３８）という水戸の藩校「弘道館」の設立趣意書に見られる。その後、30年も経たず１８６０年代には尊王倒幕という言葉に置き換わったことを考えると、本家の尊王攘夷よりも、尊「農」攘夷の方が、息の長い言葉だともいえる。鎖国⇕開国という図式は、非常に根深いものがある。この対概念の近代における言説史に関しては、大島明秀「「開国」概念の検討――言説論の視座から」（『國文研究』55号、２０１０年）が詳しい。

鎖国という言葉は、１８０1年にケンペルの『日本誌』の一節を、志筑忠雄という蘭学者が翻訳し『鎖国論』というタイトルを付けたのが最初だ。つまり鎖国というのは、比較的新しい漢語である。さらに「開国」という言葉は、本来「建国」と同義であったのが、幕末に新たな意味を与えられた近代漢語である。近年は、「鎖国」

が比較的新しい言葉だと理解されているので、高校の教科書などでは「いわゆる鎖国政策」などという言い方で、一定の配慮がなされている。第三代将軍家光が「鎖国政策」を始めた、などというが、その時点では鎖国という言葉はなかった――という意見はよく耳にするところである。しかし、対概念の「開国」に対しては、ずいぶん無配慮なままである。教育現場でもアカデミズムでも、「開国」という言葉は実に無頓着に使われている。鎖国⇔開国の図式による幕末理解は、いまだに維持されたままであり、現代日本人の自己認識の中に残っている。

実は、このようなことは、日本だけでなく、漢字文化圏から来日した留学生も、東アジア近代史における自国の歴史を開国・鎖国という言葉を使って叙述しだしている。例えば、朝鮮近代史研究者として知られる姜在彦氏は、『国史大辞典』における「甲申の変」（１８９４）の項で、「朝鮮は鎖国していたが」といった形で用いている。一部の歴史学者は「鎖国は海禁と言い換えた方がいい」などと発言しているが、問題の本質はそういうところではないだろう。

第二の開国――敗戦後――

次に、第二の開国がどのように理解されていたのかを見ていきたい。英・タイムズの１９４５年8月31日の記事には、１８５４年にペリーが二回目に横浜に上陸した時の様子を描いたイラストと、横須賀の東京湾をはさんだ対岸にある富津に米国海兵隊が上陸した写真を掲げ、"TWO LANDINGS"（二つの上陸）というキャプションを付けている。100年前のペリーと、この時のマッカーサーをダブらせて描いているのだ。また降伏調印を行った戦艦「ミズーリ」の甲板上には、ペリー艦隊の星条旗が掲げられていた。この旗の下で、日本の全権代表は降伏文書に署名した。もう一度開国をやり直せ、というメッセージをマッカーサーは突き付けたのである。マッカーサー自身の回顧録（*Reminiscences*, 1964）にも、連合国軍による日本占領は「第二の日本遠征」だと書かれていて、日本を再び西洋的文明へと導く使命があるという考えは、西側連合国に共有されていた。

他方、日本でも敗戦とそれに続く復興は、米国主導による「第二の開国」として歓迎されていった。敗戦後の民主化は、新たな「開国過程」として理解され、内容的には、ペリーに始まる開国を総決算してくれるものだと理解されたのだった。それを表す一つの象徴的発言が矢内原忠雄の『現代日本小史』に出ている。この本は１９５２年という講和条約が発効した微妙な時期に、日本太平洋問題調査会の調査委員会という、戦前から存在する環太平洋的な委員会の成果として出されたものだ。

そこには「敗戦後、占領軍の指導の下に、テーブルは全く転回して、民主主義国としての日本が形成せられようとしている。一世紀前ペルリが為した日本開国の産婆役を、マッカーサーと、それに次いでリッジウェイがなしている」と記されている。ペリーに始まる開国が日本の民主化の出発点であり、日本人はその実現に努めてきたと主張する矢内原は、マッカーサーとリッジウェイによって、完成に導かれるのだと結論する。マッカーサーはまだ首肯できるものの、その後任で連合国軍最高司令官として朝鮮戦争を指揮していたリッジウェイまでも民主主義の産婆役と見なす態度には、米国主導になる「開国」認識があった。

ともあれ、戦後日本の民主化は、米国という「産婆」がもたらしてくれたものとして「第二の開国」（新たな「開国過程」）は把握されていく。そのような中で１９５１年に、もっぱらペリー来航100周年を言祝ぐ財団法人「開国百年記念文化事業会」が設立されるのである。ただ、１８５３年に日本に来航したのは米国だけではない。例えば、ロシアのプチャーチンも大きな存在であったはずなのに、その姿はほとんど出てこない。あくまで、日本の近代化は米国によってもたらされ、これからもそうであるという主張が読み取れる。そこには、ロシア＝ソヴィエト連邦への警戒があったことは明らかである。

2．「第三の開国」論の誕生

淵源

「第三の開国」論の始まりを考えるとき、まず松下正治（１９１２～２０１２）の名を挙げたい。松下正治は松下幸之助の女婿で、パナソニックの名誉会長だった。２０１２年に松下正治が死去した際、『日経新聞』はその小伝において、「円高下の自由貿易体制を「明治維新、終戦に続く第三の開国」と分析したのは１９７８年。自民党の宮沢喜一氏が市場開放を「第三の開国」と表現するより7年も早かった」と記した。これを見る限り、第三の開国の「最初の提唱者」は松下正治であるかのように見えるが、必ずしもそうではない。

実は戦後、第二の開国が始まった直後から、「第三の開国」という言葉が使われているのである。１９５４年、家永三郎は「歴史の現実への疑惑――第二の開国への幻滅と第三の開国への期待」という論文を、雑誌『改造』（９月号）に載せている。この論文で家永は、「第二の開国」としての米国の恩恵的開国が、吉田内閣のような米国追従的な体制を形成させてしまったのだと批判している。彼が期待をかける「第三の開国」とは、脱米による新たな開国であった。その意味では、家永も「開国」が良いものであることは否定しなかった。「脱米国」「自主独立」という進取に富んだ開国の枠組みを考えていた。

復活

「開国」という言葉は、１９６０年代にはほぼ下火になっている。「開国」が復活するのは１９７０年代だ。その嚆矢ともいえるのが、『読売新聞』の１９７２年元日特集で、「第三の開国――戦後体制の転換期を迎えて」と題するシンポジウムの討議内容が掲載されている。実際にこのシンポジウムが開催された１９７１年は、外交と経済という二つのニクソン・ショックが降りかかってきた時でもあった。あるいは日本を素通りして米国がいろいろなことを勝手にやるようになった記念すべき年であったと言っても良いだろう。読売の論調は、「戦後外交の破産」がその基調をなしている。端的に言えば、これからの日本は米国追従から、多極化の方向に向かわなければいけない、米ソ双極対立の冷戦構造の解体に対して、日本はこれからどうすべきなのか、あるいは米国への「甘え」から脱却しなければならない、といった論調である。

そこでイメージされる新しい日本は、自主的・主体的な意欲に富んだものであった。そこには「鎖国日本」言説は見られず、むしろ「第二の開国」といわれた戦後体制のやり直し、つまり「脱・第二の開国」、脱米国、自主独立といったような、言うなれば家永路線の発展・継承が見られるのである。

3.「鎖国」論・「開国」論

変質

しかし１９７０年代後半には、こうした進取的開国論は変質する。その背景には、このころから始まる日本人論・日本論の氾濫がある。そこでは、しばしば「鎖国性」が日本の本質として規定されたのである。例えば１９７４年１月６日の『朝日新聞』（５頁）には、「第三の開国」と題された社説が見られる。日本の近代化は対話のない外発的なものとされ、文化的閉鎖性に対する批判がメインになっているのである。こうした論調が、１９７０年代の日本論・日本人論の流行とともに流布していくことになる。それ以前の「脱・第二の開国」、つまり脱米国中心主義・自主独立から、自分自身を変えなければならない「脱鎖国」へと、内向きに変質したのである。こうした論調をよく示しているのが、ドイツ文学者の中澤英雄氏が書いた「『鎖国』日本の第三の『開国』——外国語教育の立場から」（『千葉大学教養部研究報告』11号、１９７８年）である。ここでは、日本が文化的な鎖国状態にあることが指摘され、それゆえに外国語教育が必要なのだと結論されている。このような文化論としての開国論が、日本は鎖国しているという強迫観念を駆り立て、開国しなければならないという「永久開国論」に向かわせていったのである。

このほかにも、１９７９年に朝日新聞社が開催したシンポジウムの開会挨拶で、渡辺誠毅社長（当時）は「現在は、日本にとって、明治維新や第二次世界大戦での敗戦に次ぐ、いわば「第三の開国期」ともいうべき重要な時期だといえる」（『朝日新聞』１９７９年11月19日東京夕刊１頁）と語っているが、何をどこに向かって開くのか、具体的なことは何も言っていない。鎖国が抽象的であれば、当然開国もまた抽象的なのである。

１９８０年代になると、こうした強迫観念的な開国論は後退していくが、枠組みは変わらない。この時代の「開国」とは、経済大国の義務として行われるべきものということが基本になる。１９８５年版の『外交青書』には「開かれた日本」を実現するための「自己犠牲」が必要だと書かれている。こうした主張に賛同していた『読売新聞』は、「〝開国〟に犠牲を説く外交青書」と題する社説を掲載している。開国は義務であり、必要経費になったのだ。こうしたコストが必要になるのは、日本が自由主義世界第二の経済大国になったからだと『読売新聞』は言う。日本は自由主義世界における経済開放に貢献しなければいけない、なぜなら日本こそ、戦後世界において最高の繁栄を達成できた唯一の国だからである。こうした論法の背後には、この時期の日本人の成功意識が見えよう。

１９８５年前後の日本は、明らかに「調子に乗っていた」と言ってよい。それを端的に示す本が、小室直樹の『奇蹟の今上天皇』（ＰＨＰ研究所、１９８５年）だろう。

小室直樹『奇蹟の今上天皇』
PHP研究所 1985

軍事的に第二次世界大戦には負けたが、今や経済的に米国に勝っている。結論として日本は対米戦勝したという内容だ。それにしても、「開国」が「義務」というのは、果たしてどういうことだったのだろうか。先の『読売新聞』の社説は次のように説明する。欧米に対して、日本はいろいろな「言い分」はある。米国は双子の赤字を抱えて高金利であるし、ヨーロッパは非常に硬直化した社会になっている。つまり、経済摩擦は日本だけが原因ではないのだ。しかし、日本は自由主義世界における果実を享受しているのだから、自分を開放するのは「義務」なのだ、というのである。

こうした義務としての開国論は、制度や慣行について国際化できる部分は国際化しなければならない（前掲『外交青書』）、あるいは、苦しいが相手に合わせるように我国が努力するしかない（前掲社説）、といったように、上から目線で、仕方なく行う「開国」だった。

特殊論

こうした主張の背景には日本特殊論があった。「開国」は経済摩擦解消のための譲歩であり、かたちは違っていても「黒船」的外圧への対応として行うべきものとされたのだ。例えば、当時の中曽根康弘首相は、国民一人一人が米国製品を100ドルずつ買うべきだと説いていた。ここには日本の主体性・積極性・脱米国といったかつての「第三の開国」論からの「後退」が見られる。１９８０年代は、「鎖国日本」言説が日本特殊論に結び付いて、異様な盛り上がりを見せた時期だった。「日本型経営」がもてはやされ、日本の誇りとして「親方日の丸」が語られた。

こうした中で、「第三の開国」を語った政治家が、宮沢喜一であった。１９８５年7月26日付の『日本経済新聞』（夕刊2頁）には、「行動計画は〝第三の開国〟、日本の努力に理解を求める――宮沢総務会長、米で講演」という記事が載っている。その中で宮沢総務会長（当時）は「第三の開国」とは、「習慣や社会のあり方、文化の一部まで直していこうということだ」と述べている。明治の文明開化の時、日本は旧暦や混浴を廃止し、それまで持っていた独自の文化的なものを自ら否定した。日本は再びそういうことをやろうとしているので、米国は日本を理解してほしい、という内容だ。ここでの「開国」は本質論的・文化論的なものとして理解されている。日本は閉鎖的であるという「鎖国日本」言説が、強く影響していた。

なお当時、「第二の開国」か「第三の開国」かとの議論もあった。『外交青書』（１９８３年版・１９８６年版）などでは、「第二の開国」と記されていた。当時の外相は安倍晋太郎、宮沢喜一は自民党総務会長、彼らと竹下登の三人がニューリーダーと呼ばれていた。終戦を、安倍晋太郎は「開国」とは見ていなかった。一方、宮沢喜一は「開国」と捉えていた。ここに二人の歴史観の相違が見られる。

いずれにせよ、１９８０年代当時の言説では、「開国」とは、やむを得ずなされる譲歩として理解されていた。「開国」は「鎖国日本」を国際化することだが、それは日本がいわば、恩恵的にやってあげるものだ、という上から目線の議論だった。日本の閉鎖性を特殊論として肯定的に捉える立場も、否定的に捉える立場も、どちらも「鎖国日本」を前提とする限り、開国が必要との考えは一緒だった。そして、どちらの立場からも、どこに向かって何を開放するかは明らかにされなかった。

こうした「開国」理解の極致として出てきたのが、1990年に毎日新聞社が刊行した『第三の開国――世界を「漂う民」』だ。これは移民論が中心になっているが、その背景には、日本は経済大国の責任として外国人労働者を受け入れ、日本の経済を先に進めなければいけない、という考えがあった。

4．冷戦とバブルの崩壊

自発性

1990年代から日本は混沌の時代に入っていく。しかし「開国論」は変わらず受け継がれていった。この時期は松本健一が非常に大きな働きをする。松本は1993年10月『エコノミスト』で「幕末史話〝第3の開国〟のさ中に」という連載を始めた。第1回のタイトルは「ペリー来航の意味をとらえていた志士たち」で、この連載が後に『開国のかたち』（毎日新聞社、1994年）という本にまとめられる。冷戦構造が崩壊し、「歴史の終わり」（F．フクヤマ）が喧伝され、新しい国際秩序の枠組みを模索しなくてはならないとされたこの時期、再び「脱米国・自主独立」という意味での「開国」のあり方が論じられるようになった。ただ、松本の開国論も時期によって異なり、2009年あたりになると、官僚制の解体が開国の意味だという「内向き」の話になっている（松本健一「歴史が教える政権交代（下）――第三の開国」の時」、『読売新聞』2009年9月4日東京朝刊、12頁）。

松本健一と中曽根元首相は親しいといわれるが、二人に共通しているのは、「第

松本健一『開国』のかたち
毎日新聞社 1994

三の開国」が強制されたものでなく、自発的なものだという基本認識だ。そこにはペリーやマッカーサーへの批判的視線があり、米国からの恩恵によって平和、民主主義、近代化がもたらされたという矢内原的な開国理解に対する否定的な立場がある。そもそも「開国」の原義は、「ファウンデーション（Foundation　建国）」ということである。多極化世界において新秩序を模索するなかで、新しい日本をつくるという点で1970年代初頭の「開国」には、この原義が継承されていたといえる。初期の松本も「開国」はナショナルアイデンティティの確立につながると言っていた。

内向化

ところがバブルが崩壊すると、「日本型ビッグバン」が模索され、金融自由化、グローバル・スタンダードなどいろんなことがやってきて、例えば日本の金融市場などを捉えて、日本は遅れていて閉鎖的だ、ということが強調されるようになっていく。そういう時代にあって「開国」は、「バスに乗り遅れるな」とほぼ同じ意味で用いられていくようになる（田中義巳「「第3の開国」に向けて――ウルグアイ・ラウンド妥結に思う」、『経済人』48巻3号、1994年）。「開国」といいながら、国内改革論にすり替わっていく。「開国」という言葉で、日本の閉鎖性を指弾し、国内の改革論を展開するというレトリックになったのである。それゆえ「開国」とは日本の「再生」であるという論者も現れた。「開国」は日本の再生につながると主張した梶山静六がそれである（梶山静六「金融不安除かないと不況抜け出せない――先端技術の育成へ基盤を整備、政治決断もスピードだ」、『日経ビジネス』922号、199

戦後「開国」言説：二つの軸

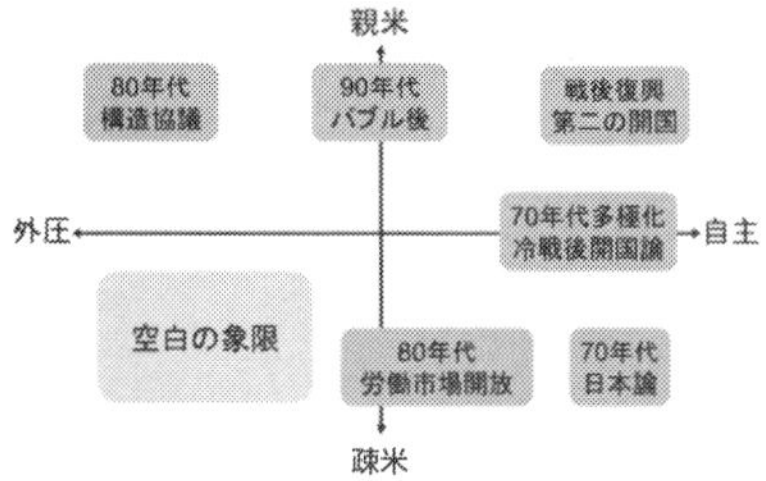

８年)。

このように１９９０年代後半になると、「開国」は「再生」どころか「鎖国日本」を「矯正」するものであるという主張が唱えられるようになる。渡辺昇一氏は「金融ビッグバンに不可欠な痛みを伴う〝第三の開国〟」という『Forbes JAPAN』(６巻６号１９９７年)の記事の中で、日本はガラパゴスだ、グローバル・スタンダードに日本は合わせなければならないと発言している。１９８０年代とは真逆に、日本の「特殊性」は「悪」として語られたのだ。２０００年代以降の開国論は、今日に至るまで、この基調にあって、「開国」は「善」とされているのである。

四つの開国論

日本は本質的に「鎖国」をしている。だから、永遠に「開国」を模索し続けなければならない、こういうところから、日本(人)は抜け出せないでいる。

「開国」の言説は、「親米⇕疎米」を縦軸、「外圧⇕自主」を横軸とした四つの象限で表せる。戦後は親米・自主の象限、１９７０年代は疎米・自主の象限、１９８０年代は疎米・自主と疎米・外圧の境界上に、そして１９９０年代は親米・外圧の象限に、各時代の「開国論」は位置した。今はどこにあるのだろうか。おそらく１９９０年代バブル後と同じポジションだろう。なお、疎米・外圧の象限に当てはまる「開国論」は一度も現れていない。

5.「鎖国日本」言説を疑う

最後に、「鎖国」「開国」という言葉が始まった、第一の開国の時期の日本を確認し、「鎖国日本」または永久開国論的言説から脱していく道筋を考えたい。

吉田松陰はペリー艦隊に密航を企て投獄されるが、兄に対する書簡で「（鎖国の）禁は是れ徳川一世の事、今時の事は将に三千年の皇国に関係せんとす、何ぞ之れを顧みるに暇あらんや」（吉田松陰「兄杉梅太郎と往復」１８５４年12月5日、大衆版『吉田松陰全集』大和書房、7巻291頁）と述べている。つまり、鎖国とはあくまでも戦術的（tactics）な選択であって、ずっと先まで見通した戦略（strategy）ではない、と言っているのだ。また松陰は「輓近天下の事、一も僕の意に当るものなし。其の駁戎の策に於て、偏へに検夫児（ケンペル）の策謀を信じて鉄案と為し、復た宇内の公論を容れず」（吉田松陰「福原清介に復す」１８５７年6月27日、同前、4巻97頁）とも述べている。「ケンペルの策謀」とはケンペルが『鎖国論』で、日本の鎖国を称讃したことを指している。松陰自身は鎖国論の呪縛から解放されていた。そして当時存在もしなかった「開国」言説への衝動も、もちろんなかった。彼にとっての「宇内の公論」とは、世界万国に通じる「航海雄略」であり、当時の欧米諸国が展開し、鎖国以前の日本も展開していた、海外との交易を改めて進めることであった。「第一の開国期」のさなかにありながら、あるいはそれゆえに、松陰は「鎖国日本」言説や「永久開国論」からも自由だった。

このような視点から見直すと、「鎖国⇕開国」という枠組みで語られる幕末史の叙述を再検討することも必要だろう。また「鎖国⇔開国」という言葉で近代日本を見てしまう、あるいは日本の本質を語ろうという枠組み自体も、問題視されねばならない。

　無前提に「鎖国⇔開国」といった枠組みで、世界や時代を見ることは極めて危険である。われわれは、世界や時代との具体的な関わりから、まずは自分自身のありようを考えなければならない。

ディスカッション（要旨）

1．鎖国・開国という言葉が持つ意味

・鎖国・開国という言葉が「独り歩き」し、現在も人気があるというお話だった。おそらく「開く・閉ざす」というイメージが明快で、何となく分かるような気がするので、国内的に説明がしやすいということもあるのではないか。

・大島明秀氏の論文によると、「開化」という言葉を国と結び付けて「開国」という言葉が流布し、明治初年あたりに、日本の歴史を語る際の一つの枠組みになっていったという。

・19世紀初頭に、鎖国は祖法（家康が作った法）だと幕府は初めて表明した。しかし、それ以前には徳川政権自身、鎖国をしているなどと思っていなかった。

・「鎖」は漢語では管理しているというような意味で「閉」とは違っていた。開国と閉国が本来の対語で、鎖国・開国だと部分開放か大幅開放かという違いになるが、そのあたりに概念のごまかしがある。

・また、内向きと外向きとも違う。鎖国は本当に内向きなのか、開国していれば外向きなのか、ということもきちんと考える必要がある。

2．非（避）孤立志向と「開国論」

・１９８０年代の「開国論」は、「上から目線」という話があったが、１９９０年代半ばまで、先進国は白色人種以外では日本だけだった。だから古い人ほど「Ｇ７」

エズラ・F.ヴォーゲル
『ジャパン・アズ・ナンバーワン―アメリカへの教訓』
阪急コミュニケーションズ 1979

などに強い思い入れを持つ。そのような状況では、現場では日本は絶対に孤立してはいけないという思いがあった。また、太平洋戦争直前のＡＢＣＤ包囲網によって孤立してしまったこともあり、日本は石油危機で石油が来なくなることに、最も危機感を覚えてしまう。１９９０年代半ばクリントン政権1期目以来、貿易摩擦はないが、現場の人間としては、とにかく孤立してはいけないという思いが強く、言い方としては「上から目線」的かもしれないが、実際には、孤立のリスクに対するコストぐらいの感覚だったのではないか。

・30代以下の世代にとっては、「鎖国⇔開国」の議論はピントがずれて感じるかもしれない。それは「開国」が、前世代において、白人中心の世界でいかに生き残っていくかから出てきた概念だからだろう。

3. ねじれた表現としての「開国」

・一方、１９９０年代以前には、日本型経営なども称揚された時期があったが、会社は「家」のようなもので、ある意味では閉塞感もあった。もっと自由にやりたいという表現の表出として「開国」という言葉が使われた面もあったのではないか。

・１９１０年代以降の80年間くらい、白人中心の国際情勢の中で日本は頑張ってきたが、そのために生じた被害者意識的感情が、「開国」という言葉に表れているのではないかと思う。

・日本は、米国の51番目の州になるという言い方も、日本は素晴らしい経済大国だという言い方と同時に存在した。当時の日本人の米国との微妙な関係の揺れというものを、どう理解したら良いのだろう。

・当時、日本の友人は米国しかいないと言われていた。米国に嫌われるわけにはいかないから、日本は譲歩的にならざるを得なかった。他に手段はないと思われていたのが、1980年代までの日米関係の特徴ではないか。

・米国では、ハイエクの影響やソ連の失敗もあって、自由主義的傾向が強かった。通産省の中で自由主義経済の推進は米国と歩調を合わせるという意識は高かったのだろうか。

・当時、経済に関しては、米国から学ぶものは何もないという構えを取っていたし、日本の有力政治家が、米国人は黒人が多いから経済が駄目になったという差別的発言をして、問題を起こしたりもした。しかし、内心としては「おどおど」していたように思う。日本が調子のいい時でも、いつ「はしご」を外されるか分からないとおびえ、調子が悪くなると、必要以上に自分を卑下した。

・バブル日本は、ジャパン・アズ・ナンバーワンともてはやされて調子に乗った延長上にある。日本が№1だと位置付けられたわけではなく、日本が№1になるためにはどうすべきか、と言われただけなのに、当時の日本人はほとんど無意識に「アズ」を「イズ」と読み替えて、尊大になってしまった。

4．冷戦体制の崩壊と「開国」

・今の学生の世代からすると、何回「開国」すると気が済むのか、という感覚がある。彼らは「鎖国」という表現への「後ろめたさ」も、開国への期待もない。閉じこも

和辻哲郎『鎖国―日本の悲劇』
筑摩書房 1964

りが悪い、開くことが良いという意識が希薄だ。ただ、今の日本は大変だが、かといってＴＰＰや労働規制などで「開国」したら、もっと大変になるという漠然とした不安は持っていると思うが。

・毎日新聞が、労働者として日本を離れていく若者といったテーマの連載記事を出していたが、フロンティアを目指すという人以外に、日本には希望がないから出て行くという人もいた。

・新聞社の位置付けも流れとして見ると面白い。読売新聞が１９７０年代に自主独立論、非対米協調の改革をというスタンスだったというのは現代から見ると意外な感じがする。１９７１年のニクソン・ショックなどで、米国にある意味で裏切られ、日本はどう生き残っていくかという時代状況の反映だろうか。孤立への恐れという議論も出ていたが、１９７１～72年ごろは米国に「ついて」いけるかどうかが、分からなかった。

・１９６８年にＧＮＰが2位になって１９７３年の石油危機までは、どこまで上昇するのか、という状況だったが、それでも当時の米国は、まだまだ力が強かった。

・中曽根元首相は、冷戦崩壊以降、主要国の中で日本だけがナショナルアイデンティティが見つからずに困っている、と常々言っている。

・欧米は、石油危機で既存の組織が駄目になり、コミュニティが壊れたところに新たなアイデンティティが生まれたが、日本ではぎりぎりまでコミュニティが保たれてしまった。冷戦の崩壊後、対米追随と日本型経営が一気に壊れてしまい、それからずっと漂流している。

5.「鎖国⇔開国」構造からはみ出る世代

・1990年代以降の世代は、生まれてから一度も好景気を経験していないから、今が当たり前だと考えている。そういうなかでネットやサブカルチャーでアイデンティティ的なものが生まれてきている。ちょうど今が、前世代と新世代のアイデンティティの端境期なのではないか。

・最近、『東京人』という雑誌で、東京における戦争の記憶の継承というようなテーマでの座談会が掲載されていた。その最後で参加者の一人が、日本人が江戸時代に鎖国していたことが、大日本帝国の破局につながったのではないかと言っている。鎖国の影響で国際的秩序感覚が欠如し、国際関係が築けなかった、という趣旨だったが、違和感を覚えた。

・そのような思考は、和辻哲郎の『鎖国』の論理に近い。日本の悲劇は鎖国にあり、その前は素晴らしい世界があったというもので、以前からあったこの思考は上の年齢層では拭い去れないかもしれない。そういう思考は一般的には世代交代で変わっていくものだが、日本は少子高齢社会なのでまだしばらく続くのではないか。

・「鎖国＝対外感覚欠如説」は、一般に受け入れられているが、本日のご報告は、そのような固定観念を崩すものになるだろう。今後の日本がどうあるべきかは、ここでの議論の延長上で描かれる必要があるのではないか。

6.若者世代の対外感覚

・「親米⇔疎米、外圧⇔自主」の四象限で「開国」が説明されていたがどれが望ましいというものでもないだろう。

・もちろん望ましいかどうかという分類の基軸ではない。若い人たちの多くは「鎖国⇔開国」を青筋立てて議論することに意味を感じていない。日本が閉じられていたとしても、関係なく海外では日本のアニメを見たいという人がいるし、そこから利益ももたらされていく。ドイツ人の同僚に「日本の文化は閉鎖的だといわれている」と話すと、意外そうな反応が返ってくる。「そういう人が言っている文化とは何なのか」と逆に聞き返される。あまりに文化を狭く矮小化しているのではないか、との反応だ。

・「鎖国⇔開国」の枠組みからはみ出していく人が出てきている。要するに鎖国・開国とは、正体がつかめない鵺のようなものだ、と理解しておく必要があるのではないか。

・開国を主張している人の言説を見ると、日本がうまくいっていないのは世界のせいだ、という構造の議論が多い。自分の仕事がうまくいっていないのは、開国できていないからだ、というアニメの世界でいう「セカイ系」のノリで使われているように思う。

・若い世代はある意味で成熟している。上の世代と無駄に戦うのではなく、サブカルチャーなどをやりながら、いつか日の目を見るのを待っている。

・また、１９８０～90年代、日本はアジアを視野に入れていなかった。しかしこの20年の間に、アジアは重要なフィールドになっている。海外に行く若者も、今はアジア志向が強い。そういう意味でかなりかつてとは違ってきている。

・１９８０年代は、アジアだけでなく、ヨーロッパへの視線も薄い。米国しか見ていなかった。非常に視野狭窄な状態だった。

・最近は、インドネシアやマレーシアに行く若者がいる。彼らはそこにフロンティアを求めていくという感覚だ。彼らにとって日本より外の方が、チャンスがある。外国＝欧米という感覚はない。

・「対外観」という言葉を日本人研究者がどう理解しているかを知るために、日本語の論文で英語訳されたものから「対外観」に対応する言葉をピックアップしてみると、「外」に当たるものが米国であったりウエスタンであったりする。つまり「外」の実態は「西」であることが分かった。

7．微妙に異なる東アジア各国の若者意識

・韓国の留学生は「開国⇕鎖国」という言葉はよく分かるという。しかし中国の学生はよく分からないという。中国では「開港」や「開放」ということはあるが、国を開く、閉ざすという表現ではない。

・中国の場合、「国民国家」というものを考えるのか、という問題もある。国民国家も近代の概念で、日本の第一の開国のころはヨーロッパでも国民国家が急速に出てきた時代だ。彼らが国民国家になったのは戦争に強いからだ。ウエスタン・インパクトは、今われわれが考える以上に食い殺されるイメージがあったのではないかと思う。

・一方、ＥＵを見ると分かるように、福祉国家でありながら国民国家であり続ける

には無理がある。そういう点でも転換点を迎えている。今の若者に国民国家といってもピンと来ないのではないか。

・日本は主要先進国で最初に長期的低成長を経験している。しかも低成長に耐性を持った若者が増えている。おのずと日本の若者が「世界の道しるべ」を作っていかなければいけない存在になるだろう。

・古い世代にとって、米国文化がまぶしかった。今は全然そんな感覚はない。むしろアジアを含めた世界全体が、日本の若者のサブカルチャーを高く評価している。それはビジネスとしては小さいかもしれないが、ソフト・パワーであるので、そういうところから自然体で日本の強みが出てくるといいと思う。

・竹内好のアジア主義論のように、西洋的な原理をアジア的価値で包み直すというときに、松本健一氏は、それは共生だと指摘するが、問題は、共生が果たしてアジア的価値ないしは日本的価値なのかということだ。若者が果たして共生を望むか否か、ということもこれからにかかっているのかもしれない。

・宮城県でＴＰＰに関するコーディネーターをやっている。そこで話を聞くと、自民党が農村を離れ、都市に票田を移したことに対する不満がある。そういう中でとにかく反対、という声がある。

・賛成派の人たちは農業の立て直しを考えている。しかし、先進的農業や6次産業化も、ほとんどお上任せという意識が強い。何とか自民党が良い方向に引っ張ってくれるだろうという感覚だ。

・一方で、政府調達も今後はピンポイントで行われる可能性があるが、それに対して建築業界もほとんど危機意識がなく、国交省に任せれば何とかなると考えている。
・自分たちの将来を決める話でも、独自のデータを用いて意見をつくるのではなく、単に賛成・反対の極論になっている。

8．移民という開国

・視点を写すと、現在、建設労働者が本当に足りないため、移民の議論が始まっている。少子高齢化を考えると、日本は7〜8世紀を除くと歴史上経験がないほど移民を大量に導入する可能性がある。その場合、日本はどうなっていくのか、今の若い人たちはどのように受容していくことになるのだろうか。
・多分、村社会的な全員一致は不可能になる。おのずと米国的なルールでやっていかなければいけない。その意味で、本当の「開国」になってしまう可能性がある。
・そこにはジョック・ヤングが言うような「過剰包摂」が起こってしまう。復興現場でも建築業界は人手不足だ。しかし何年後かには、その人たちの雇用も必要なくなる。そうすると建築業界はマイノリティの若者の社会的受け皿になり、さらに外国人が入ると、農村部では受け入れが無理になっていく。東京でも厳しいのではないかと思う。
・中京圏は日系ブラジル人がいることが当たり前で、今では地域社会の前提になっている。問題は他の地域では、必ずしも一般的ではないので、彼らは転勤ができないことだ。
・農村では東南アジア系の奥さんも増えている。しかしそういう人たちは、地元の

「ママさんコミュニティ」からは浮いてしまう。

・農村部では、アジアンハーフやクオーターが増えている。そうするとナショナルアイデンティティも随分変わってくる。韓国も農村部は同じ状況で、東アジアと東南アジアはどんどん混ざってきている。もしかしたらアジア・アイデンティティの問題になってくる可能性がある。

・開国の問題として、唯一すくい取るべき議論は、人との付き合い方だと思う。見知らぬ人に対してどう付き合うのか学ぶことは確かに大切だ。

9. 開国と移民国家

・移民に関して、ドイツは移民国家だと自己定義するように、大きく変わった。それまではかたくなに認めなかったが、大規模な移民受け入れ後、40年くらいたち、ドイツ人口の1～2割が外国系になったことで、ドイツは移民国家であると最近再定義するようになった。それと同時に国籍法も改正し、ドイツで生まれた子どもはドイツ人だと認め、それに伴い多くの定義が変わり、政策が変わっていった。現在の状況は米国以上のスピードで移民国家としての現実ができている。だから20世紀にドイツを研究していた人が今のドイツを見ると、びっくりするくらい変わっている。

・政府も以前は統計をとらなかったが、あえて統計局がとってみると、4～6人に1人は移民がルーツだ。そこで制度が変わり、ナショナルアイデンティティが変わった。でもドイツでは「開国」という言い方はしない。

・少し古いデータだが、１９９０年代初め、ドイツにおけるトルコ人の人口比率は1割弱くらいだった。ドイツはＥＵになってから一人勝ち状態だったが、今や史上最悪の失業率になっている。一方、ドイツ以外のＥＵ諸国は反移民政党、反ＥＵ政党がどんどん増えてきて、今度のヨーロッパ議会選挙では反ＥＵ政党が第一党になるような状況になっている。
・日本も雇用状況がそれほどよくならないままで移民が入ってくると、若年労働者の賃下げ圧力にしかならない。この問題は「開国」などと言って解決できる話ではない。
・ドイツは「冷戦」によって東ドイツから人材が来なくなったので、産業界が主導してトルコ人の移民を受け入れた。１９７０～80年代は教育現場が大変な思いをし、今ではすっかり「諦めて」しまった状態になっている。一方でドイツ人はやはり移民を差別し、同化できていない。移民を受け入れるとすると、日本も塗炭の苦しみをなめるかもしれない。それは避けて通れない道なのかということが問題になる。
・先日、東京・渋谷の牛丼店で、アルバイトを時給１１００円という高額で募集していた。統計上、大変な人手不足になるのは分かっていたが、これから産業界の移民受け入れ圧力は強まるだろう。経済産業省は移民に関してはニュートラルな立場で、入れるとも入れないとも言っていない。しかし、それでは、なし崩し的に入ってしまい、かえって良くない。
・第一次産業でも研修生がどんどん入っている。あれも実態は移民だ。二重国籍を認めるのか、婚姻関係をどうするのか、というような問題も今後は孕んでくるだろう。

・国籍をどのようにするかということは大問題だが、国際司法系分野の研究者はほとんどいない。「開国⇔鎖国」論は精神論で、心構えだし、和辻哲郎の鎖国批判も結局、戦時中の閉鎖的な、自分の属している組織的常識だけで聞く耳を持たなかった人たちへの反発から生じている。それは京都学派も苦労させられたことであった。京都学派は外国とは言わず世界史的立場という言い方をして何とか変えようとしたが、無視された。

・一方、現在の「開国」はリアルな問題で、ヨーロッパでも大問題になり、今も解決策が見えない。ヨーロッパも少子高齢化であるが、日本よりましに見えるのはイスラーム系移民が子だくさんだからだ。50年後、ヨーロッパの人口はそれほど減らなくても、ヨーロッパ人の定義を変えなければいけないほど、住んでいる人々の「顔立ち」は変わるということだ。それが分かっているから、反移民の暴力的運動もある。多文化共存というスローガンも色あせ、行き詰まっている。その先にはヨーロッパがイスラーム化するという、誰も正面切って考えたがらない問題が控えている。

・米国も２０１２年に、白人の人口が減少し始めた。そういう意味で世界史レベルの転換のような状態だ。白人が世界を仕切っていた時代から、気付けば自然なかたちで勢力が転換している。

・その中で日本の「存続」をどう考えれば良いのか。これは精神論の問題ではない。

どのようにイメージを組み替え、あるいはみんなが分かりやすいイメージを提示してリアルな問題を伝えていけるのか、といった問題だ。

・少なくとも従来型の説明では、若い人には分かってもらえない。リアリティを伝え切れない。

・従来の言葉では想定されていなかったために、説明できないものがあるが、それを伝える「新しい言葉」がない。そのため「開国⇔鎖国」という言葉が、いつまでも使われてしまうことにもなっているように思う。

●平成26年2月20日（木）

●植村和秀＊、桐原健真＊＊、大川真、萩原稔、藤和彦

計5名（順不同、所属・敬称略）＊研究会主査、＊＊基調報告者

※本稿は、「日本と東アジアの未来を考える。」【第2巻】（奈良県、２０１５）に掲載したものを補筆修正したうえで、当センターにおいて編集のうえ掲載したものです。

樽井藤吉の軌跡と思想

福家　崇洋

はじめに

本論の目的は、樽井藤吉（現在の奈良県五條市出身、１８５０-１９２２）の軌跡と思想を総合的に論じることである。樽井はアジア主義者、もしくは東洋社会党の結成者として、歴史研究でしばしば言及される。

しかし、存命中の樽井は、今日のように知られた存在だったわけではない。その事蹟が明らかにされるのは没後の１９２２年以降である。[1]「大正デモクラシー」の中・後期に社会主義運動の興隆にともない無産政党が結成された。それとともに社会主義運動史、無産政党史において樽井と東洋社会党が「発見」されていく。これは東洋社会党が日本で初めて「社会党」を冠した政党であることに由来する。

例えば、社会民衆党と関係があった吉野作造は、自身が主催する明治文化研究会の機関誌『新旧時代』1巻7号（１９２５年9月）に「東洋社会党のこと」を投稿し、文献調査や「N氏」（中村太八郎か）への聞き取りによって党の軌跡を跡付け、「隠れたる一先覚者として彼〔樽井〕はもつと能く研究さるゝ値のある人と謂はねばならぬ」と評価した。[2]

この吉野の提起に応えたのが在野の歴史家田中惣五郎だった。田中は１９２９年12月頃、明治文化研究会の例会で東洋社会党について報告し、「東洋社会党新考」（『中央公論』45巻4号、１９３０年4月）や『東洋社会党考』（１９３０年6月、一元社）へと結実させた。[3] 後者は、奈良・九州の関係者への聞き取り内容や貴重な資料を収録し、現在でも樽井及び東洋社会党研究の基本文献となっている。

田中はその後も樽井研究を継続し、「東洋社会党前後」（『歴史科学』3巻10号、1934年9月）、「興亜先覚者列伝　樽井藤吉」（『実業の日本』46巻9号、1943年5月）を発表した。「興亜先覚者」となったのは、田中の問題関心の移行もあるが、日中戦争や太平洋戦争といった時局の影響が大きい。今度はアジア主義者としての樽井が「発見」され、日韓「合邦」を訴えた『大東合邦論』（1893年）が注目された。

　このため樽井は戦後になって侵略思想家とされる可能性があったが、戦後の「民主化」のもとで「社会主義」の側面に言及された。田中惣五郎『日本の自由民権』（1947年6月、雄山閣）では「皇室至上説」「国権主義」以外は「民権運動の最左翼」とされ[4]、荒畑寒村『日本社会主義運動史』（1948年10月、毎日新聞社）では名は社会党、実は「哲学的無政府主義」として描かれた[5]。

　また、アジア主義者としての樽井像も再検証された。竹内好は、『現代日本思想大系　アジア主義』（1963年8月、筑摩書房）で『大東合邦論』を取りあげ、「対等合邦という主張そのものは、空前にして絶後の創見[6]」として、沈みかけた樽井のアジア主義を評価した。一方で、竹内は、「これら素朴なアジア主義者たちは、対等合邦が冷酷な一方的併合におわらざるを得なかった歴史の現実に学ぶことを怠った責任からは免れていないだろう[7]」と述べ、素朴ゆえの危うさも指摘した。こうした提携・侵略の論点対立は現在まで続く。近年では侵略の側面が強調されるものの、竹内の評価によって樽井はアジア主義研究に欠かせない一人となったことは確かである。

しかし、これまでの研究史では、伝記的研究を除けば、アジア主義者として側面と東洋社会党結党者としての側面が別々に論じられることが多かった。[8] このため、東洋社会党結党と『大東合邦論』をどのように統合的にとらえるかが研究上の課題として浮上してきた。

こうした課題に取り組んだ研究として高木知明氏の論稿（「在京時代の樽井藤吉の軌跡」『日本歴史』616号、１９９９年９月、「東洋社会党に関する一試論　樽井藤吉の動向を軸として」『日本歴史』511号、１９９０年12月）がある。高木氏は、国立公文書館に所蔵される樽井の建言書や東洋社会党に関する新資料を発掘し、樽井と東洋社会党に関する研究水準を一気に高めた。そこでは、「私の関心は二つの事績〔東洋社会党の組織・『大東合邦論』の著述〕を樽井という主体をとおして捉え返し、明治一〇年代の時期に国内改革と対外認識が如何に関係づけられていたかの一つの具体例を考えること」としたうえで、「無人島探検の挫折直後の樽井にとって、東洋社会党とは朝鮮開化派を「足がかり」と想定したときの「征韓策」であり、『大東合邦論』は開化派の壊滅を確認したときの「征韓策」であったと思われる」とひとまず結論づけられている。[9] つまり、東洋社会党に代表される側面を侵略としてのアジア主義の側面からとらえ直そうとした。

本論もまた、アジア主義者と東洋社会党結党者の両側面がいかなる関係にあったのかという問題意識から樽井の軌跡と思想を総合的に描くことを目的とする。その際、補助線とするのは竹内好の評価と、「インペリアル・デモクラシー」という概念である。前者から見れば、竹内は『大東合邦論』について以下のように述べたことを振り返っておきたい。

> 日韓の紛争を解決するために、また韓国の近代化を推進するために、また列強の侵略を共同防衛するために、日韓両国が平等合併せよという主張は、樽井が誇っているように、たぶん彼の創見であって、しかも絶後の思想ではないかと思う。その前提として彼には、国家は人為の産物だという国家観（国政本元）があった。大井憲太郎や、中江兆民や、福沢諭吉とちがって、彼は洋学の素養がない。だから彼の合邦論は、いささかコジツケの観がなくはないが、それだけに今日かえりみてきわめて新鮮である。洋学者たちにはこの独創は思いつかなかったろう。[10]

ここに「その前提として彼には、国家は人為の産物だという国家観（国政本元）があった」とあるように、竹内の樽井評価において彼の国家観が前提とされていたことに留意する必要がある。これを樽井のアジア主義評価においてどのように考えればいいのだろうか。

2つ目の「インペリアル・デモクラシー」は、アンドリュー・ゴードン氏が提起した分析概念である。これは、「二〇世紀初頭の日本の歴史を規定する特徴となった、ナショナリズム、帝国主義、国民主義（Populism）そして民主主義の独特の混合体を検討[11]」するために提唱された概念で、「大正デモクラシー」概念の再措定が意図されている。本論では、この「インペリアル・デモクラシー」を参考にして、「インペリアル・ソーシャリズム」という分析概念を仮設して、樽井の軌跡と思想を考えてみたい。この概念は、国内との関連では国家社会主義、国外との関連ではアジア主義の各側面があらわれ、両者が結びつくなかで、国内国外双方の格差是正を目指した思想として描くことができる。

以下ではまず、樽井の軌跡を踏まえたうえで、その思想遍歴を追いかけることとしたい。

1. 軌跡篇

上京から無人島探検まで

樽井藤吉は嘉永3（1850）年、現在の奈良県五條市霊安寺に5人兄弟の次男として生まれた[12]。「丹芳」の雅号を用いたが、生地が吉野川と丹生川の合流付近にあったことに由来する。なお、「撫子」「丹木」「木尊」の雅号も使っていたようだ。

幼少期の思想的背景を見ておきたい。まず長男義三の存在である。義三は秀才の誉れ高く、森田節斎の出張授業を受けていた。森田は大和五條出身の尊皇攘夷論者で、猪飼敬所や頼山陽に師事し、大和八木の谷三山とも交流したことで知られる。

もうひとつが、1863年8月に五條で起きた天誅組の変である。8月13日、孝明天皇が大和行幸の詔を発したことを受けて、尊皇志士が公卿中山忠光を擁して天誅組を結成した。彼らは大和の天領占拠を目指して、17日に幕府の五條代官所を襲撃し、代官所支配地の朝廷直轄化、年貢半減などを布告したが鎮圧された。後述するように、樽井は晩年に天誅組の顕彰活動に取り組んでいる。当時14歳（数え年）の樽井にこの事件がいかなる影響を与えたかはわからないが、尊皇攘夷の思想・運動に近い環境にあったことがわかる。

1873年頃、樽井は大和を出奔した。[13] 仕事で大阪に行き、家族にも告げずそのまま船で東京へ向かった。東京では平田派国学者の井上頼圀に師事し、この塾で佐藤政武、永岡久茂、杉山竜江、海老原穆、稲津済らと出会った。以後数年間、樽井は塾で培った人脈で活動した。

上京後の樽井は、①新聞への投書、②政府要人・機関への建言書提出、③雑誌刊行を通して自説の表明を行った。①は1870年代の東京日日新聞1件、朝野新聞1件、東京曙新聞2件、日新真事誌2件に投書したことが他の研究から明らかになっている。[14] ②は1873年1月に岩倉具視宛に意見書を送ったほか、「舩将修練、俳優改正、虚文之書廃之議」（1873年12月2日）、「海軍水夫、劇場俳優ノ議」（1873年12月25日）、「劇場之再議」（1874年1月23日）、「設選挙院議」（1874年5月2日）、「設選挙院之再議」（1874年8月7日）を政府機関に提出した。[15]

③は同門の海老原、宮崎真郷（八郎、滔天兄）、碇山安邦らが1875年1月に結成した集志社が関係する。[16] 樽井は同社の事務を担当し、雅号を裏返した「芳丹」の寸評が機関誌『評論新聞』に掲載された。[17] ただし、内輪もめから社を離れ、仙台松島旅行をへて、東京で代言社を設立するも失敗に終わった。その後は外交文書の取調に従事したり（のち『皇朝馭遠私史』刊行）、華族会館の雑役をしたり（1876年6月1日～翌年6月7日）、『世益新聞』（佐田介石が1875年2月に創刊）3・

4号の編集に従事したり[18]、職を転々とした。いずれの職も同門の稲津済から斡旋されたものである。

1870年代後半の日本では征韓論の高まりとともに、新政府の施策に士族層からの不満が高まっていた。征韓論で下野した西郷隆盛らを担いで1877年に西南戦争が起こった。西郷側に共鳴した樽井は、同年6月8日から7月18日まで東北地方へ募兵旅行に出かけたが失敗した。帰東後は『近世詩文選』(編者は稲津、第1集は1878年3月、第2集は同年5月、第3集は同年7月刊)の編集に奥宮東鳴(のち「大東合邦論」に寸評を寄せる)とともに従事したが、編集作業が終わる頃から9月下旬まで病気で入院生活を余儀なくされた。

征韓論や西郷への共鳴から、樽井は1877年10月に無人島探索に向かった。『東洋社会党考』収録の「自記実歴」には探索の目的として「予は平素より我国は先づ朝鮮を侵略するにあらざれば、発展の緒を開くこと能はずと思料するものなり、幸に此無人島あるに於ては、之を我党有志の梁山泊として、徐々有志を招き之を征韓策の根拠地たらしむる事は如何[19]」とある。これは済州島のことだったが、当時すでに無人島ではなかった。

この道程は、樽井丹木名義で発表された「無人島探航記」(『亜細亜協会報告』第5、6、7篇、1883年6月16日、7月16日、8月26日)に詳しい。無人島へ渡る同志を探していた松園忠貫と九州へ向かった樽井は、長崎から五島列島をへて対馬に渡り、対馬から巨済島周辺をへて西へ向かったが、途中で拿捕された。ここで、琉球へ向かう元「官員」と称して朝鮮の人々から厚遇を受けたこと、現地の官吏との交渉、年始の登山と再拝などを伝えている。[20] その後も済州島上陸は何度か試みられたようだが、成否の顛末もふくめて、詳細は明らかではない。

東洋社会党結党と金玉均支援活動

以後、樽井の活動は九州北部を中心に展開された。1878年に開学した私立中学校戊寅義学（主宰者田中種審）の漢文担当講師に就き、約半年間（1～5月頃）勤めた。[21] この時、同僚の武富時敏から西欧社会主義の知識を得た。[22] 当時の新聞でもヨーロッパの社会党やロシアの「虚無党」の記事が登場していた。

これらの知見をまとめ、樽井は『錦江新誌』号外（1882年1月）に「東洋の虚無党」を発表した。西洋の「虚無党」が生まれる原因を「開明の民を治むる未開時代の圧制を以てす」[23] るためだとして、「我国人」が「虚無党の壮烈」を喜ぶ精神を「共に厭ふ所の圧制を敵とし、共に得んとする自由を味方とする其一精神、遙に先陣の勝利を聞き、知らず識らず喜を満面に呈したるに非るなきを得んや」して、彼らを「東洋の虚無党」に認定した。[24]

長崎では2月から3月にかけて政談演説会や討論会が開かれ、樽井も「我ハ我皇権家也」の演題で登壇した。この場で「同盟結社」が打ち出され、4月中旬から東洋社会党の第一同盟会、第二同盟会として演説会が開かれた。[25] 当初、樽井は「大和党」の名称を考えていたという。[26] 党則草案第1章の綱領には、道徳を言行の規準とする、「社会公衆の最大福利」を目的とする、平等自主を主義とするなどと記された。[27] また、「上申書」には東洋社会党の名称の由来と思想について以下のように説明社会党ノ上ニ東洋ノ二字ヲ冠セシハ東洋ニ興リタル社会党ト曰フ義ニテ東洋ノミノ社会党ト曰フ義ニアラズ其社会党ト称スルハ大ナル親和党ト曰フ義ナリ社会ハ人々ノ相親和鳩合シタルヲ指ス称ナレハナリ[28]

された。

党員数は諸説あるが、多くはなかったと考えられる。このため活動も限られ、機関誌(『半鐘警報』全12号[29])の発行や扁額献上などにとどまった。後者は、佐賀松原神社に「仁祖　天保壬寅年　公以博愛之心　立財産公平之制　我党沐浴其沢　欽慕其徳　乃謹奉献此扁額　東洋社会党松浦部　三千余名総代」と書かれた扁額を献上し、物議を醸した事件である[30]。その内容は、「公」こと鍋島直正が実施した、農民の負担を軽減する加地子猶予令を讃えたものであった。

このように、東洋社会党の活動は微々たるものだったが、新聞・雑誌を通じてその存在が都市部に伝わり一定の反響を呼んだ。政府寄りの『東京日日新聞』(主筆福地源一郎)は、東洋社会党を危険な存在として猛批判を行った[31]。

内務省も、治安妨害ありとして6月20日付で結社禁止を命じた[32]。翌月、長崎県警察署で解散を言い渡された樽井は[33]、党則修正で乗り切ろうとしたが[34]、1883年1月25日に集会条例違反につき長崎軽罪裁判所で1年の禁錮刑を命ぜられた[35]。2月9日に一度保釈されるものの、3月9日に再収監となり、翌年3月28日の出獄となる[36]。そのまま党も消滅となった[37]。しかし、郷里の大和霊安寺では樽井の志を惜しんで「日本社会党紀念碑」の建設が模索され、吉野の「山林王」土倉庄三郎への資金依頼も考えられたというが、[38] 実現は明らかではない。

出獄後の樽井は引き続き九州北部を活動拠点として、九州改進党大会に出席して玄洋社の人々と交流した。[39] 1884年5月には、長崎で社会平等に関する著述に専念していると報道されており、[40] 社会党結党時の志を完全に捨てたわけではなかった。

樽井は同年8月に発刊された『佐賀新聞』客員に一時収まったものの、まもなく辞めて上海に向かった。[41] これには東洋学館が関係している。この私学校は、1884年8月7日、日下部正一・宗像政・長谷場純孝・杉田定一・和泉邦彦・小林樟雄・植木枝盛らを中心に日本人の中国語教育を目的として上海に設立された。[42]

樽井は、10月25日の上海行に際して、学館の和泉、栗原亮一、山本忠礼、大内義瑛と同道した。日本で東洋学館の話を聞きつけ、その活動を支援したいと考えての訪中だったのだろう。同時期に訪中していた佐々友房の日記（「明治十七年東遊記」）には、樽井や曽根俊虎、和泉邦彦、栗原亮一、大内義暎との交流が記されている。樽井の名が登場するのは11月6日から12月14日までである。同年11月15日条には「午後五時樽井別ヲ告テ福州ニ赴ケリ」[43] とある。福州との関わりで想起されるのは「福州組事件」である。福州在勤の陸軍大尉小沢豁郎、山口五郎太らが哥老会をたきつけることで中国侵略を企図したのがこの事件で、樽井は小沢の止め役をつとめたとされる。[44]

樽井の中国滞在は約2ヶ月にわたり、12月20日に長崎に戻った。[45] 帰国の理由は開化派の金玉均らがクーデターを企図・失敗した甲申事変（12月4日）である。帰国後の樽井は、年末にかけて広島、熊本、長崎を回り、郷里大和五條に戻った。[46]これ以降、活動を共にするのが地元の自由民権運動家桜井徳太郎で、[47]１８８５年1月樽井は桜井を訪問した。これは朝鮮問題による日清開戦に危機感を抱き、義勇兵募集の相談をするためだったといわれる。[48]

これとは別に、樽井は日本に亡命した金玉均を支援しようとした。金と樽井は旧知の仲で、１８８２年3月に金が来日した際、長崎で会見し、意気投合していた。樽井は5月に桜井徳太郎に3万円の資金提供者役を演じてもらい、彼を有馬温泉にいた金玉均に引き合わせて安心させた。[49]しかし、生活費にも事欠く樽井が資金を援助するのは難しく、[50]土倉庄三郎にも資金支援を依頼したが断られた。[51]

１８８５年6月、樽井は九州で同様の計画があるとして、桜井に長崎行を打診した。当初は資金の目処をつけたうえで、２人で朝鮮に渡ることを考えた。しかし、樽井は長崎に姿を見せず、桜井はひとりで朝鮮に向かった。[52]目的は、朝鮮でまず学校を建設し、開化派の勢力を回復したうえで、金玉均の復帰をはたし、朝鮮の独立国化を実現することだった。京城に降り立った桜井は、頼みの軍人や同志に協力を求めようとしたが、折悪しく彼らは帰国していた。結果として、金の伝言を関係者に伝えたくらいで、何もできないまま7月に帰国し、計画は失敗に終わった。[53]

実は、樽井らの金支援活動と時を同じくして、別の計画も動いていた。これは１８８５年3月頃から大井憲太郎、小林樟雄、磯山清兵衛らを中心に神奈川、栃木などの民権運動家が企てたものであった。彼らは金玉均ら開化派を支援することで日清対立を激化させ、国内の混乱に乗じて蜂起による国内改革を目指そうとした。[54]

この運動の末端に日下部正一、江口一三が加担していた。日下部は東洋学館の関係者で樽井とも面識があった。5月頃、樽井は日下部、江口と同居して金玉均援助計画を相談した。しかし、樽井と大井は歩調を合わせていたわけではなく、樽井は「大井等トハ其主義ヲ異ニセリ」[55]と考えていた[56]。

結果的に、大井らの動きは１８８５年11月に発覚する（大阪事件）。この発端は樽井であった可能性がある。東洋社会党結党という「前科」を持ち、九州から近畿に活動の場を移した樽井を大阪府警は注視していた[57]。この探査を通じて、大井や小林らの行動が露顕し、これが11月の一斉逮捕にいたる。一味と疑われた樽井も長崎で逮捕され、送還先の大阪で取調を受けた。

秘密出版事件と条約改正運動

樽井がいつ出獄したかは不明である。１８８６年7月13日付の新聞記事に責付となった樽井と桜井徳太郎が軽罪裁判所から帰郷を認められ、同月10日に大阪を出発するとある[58]。しかし、郷里で静養とはいかず、質問や召喚のためにたびたび軽罪裁判所を訪ねている[59]。

この一件が落ち着くと、今度は条約改正問題で運動を開始した。当時、井上馨外相による鹿鳴館外交が展開され、条約改正問題が焦点化していた。樽井の最初の活動は、１８８７年9月頃の秘密出版事件である[60]。秘密出版物とは、井上毅ボアソナード対話筆記[61]、司法条約改正草案議事録及びこれに関するボアソナード意見書[62]をあわせて評論を加えた冊子とされる[63]。ボアソナードや井上毅は井上馨が進める条約改正に批判的で、要人の意見ゆえ文書流出は政府にとって痛手だった。樽井の文書入手経路は不明な点が多いが、『東洋社会党考』では島本仲道（元司法省官吏）経由とされる[64]。

計300部の印刷には一定の資金が必要だが、これは曽根俊虎が支援した。曽根は１８７９年に海軍大尉になったあと、中国での諜報活動に従事したり、１８８０年の興亜会（のち亜細亜協会に改称）設立に関係したりした[65]。樽井は亜細亜協会の機関誌に「無人島探航記」を掲載したり、上海で曽根と交流したりしていたことは既述の通りである。秘密出版物の頒布に協力した曽根は、出版条例違反、官吏侮辱罪嫌疑で裁判にかけられている（のち無罪）。

樽井も同年11月に警視庁に引致されたが、12月の予審庭で一旦免訴となった[66]。その後も受難は続き、12月末に保安条例のために東京を放逐されたうえ[67]、１月には出版条例違反の嫌疑で警視庁に護送された[68]。のち検事側控訴のために前判決取消となり、１８８８年10月以降の公判で有罪（出版条例で軽禁固１年４か月、官吏侮辱で重禁固６か月罰金20円）を言い渡され[69]、１８８９年２月（憲法大赦）まで収監された。

出獄後の活動も、条約改正問題が中心であった。ただし、若干変化が見られ、地元大和の運動に関わりはじめた。彼は金陽・南和両倶楽部が合併する際に仲介役をつとめ、１８８９年５に大和第三区倶楽部が誕生した[70]。

樽井は、第三区倶楽部員の肩書きで、同年10月に広島で開催された関西有志大懇親会に出席した。ここで、「独立自主の権利を以て対等の条約を締結する」ことを目指した対等条約会規約を提出し、条約問題に特化した組織の設立を提案した[71]。

しかし、この提言は同月大阪で開催された全国有志連合大懇親会で議論されず、有志のみ対等条約会に集うことになった。１８９０年8月開催の対等条約会には20余名が参加した。起草委員は5名（八木原繁祉、稲垣示、前田下学、熊谷直亮、樽井藤吉）で樽井も名を連ねたが、[72]以後組織から離れていった。その後の対等条約会は前田案山子・下学親子が主導するなかで、国民自由党に発展的解消を遂げた。

樽井の地元活動は、先の仲介以外にも見られる。１８９０年4月に奈良県会が筏乗夫への課税を決めたため、宇智・吉野郡材木業者は各地で反対集会を開いた。土倉庄三郎、樽井ら委員3名が選抜され、小牧知事に決議不認可を嘆願するため、県庁に出頭している。[73]

これらの地域活動は第2回総選挙（１８９２年2月）出馬に結びつく。樽井は第三区から無所属で立候補し、桜井徳太郎（現職）に競り勝った。[74]これまで民党寄りの活動を展開してきたが、当選後は吏党の独立倶楽部に所属した。[75]

議員活動の中心も条約改正問題で、１８９２年4月に結成される条約改正研究会の発起人に名を連ねた。他の発起人には星亨、小林樟雄、鈴木昌司、畑下（山口）熊野、島田三郎、高田早苗ら民党関係者がいた。当時の政治的焦点は内地雑居で、条約改正研究会は内地雑居を要望する上奏案を提出した。[76]他方で内地雑居に反対したのが大井憲太郎や佐々友房らの内地雑居講究会であった。

この問題では樽井と大井は対立するはずだが、１８９２年11月に大井らが自由党と距離を置いて東洋自由党を結党すると、樽井も参加した。[77]のちに東洋自由党は大日本協会に合流するが、樽井もこの流れに帯同した。[78]ただし、政界の離合集散に関わるのは議員時代のみで、第3回総選挙（1894年2月）では立候補できず、再び社会運動に戻っていく。

『大東合邦論』と「社会主義」運動

議員に就く前後から、樽井の提言癖が復活した。1891年に「請願書」と「大東合邦論」が発表された。前者の表紙には表題と「明治廿四年一月八日」の日付、「大和国平民　森本藤吉」とある。[79] 森本姓となったのは、立候補の納税資格を得るために森本家に入籍したためである。[80]「請願書」は、暦や礼法などの統一、公同民社の設立を訴えたもので議会に提出された。[81]

後者の「大東合邦論」の構想は早くからあった。金玉均支援に奔走した1885年頃に日鮮連邦論を書いたが、大阪事件の逮捕時に紛失したとされる。「大東合邦論」は『自由平等経綸』6号（1891年5月15日）から18号（同年11月15日）まで不定期連載された。[82] 同論は朝鮮、中国で読まれることを意識して漢文で書かれた。

この連載を加筆修正したのが『大東合邦論』（1893年8月）である。発行資金は土倉庄三郎から拠出され、3000部のうち1000部は朝鮮で配付されたという。[83] 発売書店は丸善書店（東京）、前川書店（大阪）、朝鮮新報社（朝鮮仁川）のほか、上海、天津、漢口、重慶、福州の各楽善堂（岸田吟香が経営した売薬店）である。日本ではほとんど反響はなかったようだが、中国では翻訳『大東合邦新義』（1897年）が刊行されて流通した。[84]

『大東合邦論』刊行の前後、樽井がどのような生活を送っていたかは記録がない。

日清戦争（１８９４年）は彼の朝鮮認識に一定の影響を与えたと考えられるが、同じく関連する資料はない。この時期の彼の関心は国内問題に注がれ、「社会主義」運動にその名を見出すことができる。１８９６年頃に結成された協同親和会のメンバーに一木斎太郎（宮崎滔天の又従兄弟）、中村楯雄、山口弾正とともに樽井の名がある。会員は約80名で、毎月2、3回会合を開いた[85]。

ただし、１８９７年4月に協同親和会総代（稲垣示・高橋秀臣・中村楯雄・山口弾正）が大隈重信農商務大臣を訪問し、足尾鉱毒問題を批判する建議を行った時には樽井の名はない[86]。同年4月に中村太八郎、樽井藤吉、西村玄道を中心に社会問題研究会の発起会が開かれたので、こちらの人脈で新たな運動を始めたということだろう[87]。社会問題研究会関係者は、翌年結成される普通選挙期成同盟会に参加していく[88]。

このように、１８９０年代後半から樽井は「社会主義」運動に関わり始めたことは確かである。当時の宮崎滔天の書簡（１８９６年10月5日付）にも「社会主義の一味益々景気ノ由に候。此頃同志相集つて研究会を始め居候由、其会員の重なるものは吉田義静、樽井藤吉、酒井雄三郎、小林樟雄、安岡雄吉（旧安岡〔良亮〕県令の一子）其他知名の士某々（今一寸思い出さず）の由に候。毎月一月一回宛集会して実際問題に付討論する由、中々元気の由に候。前回に於て鉄道国有論は満場無異議一決仕候由に御座候。可児も会員の由」[89]とあり、樽井は「社会主義」者として認識されていた。ただし、マルクス主義的な社会主義ではなく、上記の「国有論」に近いものだったと考えられる。

実際、樽井は国有論に関心を抱いており、1897、8年に「国有銀行論」「社会主義国業保険論」を『太陽』『日本人』で連載した。これらは日本銀行の国有化や保険事業の国営化を訴えたものだが、その内容は後述したい。

1900年代に入ると、樽井と中国、朝鮮の関わりが復活した[90]。中国との関係について樽井は次のように回想する。「私は素より対支親善論者でありまして、明治三十五〔1902〕年にも日支合弁の善隣銀行を立つるのが、其親善の実を挙ぐる第一歩であると考へ、愚案を作り之を親交ある山座〔円次郎〕政務□〔局〕長に見せた処山座氏の言ふには今日の我が国情では、政府の賛成を得難いのみで無い、議会の通過も覚束ない、暫く時節を待てと申されました[91]」。

たしかに同年11月頃、樽井は北京に滞在しており、内藤湖南の旅行記に彼の名が登場する。「八日亀井陸郎氏来訪午後天壇ヲ観ル牧氏、川久保氏、樽井藤吉氏ト共ニス」(11月8日条)とあるほか、11月27日も服部宇之吉、川島浪速、長谷川達之助(二葉亭四迷)、曽根俊虎、亀井陸郎、樽井藤吉らと内藤は会食し、12月4日、8日も樽井の訪問を受けた[92]。内藤との交流は一時的なものと思われるが、曽根との旧交が樽井を中国へ赴かせたと考えられる。

次に朝鮮である。日露戦争後の度重なる協約締結で日本の朝鮮支配が確立されていった。こうした動きを背景に『大東合邦論』が意外な場所で注目された。当時、大韓帝国(韓国)で一進会という親日団体が結成されており[93]、その会長李容九が『大東合邦論』に注目したのだった[94]。李は、日韓「合邦」運動を進めていた内田良平(黒龍会主幹、朝鮮総督府嘱託)と会談した際に、「余の素志亦た丹邦《ママ》芳氏(樽井藤吉)

の所謂大東合邦に在り[95]」と述べた。実はこの時、内田は「丹芳」が誰かわからなかったが、のちに樽井と会して知ったという[96]。

自説に追い風を感じた樽井は、１９０７年1月に『日韓連邦条規私案草稿』を著した。この資料を発掘した桝谷祐一氏によれば、「緒言」と「大東連邦条規概要私案」（9章48条）から構成される[97]。この草稿の影響については、「前衆議院議員樽井藤吉が、明治四十年の初め頃、京城滞在中「日韓連邦条規私案」なるものを某韓人に示したところ、それが韓人間に撒布されて、遂には韓皇にまで、これが伝わり、非常に危惧の念を抱かせたことがあった[98]」とある。

京城滞在中とあるように、樽井は日韓を往復していたと考えられる。１９０８年には旧自由党員が結成した憲政有終会に所属して東京での会合に顔を覗かせたり[99]、１９０９年頃には咸鏡南道永興郡で炭鉱（黒鉛）の採掘業を営んだりした[100]。ここには日本の植民地支配が拡大するなかで、現地の利権に関与していく樽井の姿がある。

併合直前の１９１０年7月に『大東合邦論』再版を刊行し、「合邦」の思想的正当化を試みた。一進会や黒龍会の日韓「合邦」運動と日韓併合は主観的にも一致するわけではなかったが、こうした差異に樽井は自覚的とはいえなかった。翌月、日韓併合条約が締結されたときの樽井を見た知友は「日韓併合の時はホントに喜びましたよ、あんな嬉しさうな顔は見たことはありません[101]」と語っている。

晩年の活動

最後に、晩年の樽井を確認しておきたい。朝鮮での炭鉱経営は１９１５年8月頃まで確認できるので、[102] これが樽井の収入源になっていたと考えられる。もっとも、のちに他人に権利を奪われ、炭鉱経営から退き、郷里に活動の場を移した。

提言癖は継続し、１９１１年12月に小冊子「建言書　常平法案私稿　全説明書」（『社会政策』2巻6号〔１９１２年5月〕に「米専売法私案　一名常平法案私稿」として掲載）を発行し、米の安定供給を提言した。

また、政界への望みも捨てていなかった彼は、第一次世界大戦頃、総選挙を前に小冊子「選出を求むる口演」を発行した。これは選挙区の人々に配付するために作られたもので、これまでの主張と運動がまとめられている。

最晩年に樽井が取り組んだのが地元の明治維新発祥記念事業だった。１９１７年6月頃、五條市有志は明治維新発祥記念銅標を建設することを計画した。「主意書草案」には「大和国五條ハ王政維新ノ発祥地ト称ス可キナリ」[103]とあり、天誅組の顕彰を中心とした地域振興といえる。主唱者35名のなかに樽井の名前もある。[104]

樽井はこの事業に強いこだわりを見せた。１９１９年8月に冊子『明治維新発祥記』を発行した。[105] 著述者は明治維新発祥地記念銅標建立会とあり、樽井自身の執筆か否かは判断できないが、発行者は樽井である。序文は阪谷芳郎、徳富蘇峰、後叙は内田良平、権藤成卿が担当した。本文中には権藤の寸評もある。内田や権藤といった黒龍会人脈との関係は、日韓「合邦」運動を通じて深まったと考えられる。[106]

『明治維新発祥記』の目的は、天誅組の顕彰にあった。序文では天誅組ではなく天忠組と呼ぶことを推奨する。これは天誅組が「敗者ト為リテ賊名ヲ負フ、世上之ヲ目シテ暴徒ト為シ、或ハ浮浪ノ徒ト見做ス者ア」るからである。[107] 彼らは天誅組の顕彰によって、「斯ク雄大ニシテ清廉潔白ナル尽忠報国心ヲ国家教育ノ基礎タラシメザラバ、何ヲ以テ後昆ノ指導者タラシム可キ」と考えていた[108]。このために「一大銅標」を建立して教育上の目標とすることが目的だった。しかし、この時は運動にとどまり、実現はしなかった。

晩年の樽井は約20歳離れた小原歌女と同棲して余生を過ごしていたが、「お酒は呑む、食物は贅沢や、そして一文もは入らん」[109]とのことで、彼女が古着屋を始めて樽井を養った。のちに樽井は中風を患って和陽倶楽部にひとりで住むことになり[110]、1922年に生涯を閉じた[111]。

2. 思想篇

優勝劣敗と「親和」

これまで樽井の軌跡を見てきたが、ある特徴ゆえの複雑さがある。それは、様々な組織に所属しても周縁にとどまり、しかもすぐに組織を離れる。よって、所属組織の特徴から樽井の思想を推し量ることは難しい。また、東洋社会党結党以来の「社会主義」的傾向とアジア主義的傾向が錯綜していることも、彼の思想を把握するのを難しくしている。このため、本論ではまず軌跡を辿ったうえで思想を追う方が、より明確に彼の思想構造を提示できるのではないかと考えた。「軌跡篇」で言及した樽井の論稿を以下にあげておこう。

1874年〜

建言書（「選挙院ヲ設クル之議」など）、『評論新聞』掲載の「芳丹」署名寸評
1882年1月
「東洋の虚無党」『錦江新誌』号外
1882年
東洋社会党機関誌『半鐘警報』（未見）
1883年6月～
樽井丹木「無人島探航記」『亜細亜協会報告』5、6、7篇
1885年頃
日鮮連邦論を執筆するも大阪事件下獄時に紛失（未見）
1891年1月
「請願書」
1891年5月～
「大東合邦論」『自由平等経綸』（連載）（『大東合邦論』1893年8月刊、再版
1910年7月刊）
1897年3月～
「国有銀行論」『太陽』（連載）
1898年1月～
「社会主義国業篇」『日本人』（連載）
1907年1月
『日韓連邦条規概要私案草稿』「大東連邦条規概要私案」（未見）

1911年12月

「建言書　常平法案私稿　全説明書」（1912年5月『社会政策』2巻6号掲載）

1915年頃

「選出を求むる口演」

1919年8月

『明治維新発祥記』（同年5月『明治維新発祥記仮綴』）

それ以外にも、未公刊の「皇朝馭遠私史」「樽井氏易学」「国業保険新義」「氏子創立案」「社会主義国業篇」「自記実歴」「上私草国有銀行創設案於松方伯書」「上朝鮮国王書」「邦国滅亡論　社会改良微言」などがあるとされるが、[112]未見である。

改めて言えば、東洋社会党には「東洋」というアジア主義的な傾向と「社会党」という「社会主義」的な傾向が混在していた。双方の思想傾向がその後どのような軌跡を描いたかを見ていく必要がある。前者を象徴する著作を『大東合邦論』とすれば、後者を象徴するのが小冊子「請願書」（1891年）である。これまでの研究で「請願書」の内容は充分に検討されてきたわけではない。発行部数は不明ながら、衆議院・貴族院議員への頒布を意図して編まれたと考えられる。

本書の構成は「附言」、序文、「本願ノ主旨」のあと箇条書きの請願が並ぶ。「本願ノ主旨」を見ると、樽井は優勝劣敗論に影響を受けていた。優勝劣敗を決するのは力（「強力」「智力」「金力」）であり、力が劣る「劣種族」は戦争で絶滅する可能性がある。樽井によれば、この打開策を立案するために「親和力」が必要である。親和は東洋社会党の説明に登場したように、樽井思想のキーワードである。社会は親和と競争の両面から成り、優勝劣敗の世界では競争が強調されるが、「人心内ニ和シテ余力外ニ振フノ法ヲ設ケ而テ其団体ヲ大ニシ其世態ヲ進ムルニ在ノミ」と樽井は言う[113]。しかし、現実を省みれば、日本は弱小国であり、「業ヲ興シ事ヲ創スル[114]」うえで必要な「金力」を「最弱点」としている。

これを解決するのが「親和力」をベースとした秩序整理や制度的「一定」であった。彼は、「夫レ弱卒ニシテ強兵ニ当ルノ道ハ多衆ノ節制ヲ整フヨリ善ナルハアラス国人ヲ挙テ進退一手足ノ如クナラシメント欲ハ宜ク国家ノ秩序ヲ整理シ風儀制度ヲ一定ス可シ国家ノ治安策ハ秩序ノ整理ヨリ先キナルハアラサルナリ」と述べる[115]。その具体的な内容は、第1「国風一定」、第2「公同民社」、第3「租税」、第4「官に対する企望」、第5「兵事」、第6「教育」、第7「族籍」、第8「法律」の計8類として展開されている。紙幅の関係上、ここでは第2を取りあげよう[116]。

「第二類」は公同民社という組織を提案したものである。冒頭の「附言」に公同民社は「我友中協働会社ト唱セシモノ、改称ナリ[117]」として、友人の発想をアレンジしたものとされる。「主旨」には「勝ツ可キ勢力ト節制ヲ以テ業ヲ進メ国ヲ富シ遂ニ生存競争ノ戦場ニ凱歌ヲ奏セントスルニ在リ[118]」と記され、生存競争を日本が生き抜く鍵として公同民社が提案された。

その組織形態は特異で、「国民全体ノ合同力ヲ以テ興シ国民全体ノ共有物ト為ル一大民社[119]」になる。それゆえに扱う事業は政府事業の一部を吸収し、国家機関に匹敵する。しかも、事業は国内にとどまらず、「資本ノ増殖スルニ随ヒ内地ニ於テハ無論海外諸国ニ通商ヲ盛大ニシ平和ナル殖民政略ヲ行フ[120]」として将来の平和的経済的進出に資するものとされた。

公同民社のもうひとつの特徴は、政治との境界を設けるべきとした点である。樽井は「民力ヲ不生産的ニ費消[121]」する政治に良いイメージを抱いていなかった。一方、公同民社は、「国家ノ全体ヲ富シ人民一般ノ利益ヲ図ルヲ以テ本分トス[122]」る。当時は制限選挙で国政に参加できる人々も限られ、藩閥政府と民党の争いも激しかった。しかし、生存競争のただ中で国力を早急に発展させなければならず、そのための切り札が公同民社になる。

ただし、政府との関係は対立的ではなく、互いに「其権限ヲ相侵犯セシメサル[123]」並立的な位置づけとされた。政府は公同民社を保護し、公同民社も政府への義務を果たして官有物と政府保護金を資本として運営される。また、公同民社と個人の関係は会社と株主の関係とし、「個人ノ事業ハ務テ障害セサルモノトス[124]」として一定の配慮がなされている。

公同民社の創業手順をまとめると、一切の官有物を基本財産に編入↓日本国立銀行の設立と全国・海外への普及↓政府事務の一部吸収↓政府保護の民間事業の買い上げ↓関連の民間事業の買い上げなどとなる。対象事業は、政府から引き継ぐものだけでも「逓信省全部」「内務大蔵農商務三省中民業ニ属ス可キ事業」「帝室財産ニ属スルモノ、払下又ハ担保」「官有鉄道」「官有鉱山」「官有諸製造所」「官林」がある[125]。これら国有化の「前途及目的」は以下のように説明されている。

本社ハ金力ヲ以テ生存競争ノ利器トスル時代ニ於テハ之ヲ政費ニ充テス益ス事業ヲ盛大ニシ我同種族ヲシテ世界ノ優者タラシムル目的ヲ以テ其機関トナスモノナリ故ニ本社後年ニ至ラハ一切ノ官吏ヨリモ多数ナル社員ヲ要シ盛大ナル事業社トナルコト必然ナレハ其大社長ハ最多能ナル尊族ヲ推サヽル可ラストハ最初ヨリ予望スル所ナリ[126]

このように、金力を弱点とする日本が公同民社によって世界の生存競争を生き抜くことが考えられている。このために組織は巨大で、事実上別の国家組織を立ち上げるほどの規模であった。しかし、当時としてはあまりに特異な構想で、実現にはほど遠いものであったことは否めない。

「合邦」と「国政本原」

「大東合邦論」の構想は樽井が金玉均を支援した１８９５年頃に書かれたが、大阪事件の逮捕時に紛失したとされる。本来なら、日鮮連邦論と「大東合邦論」を比較して異同を検証する必要があるが、日鮮連邦論は未発見のため「大東合邦論」のみ扱う。また、雑誌掲載の「大東合邦論」と『大東合邦論』初版は構成や文章などに異なる点があるが、両者を検討する紙幅の余裕はないため、加筆修正後の『大東合邦論』初版（１８９３年）を取りあげる。

本論で注目するのは、「請願書」と『大東合邦論』はほぼ同時期に発表されており、両者は関係しながら展開されたのではないかという点である。以下、『大東合邦論』

の内容を見ていきたい。

『大東合邦論』の内容は、「序言」「国号釈義」「人世大勢　上下」「世態変遷　上下」「万国情況」「俄国情況」「漢土情況」「朝鮮情況」「日本情況」「日韓古今之交渉」「国政本原」「合邦利害」「連合方法」「論清国宜与東国合縦」と、付録の「宇内独立国一覧表」から構成される（「序言」「国号釈義」「国政本原」「合邦利害」「連合方法」「論清国宜与東国合縦」は竹内好による読み下し文を参照した）。

まず「人世大勢　上下」から見ていけば、「請願書」と同じく、優勝劣敗論や「親和」が登場する。樽井によれば、社会の進歩は競争と親和の側面が必要で、両者は陰陽の関係にある。ただし、『大東合邦論』では新たに「希望」に言及され、「則開明之本源実自希望発也凡希望也者[127]」（開明の本源は希望から発する、希望がすべて）として、希望は冒険をもたらし、社会の進歩を支えているとされた。

ここで樽井は希望と親和の関係を整理して、親和は内部の結束を固め、希望は対外発展に関わるとする。また、「夫冒険者進歩之始交際者開明之母也而冒険属競争交際属親和[128]」（冒険は進歩の始まりで、交際は開明の母である、冒険は競争に属して、交際は親和に属す）とも述べられる。つまり、競争（冒険・希望）と親和（交際）が合わさって社会の進歩と開明をもたらすというのが樽井の基本的な思想になる。

では、その思想は現実の世界にどのように適用されたのだろうか。樽井は「世態変遷　上下」の章で「人種」に言及する。「今日白人所以逞毒爪鋭牙者宇内之嬴秦也[129]」（今日、白人は毒の爪と鋭い牙をたくましくして、世界の支配者だ）として、「白人」と「黄人」を含む有色人種の対立世界として把握した。この場合、「白人」は欧米、

「黄人」はアジアの人々とおおむね照応すると考えられる。

各人種が競争する世界では、さまざまな力（体力、智力、財力、勢力）の優劣が勝敗を決するが、勢力を除けば、「黄人」は「白人」ほど優れていないと樽井は考えていた。このため、「不同種相和以作一大勢力則不可立于生存競争之場也為我東亜黄人者可不痛省哉[130]」（同種が相和して一大勢力を作らなければ、生存競争の場に立つことができない、わが東亜の黄人は痛く省みなければならない）のであり、この「一大勢力」の足がかりとなるのが「大東国」の建設であった[131]。

『大東合邦論』の核はまさにこの点にあり、「国号釈義」の章では「本論の主旨は、日韓両国をして一合邦たらしむるに在り[132]」と明快に論じられた。ただし、「合邦」によって双方の国号は消えず、両国の関係も「彼此同等は交際の通義なり[133]」として平等が前提となる。

もっとも、「白人」と競合するならば、清国も含んだ「黄人」の「一大勢力」を築いたほうがいいはずである。「論清国宜与東国合縦」の章で樽井は、日清提携を望ましいとしつつも、いまだその時期ではないとして、「わが日韓、よろしく先に合して清国と合縦し、もって異種人の侮を禦ぐべし[134]」と述べた。ここでの「異種人」とは主にロシアが想定されている。また、「合縦」である理由は、「合邦の制は、その集合するところの各邦、みなその自主を全うし、その人民をして一統国の大政に参聴するを得しむ[135]」必要があるが、清国が「合邦」しても「漢土」「韃靼」「蒙古」「西蔵」の自主回復を認めないからである。

附言すれば、清国が李氏朝鮮を自主独立国と正式に認めるのは下関条約（１８９

5年）以降である。つまり、樽井にとって、日韓「合邦」とは清国を中心とした華夷秩序の再編を意図した提案でもあった。「日韓両国は自主の国なり。自主の国、協議締盟してもって和合を図るは、もとより公通の条理、正明の大典に拠るなり。清国あに喙を容るるべきならんや[136]」とあるのがよく表している。

とはいえ、樽井が朝鮮を「自主の国」とみなしていたかといえば疑問である。「朝鮮情況」の章では、朝鮮が自主性を獲得していく歴史を追いながら、「有自主之名而無自立之実[137]」（自主の名はあるが実はない）としたからである。だからこそ、朝鮮は日本と「合邦」しなければならない。「合同利害」の章では、「自主の気象乏しきは、小弱の常なり。我と相合すれば強大を致す。強大を致さば自主の気象また発暢するは自然の勢なり[138]」とある。つまり、外向きには朝鮮を自主の国と扱いながら、実際は日本との「合邦」によってこそ自主性が真に確立されるという論法が使われている。

一方で、日本も世界の生存競争に生き抜くことができないからこそ、朝鮮との「合邦」が必要なのであった。日本の利点と欠点は「日本情況」の章で説明される。まず利点は日本の自然・生活条件の良さ、天然資源の豊富さの外に、「未有不受祖宗之分系者故国情易一和也[139]」（いまだ祖宗の分系を受けてない人はいないため、国情がまとまりやすい）、「国民崇宗家為皇室故皇統連綿二千五百余年[140]」（国民は宗家を崇め、皇室を為しているために、２５００余年連綿と続いている）、「開国以来不為他邦所屈者世界万国中独有我国耳[141]」（開国以来他国に屈する者になっていない、これは世界で我が国だけである）などである。

次に欠点は、気候が温和のため「寒地熱国」の開拓につとめない、体躯が小さくて、「蓄蔵之念」に乏しい、「其弊見聞他邦事物則争而模倣之[142]」（弊害として他国の事物を見聞すると争ってこれを模倣する）、「民俗一和故未有異論奇説出一新機軸者亦未出一大英雄征服海外者[143]」（民俗がひとつにまとまっているために異論や奇説、新機軸を出すものがない、また一大英雄、海外を征服する者がいまだでない）などである。

最後の欠点を見れば、樽井は植民地進出を望んでいたかのようであるが、必ずしもそうではない。彼は「衽金革事遠征亦非我所長也[144]」（金革〔武具〕を衽にして遠征することは我が長ずるところにあらず）と述べる。ここで日本の切り札となるのが「和」である。「蓋有随国人特性与同感友国相和以合其力之一策而巳天時地利不如人和[145]」（けだし国人の特性にしたがって同感友国と相和して、その力をあわせる一策を持つ、天の時、地の利は人の和にしかず）。樽井はこのために朝鮮との提携を望んでおり、これが日韓「合邦」なのである。

以上の日朝両国における現状認識を見れば、日本人ゆえに日本の評価に甘いといえる。しかし、樽井は、日朝いずれもが現状のままで「合邦」へ至ればと良いと考えるほど楽観的ではなかった。竹内好が「その前提として彼〔樽井〕には、国家は人為の産物だという国家観（国政本元）があった[146]」と述べたことを思い起こす必要がある。

ここに「国政本元」とあるが、『大東合邦論』に同じ名称の章が存在する。この章で、樽井は自身の国政観を明らかにした。人が国家を成すのは生存のためであり、生存は生命・自由・名誉・財産によって確保される。これらの確保には「智有る者」

が必要で、彼らが万事を公平に治めることが「国政」となる。この「国政」には勧善と懲悪の「二訣」があるとしたうえで、前者を教化、後者を懲悪（懲罰）とした。同時に、「教化は徳なり。親和に属す。懲罰は権なり。競争に属す[147]」として教化と親和、懲罰と競争を結びつけている。

樽井は、競争（懲罰・権）よりも親和（勧善・教化）を評価していた。「教化」とは「人をしてみずから正さしむる[148]」ことを指す。しかし、「国教」のないアジアでは「教化」は弱いと樽井は考えた。「ヨーロッパの諸国みな国教有り、教化を主る。東亜の諸国は国教無し。いずくんぞ教化を政治の外に置くを得んや。[149]」それゆえ、アジアでは政治が教化を司る必要がある。しかし、問題はその政治を行う君主にも恵まれていないことであった。本来、人民と君主の関係は一定の緊張関係が必要であり、それによって専制政治の積弊から逃れうるが、アジアでは理想の状態に至っていないのである。

樽井はその理由を、「古今東西、盛衰地を易うるは、あにその国政の本を悟らずして、専制の弊を守るをもってにあらずや[150]」として、ヨーロッパの繁栄とアジア衰退の原因を「国政本原」の自覚の有無に見出していた。そして、こうした弊害は日本と朝鮮にも存在するとして次のように述べる。

今わが日本、万国歴代に監み、もって君民同治の主憲政体を立つ。いわゆる周官を修整し、その文最も郁々乎たるものなり。しかれども国人なおいまだ痛苦屈辱無きあたわず。何となれば、民度進まず国力強からざればなり。およそ人の痛苦は、窮貧より甚しきは無し。国の屈辱は微弱より大なるは無し。朝鮮のごとき、その政治なお君主専制にして、国力微弱、その国民痛苦を感ずるは、また応に我と同じかるべし。[151]

このため、樽井は「なんぞ同気相求め、同病相憐まざる」[152]として日韓「合邦」を提唱した。しかし、ただ望むだけではなく、君主や国民が「国政本原」を自覚しているか否かが鍵になる。この自覚なくして「合邦」しても、「白人」優位の生存競争を生き抜くことはできないからである。「国政本原」を自覚し、「国民痛苦」の修正に向かうなかで開けてくる途こそ「大東国」への「合邦」であった。

「国業」提案と「国家社会主義」

「請願書」と「大東合邦論」がほぼ同時期に発表されたことを考えると、「請願書」内の諸改革（統一論や公同民社設立論など）は、樽井にとって、「国政本原」を自覚し国民の痛苦を除くために提起されていたことがわかる。逆にいえば、国内改革が進むことで日韓「合邦」への径路がより確かなものになっていくのである。

では、「請願書」でなされた諸提案はその後どのような軌跡を描いたのだろうか。本論で注目したいのが１８９７、8年に発表された「国有銀行論」と「社会主義国業保険論」である。前者は、総合雑誌『太陽』3巻6-10号（１８９７年3月20日、4月5日、4月20日、5月5日、5月20日）に、後者は陸羯南ら政教社が発行した『日本人』59、61、67、69号（１８９８年1月24日、2月20日、5月20日、6月20日）で連載された。

「国有銀行論」から見ていく。冒頭の立案経緯によれば、第1帝国議会（1890年11月-1891年3月）開催時にその要旨を摘録して両院に請願したが採用されなかったという。その後、議員となって同案を再提議しようとしたが叶わず、松方正義に呈したが、やはり採用されなかった。実は、「請願書」において、「公同会社」に「日本銀行」の事業を組み入れることが明記されていた。[153] つまり、「国有銀行論」は、「請願書」の内容をより分節化して提案されたものだということである。

その主旨は「日本銀行を国有組織に改良せんとする」[154]ことであった。日銀は日本銀行条例（1882年）により特殊銀行として設立された。樽井は特殊銀行という曖昧な存在ではなく、国有化すべきだと考えた。その具体的な提案は、「緒言」「第一　財政の主権者を論ず」「第二　資本及び信用を論ず」「第三　兌換銀券を論ず」「第四　国有紙幣を論ず」「第五　利子低下方及び其必要を論ず」「第六　支店設置の利害を論ず」「第七　本行の建設諸銀行の設置」「第八　国情時運の適否を論ず」に分けて展開されている。

本稿では、提案内容を逐一追うことはせず、その根幹にある思想を見ていく。これが描かれているのが冒頭の「緒言」である。そこには、「余の希望は、国政と国業との区域を画然判別して、国業則国家事業と為さざるべからざるものは政治外に特立する一種特別の公司（公司は公共事業事務所の仮称）を置き、之を統率せしめんと欲するなり」[155]とある。同様のことは「請願書」にも記されたが、ここでは「国政」「国業」として明確に区別された。「一種特別の公司」とは、「請願書」における公同民社に近いものだろう。当時の政治は一部の富裕層しか参加できず、全国民が参加する「国業」なら時々の政治的利害に振り回されずに国民の福利を上昇させることができると考えられた。樽井は「第一　財政の主権者を論ず」で次のように述べている。

> 総て事業に関する国有制度は、国内一般の人民を以て株主とするものなれば、之より公平なる株式はあらず、公私一切の財産を以て後備資本と為し別に営業資本を備ふるものなれば、之より巨大なる資本はあらず、本案国有銀行は此公平なる株主と、此巨大なる資本を以て所謂無人の血液循環を主管せしめんと欲する者なり[156]

では、日銀国有化という「国業」にいかなる効果が見込まれるのだろうか。かつて「請願書」において優勝劣敗に打ち勝つ力の強化が考えられたが、「国有銀行論」でも同様の箇所が存在する。日本の場合、体力では勝算がなく、智力と金力に傾注すべきであり、そのために「金融円滑、利子低下の方法を講じ、大いに通商を拡張するの方針を定めざるべからず[157]」というのが樽井の考えである。

この金融円滑、利子低下を実現させるのが国有化された日銀である。民間銀行なら利子を上げて利益を得ることが必要になるが、国有銀行ならばその心配はないからである。それゆえ、樽井は「益低利に傾向せしむべき誘因を造らんと欲せば、更に巨大の資本を備へ営利是目的とせざる一機関と、其流転を渋滞せしめざる一機関とを設けざるべからず」として「国有銀行」「国立保険会社」をあげた[158]。

この「国立保険会社」は「社会主義国業篇」（1898年、のち「社会主義国業保険論」と改題）で提案された。同論の内容は「国業」としての保険事業に焦点をあてたものである。樽井が保険を重視したのは、民間の保険会社に対する不信感があったためである。「私立保険社は保険に非ずして危険なること。相互主義に非ずして営利主義なること[159]」として、民間銀行と同じく自己利益を追求する存在でしかなかった。そこで、国家主導の保険事業が考えられた。彼が国家に白羽の矢を立てたのは、「国家と曰ひ社会と曰ふも共済の為に成る所の集合体なり」、「国にして共済の制度無きは国にあらす」と考えていたからである。[160]

しかし、これを政府に委託すれば政治的利害が反映し、民間会社と同じになる可能性がある。よって、これを「国業」として行う必要があるというのである。しかも、樽井は保険を「自助の自愛心と共済の他愛心を併発涵養せしむる者[161]」と考えていた。つまり、相互扶助の思想を敷衍させていく方途として保険事業を考えていた。

このように見ると、連載のタイトルに「社会主義」が掲げられたことも納得できる。樽井はこの「社会主義」をヨーロッパ由来の社会主義（「西説」）ではないとして、本論の冒頭で「余は国家社会主義を執る者なり[162]」と宣言した。この思想に基づく提案の主旨を以下のようにまとめている。

本篇主旨の大要は、国家公共の幸福を増進するが為に、利益を個人の壟断に委せしむ可らざる事業、個人の私業に放任して公衆の便益とならざる事業、個人の営利主義にて為し能はざる事業等、総て尋常普通の政治と性質を異にする者は、従来官業たりし者と今後新建するものとを論せす之を国業と称し、其各業を統轄する一大公司を建設し以て政治の範囲外に厳立せしめ、二者則政治と同業と互に其権限を浸蝕すること無く、相依り相助けて輪翼の形を為し、国運進歩の阻碍を浚疏し、公利発暢の大道を開通せんと欲するに在り、(国業公司の名称嘗て協同会社亦は公同民社と称したることありき、皆余か意思を表明すること能はさるを以て、今又国業公司と改題す、更に好熟語を得は又改称することある可し)[163]

「請願書」や「国有銀行論」で述べられた、「国政」と国事の別はここでも踏襲されている(「国業」の運営機関の名称は「国業公司」に変化)。しかし、さきに国家が「共済」のための団体と述べられたように、樽井のなかで国家観が変化していた。彼は国家と政治を以下のように定義する。まず国家は「土地境界あり、居住定所あり、庶民制度あり、主権自主ある集合体」「衆人一定の土地に自立して協力分労ある集合体」である[164]。次に、政治は「国家なる集合体の平和を保たんとする事務[165]」であるため、政治は平和を保つために「其集合体の害悪則痛苦を除去する[166]」ことを「本務」にしなければならない。しかし、国家内の「協力分労」を省みるとき、国家は政治によって苦痛を除去するだけではなくて、「別に其享け得可き丈の幸福を享んと欲する企図無かる可らさる者[167]」でもあった。この幸福増進を担うのが外ならぬ「国業」になる。

このように、樽井が「国業」の方に可能性を認めていたのは明らかである。彼は

「余は漸次痛苦を滅却し幸福を増進するが為に。《ママ》国業公司の業務を拡張して其勢力は遂に防悪主義の政治より一層盛大に至らしめんことを切望せすんはあらす[168]」と述べている。よって、一国の運営が政治ではなく、「国業」によって運営されることを理想の状態として考えていたことになる。

いま一国と述べたが、「内地」の「日本人」だけを「国業」の対象にしていたわけではない。樽井は「今や新版図の加はるあり異種民雑居の期も亦近きに在らんとす[169]」と述べて、「内地」「外地」の別や内地雑居の解決に含みを持たせている。そのうえで、彼は「余国業を主張するの意志は、人民を労せしめすして公共の利益を興し、之を民心結合の連鎖として以て国本を鞏固にせんと欲するに在り[170]」と述べた。

「大東連邦条規概要私案」と『大東合邦論』再版

では、樽井の思想はその後いかなる展開を遂げたのだろうか。「国有銀行論」「社会主義国業篇」後に確認できるのが、１９０７年の『日韓連邦条規概要私案草稿』「大東連邦条規概要私案」である。その後に、１９１０年の『大東合邦論』再版、１９１１年の「建言書　常平法案私稿　仝説明書」（翌年『社会政策』掲載）、１９１４年以降の「選出を求むる口演」が続く。つまり、アジア主義と「国業」に関する提言が入り組んでいる。

「社会主義国業篇」から「大東連邦条規概要私案」まで約10年の間隔がある。この期間にこだわるのは、日露戦争（１９０４年）が起きて日本の朝鮮支配が確立されていくからである。いうまでもなく、その帰結は韓国併合（１９１０年８月）である。

この一連の経緯は、『大東合邦論』初版で展開した樽井の思想に何らかの変化をもたらしてもおかしくない。

その後の樽井の思想を『日韓連邦条規概要私案草稿』「大東連邦条規概要私案」から可能な限り抽出できればと考えている。両者とも未見だが、それぞれ別の論稿から一部を確認できる。『日韓連邦条規概要私案草稿』は先述のように桝谷氏の論稿で紹介されたものである。本論では「大東連邦条規概要私案」に言及しておきたい。この一部が田村吉永「故樽井藤吉翁と大東亜共栄圏建設案」(『大和志』8巻12号、1941年12月)で紹介されている。真珠湾攻撃の約1週間前に発表された同論は、アジア主義者樽井を知友が回想したものだが、そのなかで「大東連邦条規概要私案」に言及がある。

田村の説明によれば、「大東連邦条規概要私案」は9章48条から構成、第1章「綱要」、第2章「政務」、第3章「各邦」、第4章「財務」、第5章「主権者」、第6章、「連邦官吏」、第7章「連邦議会」、第8章「人民」、第9章「連邦分離及解散」であったようだ。この構成から、「大東国」実現後の国家制度案を箇条書きでまとめたものであることがわかる。各章の下位には条が設けられ、第1章第1条には「日本・朝鮮の両国を合同して一連邦とし之を大東国と称す[171]」とあり、これ以外の条文も一部紹介されている。

問題は、断片的な引用であるものの、『大東合邦論』初版との違いを見出せることである。第2章の、「連邦大政府」を東京に置くのも一例だが、第5章「主権者」では以下のように記されていたという。

『大東国連邦は日本天皇を盟主とし盟主は連邦条規に由つて連邦の大権を行ふ外、或は連邦に対する栄典の授与或は議会の召集、或は官制、戒厳令』等に関し……[172]

『大東合邦論』初版では日韓対等「合邦」がうたわれたはずで、盟主についても「合邦の制はその民たがいに各邦の君を尊奉すればなり[173]」と書かれていた。だが、「大東連邦条規概要私案」になると、日本側に優位となるような制度が立案された。

こうした変化は併合直前の１９１０年７月に刊行された『大東合邦論』再版でも確認できる。初版と異なる点は、本文はそのままに「再刊要旨」が付されたこと、発売先が東京・大阪・京都の丸善、京城の日韓書房、北京の順天時報社となったことなどである。「再刊要旨」にある刊行経緯には、数年前から友人と連邦制度の研究をして未公表の「条規概要」を執筆したが、その韓文訳が出回って「頑民」を煽動する人が現れて困っている、と記された[174]。この「条規概要」は『日韓連邦条規概要私案草稿』かその類似物と考えられる。

また、「再刊要旨」の冒頭には次のように記されている。

本書題称合邦論者概括連合諸法而言之耳非欲特採択合邦制度也頃韓人提議合邦余以為韓人所謂合邦者雖奉戴我日本天皇為合成国統君而欲使韓室之鼎命依然不変者也是非合邦制連邦制也而称之合邦亦概括之言而已矣[175]（本書が合邦論と題し

ているのは連合諸法を概括していっている、特に合邦制度を採択することを望んでいない、この頃、韓人は合邦を提議している、余が思うに、韓人のいわゆる合邦はわが日本天皇を奉戴し、合成国の統君となすものであるが、韓室の鼎命をして依然として変わらないようにすることを望んでいる、これは合邦の制ではない、連邦制であり、これを合邦と称するならばまた概括の言これのみである）

「韓人のいわゆる合邦」とは一進会が提起した合邦制度のことだろうか。その内容は、天皇を奉戴して「合成国」の「統君」とするとされ、この点では「大東連邦条規概要私案」と変わらない。しかし、樽井は、彼らが韓国皇帝の鼎命（王朝の命運）が変わらないようにしていると不満を表明した。これは「大東連邦条規概要私案」の時よりも、さらに天皇中心主義に踏み込んだことになる。

しかも、韓国の人々の参政権についても「再刊要旨」で以下のように述べた。「縦令雖日韓連合之約成亦不可使韓人逕参与其合成国之大政也[176]」（たとえ日韓連合の約がなるといえども、また韓人をして合成国の大政にただちに参与せしむべきではない）。つまり、大東国の参政権は韓国の人々にはすぐには与えられず、その理由として日本から韓国への補助金があげられている。しかし、それならば「合邦」の必要はないはずで、「合邦」後に政治に参加させないのは強者の論理に陥っている。『大東合邦論』初版では「そもそも合邦なるものは、協議して約を立て、もって各邦を合し、各邦人民をしてその合成せる一統国の大政に参ずるを得しむるものなり[177]」と述べていたことを考えれば、この点も大きく変化したことがわかる。

社会主義対策と「国家主義」

では、樽井の国内改革の方はどうなったのだろうか。彼のアジア主義を侵略から連携に押し戻す唯一の径路がこの部分であったことは既述の通りである。これに関する文書も「大東連邦条規概要私案」、『大東合邦論』再版以降多いわけではないが、1911年の「建言書　常平法案私稿　全説明書」と1915年頃の「選出を求むる口演」で確認できる。

まず「建言書　常平法案私稿　全説明書」から取りあげよう。これは謄写刷で、序文に相当する説明、9章の「常平法案私稿」と、5つの「説明」から構成される。翌年、ほぼ同内容の「米専売法私案　一名常平法案私稿」が『社会政策』2巻6号（1912年5月）に掲載されたので、本稿ではより人目に触れた後者を見ていきたい。

その発案・提出経緯については、本論冒頭に「本案私稿は帝国第一議会開始の際卑見三十有余目を列記し議員谷干城、栗原亮一両氏の紹介を得て貴衆両院に奉呈致したる請願書中の一箇目[178]」とある。これは「請願書」を指すと思われる。たしかに、「請願書」には公同民社の新事業に「穀物会社　但シ全国各地ニ置キ穀価ノ平均ヲ計ルモノトス[179]」が立項された。しかし、「請願書」は「冷却」されたため、改めてまとめられたのが「米専売法私案　一名常平法案私稿」であった。

この提案は米の安定供給を目指すことが目的で、「請願書」「国有銀行論」「社会主義国業篇」と続く「社会主義」的な系譜に位置づけることができる。その主旨でも、「唯凶荒の救済のみに限らず平時に於けるも慈恵の社会公衆に普及せしめんとするもの」[180]と記されている。つまり、この提案も樽井の定義する「国業」にあたる。これは「本案常平司は政治外に特立する国家事業となし」[181]とあることからも明らかである。それゆえ、今回の案も「政治の欠点を庇補する為め常平司の建設を希望する其の一なり」[182]と述べられ、政治の悪影響が及ぶことが極力排除されている。

「常平司」とは、常平法に基づいて米の管理を行う国立の機関を指す。本部を東京に、支部を各道府県に置き、常平倉という専用の倉を管理するのが職務である。常平倉とは、古代の中国で物価調節のために設けられた穀倉のことで、日本でも奈良時代に実現した。また備荒貯蓄を行う義倉の制度もあったが、樽井によれば、常平法は過去の再現ではないとする。

常平法案の内容は、9章、64条にわたって事細かに記されている。要点のみまとめれば、常平司が米の買い上げ価格を設定し、農家から米（自家米以外）の買い上げを実施、その米は常平倉に保管しておく。保管する米の余剰分は米が不足する他の常平倉に送ることができるが、それでも不足する場合は輸入もできる。常平倉に保管した米は、一定の供給価格で、だれでも購入することができ、「窮民生計の困難」「不時の変災」[183]への対応も可能である。このように、米の流通・販売に国家機関が介入して、米相場による価格騰貴や供給不足の解決が意図されている。

しかし一方で、「米専売法私案」には別の目的もあったことが以下のように記されている。

近頃我政府は危険なる社会主義者を恐る、こと殊に甚たし危険なる社会主義者は世に不公平あるが故に起る不平党なり不公平なる制度を存置して不平者なきを欲するも得可けんや米は吾人生存の一要素而して定期米取引の如き其の価を朝夕に変動即ち不米ならしむる商業なり常平司は之に反し之を公平均一ならしめんとするものなり故に不平制度の定期米取引に代ふるに平等主義の平常《ママ》司を以てするは危険思想を自滅せしむる一助たらずんばあらず(184)

常平法案は「社会主義」的である一方で、「危険なる社会主義者」対策として提案されたことがわかる。この提案は１９１１年12月付であるから、１９１０年５月に関係者が逮捕され、１９１１年１月に死刑・有期刑の判決が降りた大逆事件が関係していることは明らかだろう。つまり、社会主義弾圧を目論む政府に、この提案は加担している。

　こうした変化が単なるポーズではなかったことは、常平法案が「挙国一致」にも活用できると述べられたことからもわかる。樽井は、日清・日露戦争で日本が勝てたのは「挙国一致し結合力極めて鞏固なりし」ためであると考えていた(185)。しかし、そのためには国民のさらなる結合が必要であり、それを実現させるのが常平法案であった。「常平法は生存の要素日常必須物を以て其の共通の利害関係を嚢括する一の連鎖となすものなり(186)」。

　しかも、この法は「内地」にのみ適用することを考えていない。上記の「連鎖」は植民地にも及ぶことが次のように記されている。「新版図人をして我と共通の利害関係を密接せしめ分たんと欲するも離る、こと能はざる連鎖を造らざるは永遠鞏固なる一社会と為す事を保たざるべし是れ単に常平司のみに就て言ふに非ず宜しく察す可し矣」[187]。樽井のなかで、常平法が社会主義対策という治安維持の目的として提起された以上、今度は植民地での宣撫活動にも転用される可能性が出てきたことになる。樽井の提言において「国業」による国内改革の部分（相互扶助）が弱まるにつれ、アジア主義が植民地統合の論理へと傾斜していく姿を認めることができよう。

　こうした傾向がより強く表れるのが、小冊子「選出を求むる口演」であった。文中に、「今度欧州の大戦以来[188]」とあるので、１９１４年以降はたしかである。また、「選出」とあるように、選挙出馬を見越して発行された口演筆記である可能性が高い。１９１５年３月、１９１７年４月に総選挙が実施されたので、いずれかの前に配付されたと考えられる。内容は自身の活動履歴を振り返ったもので、「請願書」の内容、代議士時代の条約改正問題、秘密出版事件、『大東合邦論』刊行、国有銀行論、常平法案などに言及された。

　興味深いのは、これらの活動を振り返るにあたって、自らの思想を「国家本位、即国家主義[189]」と断じたことである。以前は「国家社会主義」と述べていたから、「社会主義」の部分が弱まったことになる。では「国家本位、即国家主義」とは何を指すのか。樽井はその要点を「苦めずして取り、費さずして恵む、といふ事[190]」と言う。要領を得ないが、国内においては国有銀行論や常平法案を、国外との関連では朝鮮「合邦」を指すようだ。とくに後者に話が及ぶとその意図が明らかになってくる。

樽井は朝鮮との関わりを以下のように振り返る。

私少壮の時は、壮士的征韓論者でありましたが、能々考へて見ますと、自分の如き小男が、何程腕力を出しましたからとて、迚も朝鮮が取れるものではない、故に腕力主義を止めて、智慧で取る様に致さうと心付きました、然るに智慧で取るには、先づ朝鮮に我味方を作り置かねばならぬ、其味方を作るには、徳義と公平なる心を持つて、合邦の利害を説き、先づ之を彼等の脳髄に浸み込まさねばならぬ[191]

この結果、刊行したのが『大東合邦論』であった。日本では「笑つた者斗り」だったが、朝鮮では「予期以上の賛成者があつて、金科玉条の如く持て囃され、遂には一進会といふ合邦党が起りました」とする[192]。しかし、『大東合邦論』と一進会結成を結びつけることはできず、『大東合邦論』の影響を過剰に見積もった言い回しである。「朝鮮併合の原因は、私が代議士中に種を蒔いた其種の芽の出たものを、日韓の間に張ぎつた気運、即彼の二大戦役及諸氏の尽力に扶植せられて、合邦といふ果を結んだ[193]」というように、有権者の歓心を買うために日韓「合邦」を自らの功績に位置づけようとしたことは明白であろう。

しかし、この「功績」に対して、樽井は位階や勲章を望むわけではないとする。むしろ、天皇に「東洋の盟主とか、亜細亜皇帝とか申す尊称を、日本天皇と書く其上に冠し奉る様、致したいと思ふて止まざる者[194]」と自らの希望を語っている。そのことは、結果的に「日本全国民の鼻を高くする」から、「其処が国民共通の利益を重んずる私の国家主義であります」とした[195]。しかし、こうした樽井の主張には、かつて自らが朝鮮の人々に求めた「徳義と公平なる心」が失われていた。

おわりに

本論の目的は、樽井藤吉における2つの思想的側面（アジア主義者、東洋社会党結党者）を総合的にとらえることであった。そのために2つの補助線を設定した。ひとつ目は、樽井のアジア主義を再考するうえで彼の「国政本原」に対する省察を考慮すること、2つ目は「インペリアル・ソーシャリズム」という枠組みから樽井の思想をとらえることである。

まずひとつ目の参照軸から明らかになった点として、樽井の思想にある2つの側面（東洋社会党から「請願書」「国有銀行論」「社会主義国業篇」「建言書　常平法案私稿　全説明書」にいたる「社会主義」的な側面と、『大東合邦論』に見られるアジア主義的な側面）は別々に存在していたのではなく、結びついていたことである。樽井のアジア主義を検討する際に、この「社会主義」的な側面の行方にも目を凝らさなければならない。

改めて樽井のアジア主義を振り返るならば、樽井の中では、日朝両国が「国政本原」の自覚にもとづいて国家社会を修正していくなかで、「合邦」へいたることが考えられていた。この「国政」は勧善（教化・親和）と懲悪（権・競争）の2つから構成されるものであった。当初は、「国政」が勧善と懲悪を推し進めていくとされたが、のちに変化し、「国政」が懲悪を、「国業」が勧善を担うとされた。全国民を包含し、時々の政治的利害を受けない「国業」が国民全体の幸福を実現していくことを樽井は考えていた。これを先の「大東合邦論」と関連づけて考えるならば、樽井は「国業」によって理想の国家・社会を実現しながら日韓「合邦」へ至ることを目指していたのであり、これこそが樽井が思い描く生存競争の世界を生き抜く術であった。しかし、「国業」自体が空想の域を出なかったがゆえに、アジア主義も理念の段階にとどまることを宿命づけられていたといえる。

　次にもうひとつの参照軸が「インペリアル・ソーシャリズム」という用語の仮設である。これまでの樽井研究では「社会主義」的側面とアジア主義的な側面を包括的にとらえてきたとはいいがたく、それが樽井像に分断をもたらしていた。しかし、これは樽井に限ったことではなく、社会主義や国家主義（帝国主義）にうまく当てはまらない思想は狭間の思想として思想史研究では充分に位置づけられてこなかった。それを本論ではインペリアル・ソーシャリズムという枠組みを与えてみることで、その意義と問題に光を当てたいと考えた。樽井の思想に即して見るならば、その内部には「国家社会主義」とアジア主義からなる思想構造が存在していた。

　両思想は時代状況に応じて濃淡があらわれているが、決して切り離されていたわけではなく、樽井の場合、「親和」という言葉を核として結ばれていた。この親和は進化論にもとづく優勝劣敗と一対で、相手と和することによって進化の負の側面を抑制し、よりよい進歩を目指すことが考えられた。国内問題でいえば、樽井は「国家社会主義」を打ち出すことで、国民の生産・分配の平等に取り組んだ。樽井の論で興味深いのは、「国業」を「国政」から切り離すことで国民間の平等の実現を考えたことである。これは相互扶助的な国家像につながる。「相互扶助」は国民間だけでなく、他国民との間においても成り立つべきものとなる。

樽井のアジア主義を評価するさいに、提携・侵略の二分法を適用するだけでなく、こうした「国家社会主義」の側面も勘案しなければならないと考える。もともと樽井は征韓論の影響を受けて、朝鮮近郊の無人島探検を行うなど雄飛的性格があった。しかし、無人島探検を通した朝鮮人との接触や、金玉均との交流を経て、「合邦」対象としての朝鮮像が彼のなかで大きくなっていく。この提言を行ったのが『大東合邦論』であった。従来の研究ではその侵略的側面がえぐり出されてきたが、日朝両国が現状のまま「合邦」するのではなく、あるべき国家へ変わりながら「合邦」を目指すべきことが記されていたことが重要ではないかと考える。この国家の改革を担う思想が、樽井にとっての「国家社会主義」(「国業」の提案)であった。

しかし、ここにはいくつかの問題があった。国業国政分離論や相互扶助的国家像は抽象的な次元にとどまったこと、「国業」と分離された「国政」の権力行使に対する批判的姿勢が弱いこと、大逆事件などの弾圧のなかで提案を時局に迎合させていったことなどである。その後の樽井は、「社会主義」運動との関わりも減り、思想も「国家社会主義」から「国家本位、即国家主義」へ変化していった。それゆえに、「国業」の提案が新たになされても、国家を脅かす危険思想に対する対策や「挙国一致」への導入として述べられることになる。また、日韓「合邦」の提案も引き続き行われるが、当初の対等「合邦」論から日本盟主論に基づいた事実上の併合論へと変化していった。

このように、樽井の思想における「国家社会主義」とアジア主義の連動から、国内改革を通じたアジア連帯の思想的可能性が生じかけたものの、時局の影響を受けて、「危険なる社会主義者」批判や「挙国一致」論、はては日本盟主論へと移行していった。この変化の過程と帰結は、その後を生きる私たちに大きな思想的課題を投げかけているといえよう。

《注》

1. ただし、早くは『平民新聞』6、7、9号（１９０７年1月24、25、27日）に掲載された石川旭山編・幸徳秋水補「日本社会主義史」（五）～（七）の「東洋社会党起る」で言及された。
2. 吉野作造「東洋社会党のこと」『新旧時代』1巻7号、１９２５年9月。
3. 田中の『東洋社会党』研究については廣木尚「田中惣五郎における政党史研究の位相『東洋社会党考』成立の背景」（安在邦夫・真辺将之・荒船俊太郎編『近代日本の政党と社会』２００９年11月、日本経済評論社）参照。
4. 田中惣五郎『日本の自由民権』１９４７年6月、雄山閣、p.97。
5. 荒畑寒村『日本社会主義運動史』１９４８年10月、毎日新聞社、p.9。
6. 竹内好「解説　アジア主義の展望」『現代日本思想大系　アジア主義』１９６３年8月、筑摩書房、p.37。
7. 同右、p.37。
8. 樽井に関する主な先行研究は以下の通り。鈴木正「樽井藤吉と東洋社会党の特質」『歴史評論』98号、１９５８年７月。同「樽井藤吉　人と思想」『社会科学論集』５、１９６８年９月。同『近代日本の理性』増訂版、１９７２年９月、勁草書房。同『思想史の横顔』１９８７年９月、勁草書房。李彩華・鈴木正『アジアと日本　平和思想としてのアジア主義』２００７年３月、農山漁村文化協会。櫻井義之『明治と朝鮮』１９６４年12月、櫻井義之先生還暦記念会。旗田巍「樽井藤吉〈大東合邦論〉」『エコノミスト』43巻32号、１９６５年７月27日。同「朝鮮併合前夜における樽井藤吉の朝鮮観」『朝鮮研究』43号、１９６５年９月。同『日本人の朝鮮観』１９６９年５月、勁草書房。松田博「「樽井藤吉」論の系譜（１）」『朝鮮研究』77号、１９６８年９月。同「「樽井藤吉」論の系譜（２）」『朝鮮研究』79号、１９６８年11月。伊東昭雄「『大東合邦論』について（１）」『横浜市立大学論叢』24巻２・３号、１９７３年４月。初瀬龍平「アジア主義と樽井藤吉」『広島平和科学』１号、１９７７年。山田昭次「甲申政変期の日本の思想状況　『大東合邦論』および大阪事件研究序説」林英夫・山田昭次編『幕藩制から近代へ』１９７９年12月、柏書房。滝沢誠『近代日本右派社会思想研究』１９８０年８月、論創社。細野浩二「「大東合邦」構想と「併韓」の構図――西欧列強と清朝中国の間の樽井藤吉」『史観』107号、１９８２年10月。韓相一著、李健・滝沢誠共訳『日韓近代史の空間　明治ナショナリズムの理念と現実』１９８４年５月、日本経済評論社。吉野誠「『大東合邦論』の朝鮮観」『文明研究』４号、１９８６年３月。小松裕「東洋社会党の基礎的研究」『熊本近代史研究会会報』200号、１９８７年１月。平石直昭「近代日本の「アジア主義」　明治期の諸理念を中心に」溝口雄三他編『アジアから考える　５　近代化像』１９９４年６月、東京大学出版会。並木頼寿「樽井藤吉の「アジア主義」」義江彰夫・山内昌之・本村凌二編『歴史の文法』１９９７年４月、東京大学出版会。木村幹「樽井藤吉『大東合邦論』」大塚健洋編著『近代日本政治思想史入門　原典で学ぶ19の思想』１９９９年５月、ミネルヴァ書房。嵯峨隆「樽井藤吉と大東合邦論　日本の初期アジア主義の事例として」『法学研究』91巻９号、２０１８年９月。

9. 高木知明「東洋社会党に関する一試論　樽井藤吉の動向を軸として」『日本歴史』511号、１９９０年12月、p.57、p.73。

10. 前掲「解説　アジア主義の展望」p.36。なお、目次では「国政本元」とあるが、本文中の章題では「国政本原」とある。

11. アンドリュー・ゴードン著・岡本公一訳「日本近代史におけるインペリアル・デモクラシー」『年報・日本現代史　現代史と民主主義』2号、１９９６年5月。

12. 父の名は前掲『東洋社会党考』では「要助」（p.79）とあるが、国立公文書館所蔵の「設選挙院議」末尾に「樽井要蔵長男」、「設選挙院之再議」末尾に「樽井要造長男」とある。また、生年月日も諸説あるが、「設選挙院議」（１８７４年5月）末尾に「廿五歳一ケ月」とあるので、嘉永3（１８５０）年4月14日説の可能性が高いと思われる。

13. 前掲『東洋社会党考』p.34。ただし、樽井藤吉「選出を求むる口演」（「吉野文庫」３７２２、東京大学大学院法学政治学研究科附属近代日本法政史料センター所蔵）には「明治五年家を飛出し」（p.1）とある。

14. 石堂彰彦「１８７０年代における大新聞投書者の属性分析　職業・世代の変遷を中心として」『成蹊大学文学部紀要』50号、２０１５年3月。

15. いずれの文書も国立公文書館デジタル・アーカイブから閲覧可能で、内容は前掲「在京時代の樽井藤吉の軌跡」で検討されている。

16. 集思社については澤大洋「集思社の小研究」（『東海大学紀要　政治経済学部』20号、１９８８年）参照。

17. 『評論新聞』1号（１８７５年3月）の「愛国社合議書」「前原一誠誓約書并評」、3号（同年4月）の「東京近事」、5号（同年4月）の「木戸公山口県ニ授産局ヲ開クニ付広告スル文」、7号（同年5月）の「青森鉄道新築ノ紛議投書」に「芳丹」評が掲載。

18. 佐田介石については谷川穣「〈奇人〉佐田介石の近代」（『人文学報』87号、２００２年12月）参照。

19. 前掲『東洋社会党考』p.74。ただし「自記実歴」は後年の回想である点を踏まえる必要がある。

20. 同前、p.186。樽井丹木「無人島探航記」『亜細亜協会報告』5、6、7篇、１８８３年

6月16日、7月16日、8月26日。同論のなかで「固城唐浦三清鎮」「慶尚道船九里村」「全羅道順天府地方水太島」などの地名が登場する。なお、『朝野新聞』1885年12月20日付に樽井の朝鮮渡航の回想をまとめたものが掲載。ここでは済州島に上陸して漢羅山に登ったとされるが、検証が必要だろう（『新聞集成明治編年史』6巻、1934年12月、財政経済学会、pp.203〜204）。無人島探検期間中の樽井が出した手紙が前掲『東洋社会党考』pp.186〜189収録。

21. 前掲『東洋社会党考』p.76、p.182。
22. 同右、p.27。
23. 同右、p.202。
24. 同右、p.203。
25. 渡辺庫輔「東洋社会党」『日本歴史』80号、1955年1月。井出孫六・我部政男・比屋根照夫・安在邦夫編『自由民権機密探偵史料集』1981年12月、三一書房、pp.88〜89。
26. 前掲『東洋社会党考』p.190。
27. 『日本立憲政党新聞』1882年6月6日付。
28. 前掲『内外政党事情』p.199。
29. 『朝日新聞』1882年6月15日付「雑報」には東洋社会党員が雑誌『東洋新誌』刊行により党旨党則の公布を考えているとある。
30. 『新聞集成明治編年史』5巻、1934年12月、財政経済学会、p.79。『東京日日新聞』1882年5月13日付記事収録。
31. 「東洋社会党」（『庚寅新誌』64号、1892年10月16日）にも「国家の柱を抜かんとするものなり」と批判がある。
32. 『日本立憲政党新聞』1883年3月24日付、25日付には長崎警察による樽井の「尋問調書」の一部が掲載され、結社禁止後は「客年〔1882年〕八月中廿四五日間親友ノ依頼ヲ受ケ。民事裁判上ノ事ニ付。当県下島原へ出張シ。同九月十月ノ頃六十余日伊万里唐津佐賀等ノ地方へ罷越シタルノミ」との活動履歴が掲載、また修正党則頒布の顛末も記載されている。

33．「雑報」『日本立憲政党新聞』１８８２年７月18日付。この時の樽井と長崎警察署長とのやりとりは『日本立憲政党新聞』１８８２年７月29日付に掲載。解散言い渡し後、党の概要などが「東洋社会党ノ解散」『日本立憲政党新聞』１８８２年７月25日付、26日付、27日付、８月19日付に掲載。

34．修正後と思われる「東洋社会党々則草案」は『日本立憲政党新聞』１８８２年７月29日付、１８８３年１月17日付、19日付掲載。

35．その言渡文は『日本立憲政党新聞』１８８３年２月３日付に掲載。

36．前掲『東洋社会党考』pp. 42～43、p. 71。

37．福岡の農民が東洋社会党の主意書に心を動かされたとか、樽井と「連累」の舌下省次郎が党則や書類を頒布して鹿児島で捕縛されたとか、その後も何らかの影響はあったようだ（前掲『新聞集成明治編年史』５巻、p. 148、p. 309、『朝野新聞』１８８３年９月12日付、『郵便報知新聞』１８８３年６月12日付記事収録）。

38．前掲『新聞集成明治編年史』５巻、p. 280。『東京日日新聞』１８８３年４月22日付記事収録。

39．前掲『東洋社会党考』p. 154。

40．「旧社会党員」『日本立憲政党新聞』１８８４年５月27日付。

41．「樽井藤吉氏」『佐賀新聞』１８８４年９月24日付。「上海行」『佐賀新聞』１８８４年10月14日付。「樽井藤吉氏」『佐賀新聞』１８８４年10月26日付。「樽井氏等の一行」『佐賀新聞』１８８４年10月30日付。

42．東洋学館については以下参照。熱美保子「上海東洋学館と「興亜」意識の変化　杉田定一を中心に」『経済史研究』12号、２００９年２月。山田昭次「自由民権期における興亜論と脱亜論　　アジア主義の形成をめぐって」『朝鮮史研究会論文集』６号、１９６９年６月。

43．佐々友房「明治十七年東遊記」１８８４年11月15日条、「佐々友房関係文書」92-4、国会図書館憲政資料室所蔵。

44. 「福州組事件」については田中正俊「清佛戦争と日本人の中国観」（『思想』512号、1967年2月）参照。

45. 「樽井藤吉氏」『福岡日日新聞』1885年1月10日付。

46. 前掲「樽井藤吉氏」『福岡日日新聞』1885年1月10日付。

47. 桜井については竹末勤「民権家桜井徳太郎覚書」（『日本史教育研究』73号、1980年4月）、同「一八八四年桜井徳太郎『漫遊日誌』（1）」（『奈良県近代史研究会会報』9号、1981年11月）、同「一八八四年桜井徳太郎『漫遊日誌』（2）」（『奈良県近代史研究会会報』22号、1983年1月）など参照。

48. 奈良県近代史研究会編『大和の自由民権運動』1981年10月、奈良県近代史研究会、p. 19。

49. 前掲『大和の自由民権運動』p. 20。

50. 樽井がどのように生計を立てていたか不明な点が多いが、親族の回想によれば頭山満、平岡浩太郎、原六郎、副島種臣、土倉庄三郎らがパトロンであったという（小寺菊子「社会党生れし頃　樽井藤吉氏の思ひ出　一」『東京朝日新聞』1932年11月13日付朝刊）。なお、あまり触れられない樽井の私生活だが、「樽井のをぢさんは、主義者の常として、結局家庭生活に恵まれず、十年信じたさうかうの妻と悲しい別れをすることになつた」と回想する（小寺菊子「社会党生れし頃　樽井藤吉氏の思ひ出　四」『東京朝日新聞』1932年11月16日付朝刊）。

51. 樽井と金玉均の関わりは琴秉洞『金玉均と日本　その滞日の軌跡』（増補版、2001年3月、緑蔭書房）に「樽井藤吉一派の朝鮮侵攻計画」としてまとめられている。

52. 石川傳吉編『大坂国事犯公判傍聴筆記』後編、1887年8月、正求堂、p. 121。

53. 前掲『大和の自由民権運動』pp. 20～22。「桜井徳太郎君之小伝」五條市史編集委員会『五條市史』史料、1987年10月、五條市史編集委員会、pp. 675～676。

54. 大阪事件については大阪事件研究会編著『大阪事件の研究』（1982年5月、柏書房）

参照。

55. 「大阪等地에서逮捕된者의名單과事件顚末送付」『韓国亡命者金玉均ノ動静関係雑件 第二巻』（功勲電子史料館所蔵）。

56. 「国事犯被告事件公判傍聴筆記　第三十二」（『朝日新聞』１８８７年7月5日付）において、裁判長から「此樽井が朝鮮計画ハ即大井等の朝鮮計画と気脈を通じて居る訳ではないか」と聴かれた日下部が「然ンな事毛頭ムりません」と答えている。また日下部は「桜井徳太郎の意は深く聞きませんが樽井の計画を聞き宿屋を建て、書生等を宿らし置き弥々事を挙ぐるに至らば先国王を奪ひ奉り国中に号令する積でありました」と語り、これが樽井や日下部らの計画であったと思われる。

57. 前掲『大坂国事犯公判傍聴筆記』後編、pp. 120～121。「国事犯被告事件公判傍聴筆記 第四十二」『朝日新聞』１８８７年7月19日付。

58. 「責付者帰郷」『朝日新聞』１８８６年7月13日付。

59. 「国事犯嫌疑事件」『朝日新聞』１８８６年10月12日付。「国事犯嫌疑事件」『朝日新聞』１８８６年10月21日付。「国事犯嫌疑事件」『朝日新聞』１８８６年10月24日付。

60. 「秘密出版事件」『東京朝日新聞』１８８８年10月16日付。なお、ここでの出版物は、谷、板垣、勝、ボアソナードの意見書、建白書、「元規」と題する官の文書とされている。

61. 吉野作造編『明治文化全集』第6巻外交篇、１９２８年1月、日本評論社。同文書については柴田紳一「新発見の「井上毅ボアソナード両氏対話筆記」（写本）をめぐって」（国学院大学日本文化研究所編『井上毅と梧陰文庫』２００６年2月、汲古書院）参照。

62. 例えば、「日本ニ居留スル外国人ノ為メニ草按ノ定ムル如キ特許裁判権ヲ設クルニ於テハ前ニ述ヘシ日本ノ利益面目安全ノ三目的ヨリ見ルニ日本ノ位置ハ現今ヨリ一層悪シト断言スルヲ憚ラサルナリ」と記載（「ボアソナード氏意見書」１８８７年6月1日）。同文書については渡辺俊一「「ボアソナード意見書」の再検討」（『史学雑誌』109編3号、２０００年3月）参照。

63. 海軍大尉曽根俊虎「意見書」『公文備考　図書医治人事刑罰巻6』（海軍省―公文備考

−M21−6−112（防衛省防衛研究所所蔵）。曽根から樽井への協力内容は本簿冊の「刑罰　大尉曽根俊帍被告事件」参照。同事件については佐藤茂教「「公文備考」に記載せる曽根俊虎被告事件」（『史学』46巻3号、１９７５年）参照。

64. 前掲『東洋社会党考』p.164。同書pp.164〜166に秘密出版事件について記載。

65. 曽根については以下の先行研究を参照。狭間直樹「初期アジア主義についての史的考察（2）　第一章 曽根俊虎と振亜社」『東亜』411号、２００１年9月。佐藤茂教「研究レポート興亜先覚の士曽根俊虎」『歴史研究』427号、１９９６年12月。同「興亜会創設者曽根俊虎の基礎的研究」『研究紀要』18号、１９８５年12月。並木頼寿「明治初期の興亜論と曽根俊虎について」『中国研究月報』544号、１９９３年6月。黒木彬文「曽根俊虎「鉄窓漫吟」資料の解説と紹介」『政治研究』42号、１９９５年3月。

66. 『東京日日新聞』１８８７年12月1日付には樽井も含めた15、6名が秘密出版で拘引されたとある（前掲『新聞集成明治編年史』6巻、p.544）。「秘密出版事件」『東京朝日新聞』１８８８年10月17日付。

67. 前掲『新聞集成明治編年史』6巻、p.552。『東京日日新聞』１８８７年12月29日付記事収録。

68. 「東京通信」『朝日新聞』１８８８年1月13日付。

69. 「秘密出版事件宣告」『東京朝日新聞』１８８８年12月23日付。

70. 前掲『五條市史』史料、p.654。『東雲新聞』１８８９年5月7日付記事収録。

71. 「対等条約会」『東京朝日新聞』１８８９年10月13日付。

72. 「対等条約会」『東京朝日新聞』１８９０年8月19日付。

73. 「年表」前掲『大和の自由民権運動』p.73。

74. 「全国各区選挙の結果」『東京朝日新聞』１８９２年2月18日付。

75. 『新聞集成明治編年史』8巻、１９３４年12月、財政経済学会、p.236。『朝野新聞』１８９２年4月27日付記事収録。

76. 酒田正敏『近代日本における対外硬運動の研究』１９７８年3月１０日、東京大学出版会、p.35。同研究会については樋口九八郎『条約改正研究会報告　第一回』（1892年8月、樋口九八郎）参照。

77．「東洋自由党の形勢」『東京朝日新聞』1892年11月3日付。東洋自由党結党前後の大井については塩出浩之「帝国議会開設前後の諸政党と大井憲太郎　議会制の運用をめぐって」（『史学雑誌』107編9号、1998年9月）参照。

78．「大日本協会懇話会」『東京朝日新聞』1893年12月6日付。米谷尚子「現行条約励行をめぐる国民協会の実業派と国権派　初期議会の対外硬派に関する一考察」『史学雑誌』86編7号、1977年7月。大日本協会については小宮一夫『条約改正と国内政治』（2001年1月、吉川弘文館）5章参照。

79．森本藤吉「請願書」、1891年1月21日、森本藤吉。印刷人には「島根県士族　矢田専之助」と記載。

80．森本家は北家の番頭森本恕太郎の家で、樽井は同家養子として入籍。北家の北厚治から樽井は歌道漢籍を学んだことがある（前掲『東洋社会党考』p.60）。北厚治の息子は北幾太郎で、その娘が副島道正（種臣の三男）に嫁いだようだ。樽井は副島種臣を師と仰いで親交が深く、彼が会頭をつとめる東方協会の会員に名を連ねた（「東邦協会会員姓名録」『東邦協会雑誌』15号、1895年10月）。

81．「請願八類」『東京朝日新聞』1891年1月28日付。

82．『自由平等経綸』の「社告」に「特別寄書家」が掲載され、1号（1891年3月1日）から桜井徳太郎、5号（1891年5月1日）から森本藤吉の名が掲載。

83．前掲「選出を求むる口演」p.7。

84．出版経緯などは蔣海波「上海大同訳書局の日本翻刻書について　『大東合邦新義』と『民約通義』を中心に」（『孫文研究』68号、2021年8月）に詳しい。これ以外の中国大陸への受容は以下の文献を参照。前掲「樽井藤吉と大東合邦論」、蔣海波「『東亜報』に関する初歩的研究　近代日中「思想連鎖」の先陣として」『現代中国研究』32号、2013年3月。Marc Andre Matten, Imagining a Postnational World : Hegemony and Space in

Modern China, Leiden, Brill, 2016, p201.

85．「稲垣示氏斬らる」『東京朝日新聞』１８９７年４月27日付。ただし別の新聞記事には、１８９７年２月の社会学研究会において学術的か社会主義応用かで運動方針をめぐる議論があり、後者の樽井らは学生茶話会を開き、ここで協同親和会が結成予定であることが伝えられたとある（「社会学研究会」『東京朝日新聞』１８９７年２月14日付）。

86．「協同親和会総代と大隈伯」『東京朝日新聞』１８９７年４月10日付。

87．樽井と社会問題研究会の関係は平野義太郎『普選・土地国有論の父中村太八郎伝』（１９３８年11月、日光書院）pp. 20～26参照。

88．この経緯は松尾尊兊『普通選挙制度成立史の研究』（１９８９年７月、岩波書店）「Ⅰ 普通選挙期成同盟会の活動」参照。

89．宮崎龍介・小野川秀美編『宮崎滔天全集』５巻、１９７６年８月、平凡社、p. 340。

90．一方で、「総選挙彙報」（『東京朝日新聞』１９０３年２月24日付）には第８回総選挙に際して「中立候補樽井藤吉氏の自薦運動をなすあるも只名を衒ふに止るを以て」とあるので政治進出を諦めてなかったようだ。

91．前掲「選出を求むる口演」pp. 10～11。□は判読不可。

92．「禹域鴻爪後記（清国西游記要）」内藤虎次郎『内藤湖南全集』六巻、１９７２年11月、筑摩書房、p. 358、pp. 361～363。

93．一進会の合邦請願運動については小川原宏幸『伊藤博文の韓国併合構想と朝鮮社会王権論の相克』（２０１０年１月、岩波書店）第４章第２節「「日韓合邦」論の封鎖　一進会・李容九の「政合邦」構想と天皇制国家原理との相克」参照。

94．李については西尾陽太郎『李容九小伝　裏切られた日韓合邦運動』（１９７８年１月、葦書房）参照。

95．西尾陽太郎解説『硬石五拾年譜　内田良平自伝』１９７８年10月、葦書房、p. 118。

96．前掲「選出を求むる口演」p. ８。

97．桝谷祐一「李容九の『大東合邦論』の受容について」『東アジア近代史』20号、２０１６

年6月。

98. 中央日韓協会・友邦協会編『朝鮮の保護及び併合　明治時代における・対韓政策の真相』1956年9月、友邦協会、p. 93。これに関する記事が「樽井逐送」『大韓毎日申報』1907年3月24日付、「盃中剣話」『大韓毎日申報』1907年4月21日付として掲載され、前者の記事では樽井が「韓日両国連邦組織」に関する「条目幾十件」の書により統監府から「逐送」されたとある。

99. 「憲政有終会」『東京朝日新聞』1908年2月17日付。

100. 浅岡重喜『北韓案内　並間島事情』1909年6月、北韓新報社、p. 183。

101. 前掲『東洋社会党考』p. 259。

102. 『朝鮮総督府官報』7号（1915年8月7日）に種別：鉱業、鉱種：黒鉛鉱、許可番号390、鉱区所在地：咸鏡南道永興郡長興面、権利者氏名：樽井藤吉、摘要：「大正元年八月一日樽井藤吉ハ仮住所ヲ咸鏡北道鏡城郡羅南浦辻炭坑事務所浦辻東策方ニ定メタル旨届出タリ」と記載。

103. 五條市史調査委員会『五條市史』上巻、1958年11月、五條市史刊行会、p. 853。

104. 同右、pp. 854～855。

105. 諸家の書、権藤成卿の後叙が未収録の明治維新発祥地記念銅像建立会『明治維新発祥記仮綴』（1919年5月、樽井藤吉）も存在する。

106. 1910年代初頭に樽井は権藤を中心とする南葵文庫の会に参加していたとされる（滝沢誠『権藤成卿　その人と思想　昭和維新運動の思想的源流』1996年12月、ぺりかん社、pp. 99～100）。

107. 明治維新発祥地記念銅標建立会『明治維新発祥記』1919年8月、樽井藤吉、p. 2。同冊子によると、天忠組は勤王家で本来の攘夷論者であるという。本来のとは、「絶対的攘夷論ハ、我建国ノ根本義ニ反ス」（p. 5）として外来文明への柔軟さを彼らが持ち合わせていたことを指す。また、彼らの勤王論も尊王＝勤王ではなく、「尊王ノ心有リト雖モ王事ニ尽サヾル者ハ勤王家ニ非ズシテ不忠者ナリ」（p. 18）として、勤王とはあくまで倒幕の隠語だったとする。

108. 同右、p.91。

109. 前掲『東洋社会党考』p.254。

110. 「樽井藤吉」五條市史調査委員会『五條市史』下巻、1958年11月、五條市史刊行会、pp.665～667。

111. 没年も諸説あり、9月25日説、11月25日説がこれまで知られていたが、霊安寺にある墓には「大正十一年十月二十五日帰幽」「昭和六年四月甥樽井辰太郎同又太郎」とあるとされる（「樽井藤吉」前掲『五條市史』下巻）。

112. 前掲『東洋社会党考』p.265。「樽井藤吉」黒龍会『東亜先覚志士記伝』下巻、1966年6月、原書房、p.283。

113. 前掲「請願書」p.4。

114. 同右、p.7。

115. 同右、pp.7～8。

116. 「第一類」では「一定」すべき対象として、暦、礼法、「男女頭髪ノ制」、「涅歯剃眉」の禁止、「帽ニ一定ノ制」、「衣服ニ一定ノ制」、儀式、「室内ノ制」の改良（土間板間、椅子・腰掛の使用）、葬式・祭典があげられる。これら奇矯な統一で「優者」になれるかは疑問だが、樽井は親和に基づく統一的指向に強くこだわった。また、「第三類」以下の請願でも「国民皆兵」や学校教育における兵学重視、華士族の名称廃止、死刑廃止などが立項された。

117. 前掲「請願書」、頁数無し。

118. 同右、p.17。

119. 同右、p.18。

120. 同右、p.18。

121. 同右、p.18。

122. 同右、p.18。

123. 同右、p.19。

124　同右、p. 20。
125　同右、pp. 24～25。
126　同右、p. 24。
127　森本藤吉『大東合邦論』1893年8月、森本藤吉、p. 17。以下漢文や意訳を付した。
128　同右、p. 21。
129　同右、p. 25。
130　同右、p. 43。
131　「大東」の名称は、「両国将来の降盛日の升るがごときを祝うなり。かつ、東字の両国における由来また尚し」（前掲『現代日本思想大系　アジア主義』p. 109）として説明されている。
132　前掲『現代日本思想大系　アジア主義』p. 108。
133　同右、p. 109。
134　同右、p. 124。
135　同右、p. 124。
136　同右、p. 126。
137　前掲『大東合邦論』p. 80。
138　前掲『現代日本思想大系　アジア主義』p. 117。
139　前掲『大東合邦論』p. 88。
140　同右、p. 88。
141　同右、p. 88。
142　同右、p. 91。
143　同右、pp. 91～92。
144　同右、p. 94。
145　同右、p. 94。
146　前掲「解説　アジア主義の展望」p. 36。

147. 前掲『現代日本思想大系　アジア主義』p.112。
148. 同右、p.111。
149. 同右、p.112。
150. 同右、p.113。
151. 同右、p.114。
152. 同右、p.114。
153. 前掲「請願書」p.25。
154. 前掲『大東合邦論』p.206。同書pp.205～246に「国有銀行論」本文収録。
155. 同右、p.207。
156. 同右、pp.212～213。
157. 同右、p.229。
158. 同右、p.223。
159. 樽井藤吉「社会主義国業保険論」『日本人』67号、1898年5月、p.20。
160. 樽井藤吉「社会主義国業保険論」『日本人』61号、1898年2月、p.20。
161. 同右、p.22。
162. 樽井藤吉「社会主義国業篇」『日本人』59号、1898年1月、p.17。
163. 同右、p.18。
164. 同右、p.19。
165. 同右、p.19。
166. 同右、p.19。
167. 同右、p.19。
168. 同右、p.23。
169. 同右、p.24。
170. 同右、p.24。
171. 田村吉永「故樽井藤吉翁と大東亜共栄圏建設案」『大和志』8巻12号、1941年12月、

p. 383。

172. 同右、p. 384。『日韓連邦条規概要私案草稿』には「大東連邦条規概要私案」（9章48条）が収録されているとのことで、収録版「大東連邦条規概要私案」と「大東連邦条規概要私案」は同一かと考えたが、前者25条では「大東国連邦は日本天皇を盟主とす」（前掲「李容九の『大東合邦論』の受容について」p. 218）と記されていたらしく、引用部分と若干異なるため、別の内容である可能性も捨てきれない。「大東連邦条規概要私案」の発見と『日韓連邦条規概要私案草稿』との比較は今後の課題としたい。

173. 前掲『現代日本思想大系　アジア主義』p. 119。

174. 樽井藤吉『大東合邦論』再版、１９１０年7月、樽井藤吉、p. 2。

175. 同右、p. 2。

176. 同右、p. 1。

177. 前掲『現代日本思想大系　アジア主義』p. 121。

178. 樽井藤吉「米専売法私案　一名常平法案私稿」『社会政策』2巻6号、１９１２年5月、p. 61。

179. 前掲「請願書」pp. 26〜27。

180. 前掲「米専売法私案　一名常平法案私稿」p. 62。

181. 同右、p. 62。

182. 同右、p. 71。

183. 同右、p. 66。

184. 同右、p. 70。

185. 同右、p. 73。

186. 同右、p. 73。

187. 同右、p. 73。

188. 前掲「選出を求むる口演」p. 5。

189. 同右、p. 3。

190．同右、p.4。
191．同右、pp.6～7。
192．同右、p.7。
193．同右、p.8。
194．同右、p.9。
195．同右、p.9。

※本稿は、『２０１７奈良県立大学ユーラシア研究センター「近世・近代の思想研究会」調査研究レポート』に掲載したものを補筆修正したうえで、当センターにおいて再編集したものです。

井上円了が観た奈良の光——「大和紀行」と「大和論」

中島　敬介

明治36年～38年（45～47歳）の井上円了
東洋大学井上円了哲学センター所蔵

1．はじめに

（1）語られざる「秘境探検」

奈良市、大和高田市、大和郡山市、天理市、橿原市、桜井市、五條市、御所市、宇陀市、吉野町、大淀町、下市町、黒滝村、天川村、下北山村、川上村、東吉野村。並べ上げたのは、明治・大正期にかけて井上円了（１８５９‐１９１９、以下「円了」とも略す）が講演で訪れた、奈良県下の17市町村（現在の名称）である。当時の市町村名に戻すと、その数はほぼ倍増して31となる。明治末年を基準にすると、奈良県の市町村は162（1市15町143村）に細分されていた。19世紀末から20世紀初頭にかけて、円了はその約20パーセントの地域を講演で巡っていたのである。

特筆すべきは、明治39年（１９０７）4月5日から5月22日の約1か月半にわたる県内連続講演会である。このとき円了は26町村（当時）・28箇所を巡り、計76回の講演を行った。会場となった地域の大半は県南東部の山間地で、その移動は「吉野山中人車の便なき所を跋捗し、毎日草鞋をうがちて峻坂を上下」するという、秘境探検さながらの過酷さであった。

15年間奈良市で暮らした志賀直哉（１８８３‐１９７１）は一般にもよく知られ、たった一度だけ、数日間の奈良旅行で書かれた和辻哲郎（１８８９‐１９６０）の『古寺巡礼』も、ほとんど聖典のように扱われている。ところが、交通不便をものともせず、山深いところを講演して回った円了は、これまでほとんど気づかれてこなかった。

この格差は、どこから生じているのか。先の2人と知名度に違いがあることは事実だが、ではその知名度の違いは、何に由来するのか。3人の技倆ないし器量の差と言ってしまえばそれまでだが、その技倆（器量）を比べられるほど、我々は志賀直哉や和辻哲郎を、そして井上円了を知っているのだろうか。

（2）エンリョー…、誰？

いのうえ-えんりょう【井上円了】（1858-1919）
明治-大正時代の仏教哲学者。安政5年2月4日生まれ。東京大学在学中の明治17年哲学会を組織し、仏教の復権を目指す。20年東京湯島に哲学館（現東洋大）を創立。国粋主義に共鳴し、翌年政教社の創立にくわわる。迷信打破のため「妖怪学講義」をあらわし、妖怪博士といわれた。中国視察中の大正8年6月6日大連で死去。62歳。越後（新潟県）出身。名は襲常。著作に「真理金針」「仏教活論」など。[1]

誤解されたまま、忘れられそうになっている人物は少なくない。他に類を見ない「実績」を残しながら、相応に評価されない人物はもっと多い。井上円了は傑出した思想家であり、また自己の思想を実践した——世界的にも——稀有な人物でありながら、一般向けの本にはほぼ登場することがない。思想（史）研究の入門書でも、せいぜい国粋主義者が結成したとする「政教社」との関わりで名前が載せられている程度だ。

先に挙げたプロフィールは「神話・伝説・小説に登場する神々や架空の人物」も含め、約６万５６００人を収録する大型人名辞典からの引用だが、すっぽり抜け落ちているものが、２つある。

１つは著述活動。大学予備門の学生時代から中国・大連で客死するまで、円了は１年も欠かさず文章を書き続けた。先のプロフィールには３冊しか見えないが、刊行された著書は単行本・講義録だけで182冊、新聞・雑誌に掲載された論文等は857編にのぼる。[2] 分野も多岐にわたり、学際的（inter-disciplinarity）どころか、一人で複数の学問領域（multi-disciplinarity）に分け入っている。とくに「妖怪学」は――一般の理解とは異なり――理学・医学・哲学・心理学・宗教学・教育学の諸学を内包し、今日でも定義すら難しい超学問領域性（trans-disciplinarity）を先取りしたものであった。

（3）空前絶後の「全国巡回講演」

省略されているのは著述活動だけでない。円了は27年間にわたって全国巡回講演（以下「全国巡講」・「巡講」とも略す）を敢行した。これは文字どおり、日本の全都道府県を――当時の日本に事実上含まれていた朝鮮・台湾、さらには中国の一部地域も含め――円了が巡って開いた一連の講演会の総称である。その活動は、元日早々伊豆修善寺の温泉旅館で「天啓」にうたれた明治23（１８９０）年から、一時的な休止期間はあったものの、大正８（１９１９）年の逝去のときまで続けられた。本稿冒頭で触れた奈良県での講演会も、この全国巡講の一貫として行われたものだ。

巡講の日数は、春期・秋期とだけ書かれているなど日数不詳のものを除いても、延べ３５７８日。巡講の会場として訪れた市町村は、平成25年時点に置き換えると１０２４。これは全市町村の約60パーセントに相当する。講演回数は７１４３回、１年平均にすると260回を超える。聴講者数は、残っている記録等から類推すると285万～357万人余と推計されている。[3]

まさに空前の――おそらく絶後の――スケールで行われたのだが、講演旅行じたいは「汽車は三等、弁当は握り飯」という、実に質素なものだった。

先のプロフィールでは「視察中」と書かれていた中国での急逝も、実はこの巡講途上の出来事だった。早朝の列車で大連に到着した円了は、尋常でない「疲労の濃さ」が見て取れた。当時の中国は、抗日を叫ぶ「五四運動」で激しく揺動し、20数省・約150都市で日貨排斥の嵐が吹き荒れていた。そのような状況下で決行された中国での巡講であった。周囲の者は休息を勧めたが、円了は数時間後を予知するかのように「休む必要はない。死んでから墓の下でゆっくり休む」と遮ったという。

なぜ、こういうことが円了の人物紹介として描かれないのか。定めし一般的な――と言っても「知る人ぞ知る」程度の狭い範囲での一般でしかないが――円了のイメージに、そぐわないからだろう。大量の著作を次々にものする円了には、当時から世情に阿る「投機の士」だの「際物士」、あるいは「学商」と罵る声が浴びせられていた。巡講に対しても、寄付金集めのドサ回りとか守銭奴などと嘲る者もいた。

だが、先に挙げた真摯な言葉は、曲学阿世で金に汚い人物には似合わない。円了にふさわしいレッテルは、既に別に用意されている。引用したプロフィールにも、三つの言葉として現れていた。「仏教の復権」／「国粋主義」／「妖怪博士」。つなぐとこうなる。エンリョーは、シューキョーを説き・アイコクを叫び・ヨーカイに耽るアブナイ人です、良い子の皆さんは近づかないようにしてください。だが臨終直前の言葉からは、シューキョーもアイコクもヨーカイも立ち上がってはこない。私には「アブナイ人」のレッテルの方が、円了には不釣り合いに映る。

2．煩悶する井上円了

（1）難解なコンセプト――「護国愛理」

> 休む必要はない。死んでから墓の下でゆっくり休む。

これは、疲労困憊のあまりの譫言《うわごと》だろうか。だがこんなことも言っている。[4]

> 余は今其心に期する所ありて此大業を計画せる者なれは死生豈余か意とする所ならんや一身を犠牲にして其成功を期するか如きは余か固より覚悟する所なり

口語と文語の違いはあるが、内容的には後者を前者に続けても違和感がない。だが事実は逆で、後者は30年近く前にさかのぼる明治24年（1891）、ちょうど全国巡講をスタートさせた頃に書かれたものだ。この2つの言葉が意味的に直結していることからすると、円了は臨終の直前まで、巡講に込めた当初の志を変えなかったことになる。文字どおり死ぬまで続けられた巡講の本旨は、文中にみえる「此大業」の「成功」にあったのだ。

では「此大業」とは何か。円了は、次のように説明する。

> 国家の為めに其力を盡し一志を立て、真理の為めに其心を竭さゝるへからす是れ実に人生の二大義務にして余か畢生の二大目的なり〔…〕天下の正道を履み人情風俗の矯正、教育宗教の改良、皆之を其一身に任して国家万世の大系を立つるか如きは一層勇壮の事業にして余か畢生の目的とする所なり

文意は明瞭だが、前半と後半が捩れていて判然としない。少し丁寧に読んでみよう。前半は「国家」と「真理」に身も心も捧げるのが、己の義務であり人生の目的との言明である。これこそ、円了が生涯標榜し続けた「護国愛理」の思想だ。なんと愛《う》い奴よと思わせて、後半になると不遜にも「天下の正道」や世間の風潮、教育や信仰のあり方、その全てをより良いものに作り直すと言い出している。どうやら、前半の「力を盡」し「心竭」すと誓った「国家」のかたちや日本の「真理」は、普通に想像される官製の国是ではなかったようだ。後半で明らかにされたように、円了自身が「畢生の目的とする」・「一身に任して」・「立つる」・「万世の大系」を指していたのである。

「教育勅語」が出された明治の半ば、円了は「万世の体系」という──当時の統治原理を象徴する「万世一系」を皮肉るような造語まで使って──御一新以来の政府方針に盾突いて、日本の近代化をやり直します、と宣告したのである。しかも「皆之を其一身に任して」(「根こそぎ、自分一人の責任でやってみせます」)と。円了の「護国愛理」の真意とは──御一新では不完全な──日本の真の近代化であったのだ。

ここで、あらためて言い添えておかなければならない。この明治24年の一文は、普通、そのようには解釈されていない。上記引用とは別のところの「其の既納の金額の如きは僅かに百五十分の一」と「意外の失望」とが接続されて、概ね次のように解釈されてきた。全国巡講は、私学経営の拡充のための寄付金募集が目的だった、円了は物乞いするように地方(田舎)を回ったが目論見どおりには集まらなかった、落胆のあまり焦燥と怒りも交えて筆を執ったのが明治24年の本文。だが集まらないのも当然、円了のやり方に問題があった、私学創立者自らが直接地方に出向いて講義(講演)し、その謝礼代わりに募金を求めるなど非常識で誰もしない、なぜかと言うと非効率も甚だしいからだ、ちょっと考えれば子どもにでもわかることなのに、円了は恥ずかしげもなく募金が集まらないと不満を口にしている、失笑ものである、と。

だが失笑を買って良いのは、円了を嗤う者の方である。誰でもわかる非効率さを、なぜ円了だけがわからないと決めつけるのか。有力者に大口の資金援助を求める方法を、思いつきもしなかったと言いたいのだろうか。円了にとって、募金活動はこれが初めてではない。わずか3年前の哲学館開設は、280名の有志からの寄付金に拠った。その人脈や成功体験がありながら、渾身の力を込めた「日本主義の大学を設立する」ための専門科設置に際して、選りに選って巡講という誰が見ても効率の悪い――したがって成功の保証されない――方法が採用されたのだ。金集めというテーマに、巡講による小口募金というプランがつながらないなら、金集めと募金には、大きな意味はなかったと考えるべきだろう。

　全国を巡って講演する意図が、別のところにあったとすれば、答えは一つ。自ら現地に赴いて講演すること、これが狙いであったと考えるしかない。寄付金の多寡は、聴衆の理解や賛同の指標である。誤読された「意外の失望」は、文脈上「其の既納の金額の如きは僅かに百五十分の一」の上空を素通りして、これも別の箇所の章句「余が精神の未た盡さゞる所あるによるか」に突き刺さっている。円了の呻吟は寄付金額の些少さではない。一般の理解と賛同を得られない自らの無力と無念に向けられていたのだ。

（2）わかりやすく伝える方法――通俗化と実践

円了は明治39年（１９０６）に私学経営から退いている。もし巡講が学校経営の資金目当てなら、この時点で終わっていたはずだ。だが実際には巡講というスタイルを全く変えず、それまでの13年間（休止した明治27、28、36年を除く）よりも遙かに濃密に、それ以降14年間も続けられた。円了が切実に必要としたのは金ではなかった。「より多くの人々に、自分の言葉で、自分の考えを伝える」ことだった。伝えたいこととは「護国愛理」すなわち日本の真の近代化であった。

　これを円了は「通俗化と実践」と呼ばれる独特の方法で民衆に浸透させせようとし

た。そのために用いた主要ツールが、先のプロフィールからは見事に抜け落ちていた、著述と巡講である。

円了は「世の謂はゆる学者」を「貴族的学者」と呼び、自らはこれと弁別して「百姓的学者」を称した。前者——すなわち円了以外の学者——は「民間の事情も知らず、人智の程度も知らず、其の言ふ所が世間の人に分からうが分かるまいが、更に頓着せず、自ら研究して高尚の学理を究むるを以て目的として居る人」。後者——すなわち円了自身——は「地方人民の実際身に修め、心に守るべき心得を説」き、さらに「其の一言一句ただちに実行し得ることを教える」人である。円了の自覚としては、単に分かりやすく説くだけでは不十分で、ただちに「実践」を促すものでなくてはならなかった。そのため著述にあっては、啓蒙のときは大衆本、講義であれば教科書的に、あるときは研究報告や論文の風を装い、別の場合は巷談ないし講話めかし、あるいは随筆や旅行記（談）の体裁で、トピックやジャンルを跨いで執筆された。刻々と変化する時勢や世情に棹さすためにも、常に書き続けられなければならなかった。

巡講も著述と同じ意味を持っていた。より厳密に言えば、著述が「通俗化」によって民衆に「実践」を促すところに比重が置かれていたとすれば、巡講は自らの「通俗化」を「実践」する手段でもあった。

円了にとっての巡講とは、自分の意思や嗜好で続けているものではなかった。どれだけ辛く苦しい時でも、続けなければならなかった、「墓の下でゆっくり休む」そのときまで。

巡講で語られたテーマは、哲学宗教や妖怪迷信を含め多岐に亘るが、中心に置かれたのは「倫理道徳（詔勅修身）」だった。これを具体の国家や社会、家庭や実業に展開して、平易に語られたようだ。「護国愛理」の通俗化なのであろう。ただし円了の押しつけではなく、事前に40ほどのテーマの中から現地の主催者（協力者）が選ぶシステムになっていた。[5] 各地での関心の差や実践性が重視されたのである。

2．円了による「観光」の実践

（1）全国津々浦々を東奔西走

先にも触れたが、全国巡講は、主に円了自身の「立場」の違いに基づき、前期・後期に二分して捉えることができる。両期を分かつ分水嶺は明治39年。この年の１月、円了は自ら29歳で創設した哲学館（大学）から身を引き、以後社会教育者として「哲学堂」を本拠とする「修身教会」の全国普及を目指した。巡講の前期と後期を比較すると、圧倒的に後期のボリュームが厚い。巡講日数は前期の966日に対して、後期は２６２１日。巡講地は前期が23市・３区・717町村、後期は60市・３島・２２４５町村である。日数・巡講地ともに、後期が全体の４分の３を占める。

巡講の主たる目的が、学校教育のための募金でなかったとすれば、明治24年「此大業」の「成功」と表現した巡講の本旨は、明治39年に始まる後期において一層尖鋭化されたと言える。

その、後期巡講の最初の地に選ばれたのが、奈良（大和）であった。真の近代日本の実現を目指す円了の旅は、明治39年4月5日、奈良から始まったのである。

27年間、約3600日に及ぶ全国巡講の記録は、わずかに欠如する部分を除き、円了自身の筆になる「日誌」のかたちで残されている。前期は主に「館主（地域・方面名）巡回日記」として『哲学館講義録』に所載され、後期は「（旧国名）紀行」（明治期）あるいは「（府県名）巡講日誌」（大正期）などとされ、遺稿等を除き一定の分量でまとめられて『南船北馬』（全15編、非売品）として刊行された。講演のとき・会場・主催者・移動の行程などの詳細が、当日の天候や風景、訪れた先の習俗等に関する見聞や円了の感想や漢詩を交えて記されている。一方速記者を帯同していなかったせいか、講演内容は載せられていない。

明治39年における奈良での講演は『南船北馬集 第一編』の「大和紀行」に記録されている。以下、ここにおける記述と、帰京後に書かれた「大和論」[6]をもとに、円了が注目した奈良のヒト・モノ・コト、言い換えれば「円了が観じた奈良の光」をトレースすることで、日露戦争後の明治39年当時、日本の真の近代化を目指した円了が、この国に何を期待していたかを探り出していきたい。

だが、果たして円了の奈良（大和）の記述は、そのような考察に値するのか。単なる物見遊山的な興味本位の記事でない保証が必要だろう。円了の旅行や観光への向き合い方を確かめておく必要がある。

(2) 世界旅行による「観光」の実践

円了が全国巡講で最初に奈良（大和）を訪れたのは、明治33年12月25日。前月17

南船北馬集
東洋大学井上円了哲学センター所蔵

旅行携行品
東洋大学井上円了哲学センター所蔵

日からの和歌山・三重両県の「南紀巡回」の掉尾を飾る、下北山村（吉野郡）での講演だった。これに先立つ12月18日——講演はしていないが——円了は和歌山の本宮村（現在の東牟婁郡本宮町）から、船で瀞峡（瀞八丁）を遡り、夕刻の船中で「両岸の風致おのずから仙源に遊ぶの思いをなす」との感慨を抱いた。この瀞八丁について、円了は『日本周遊奇談』（明治44年、博文館）に、このときの印象を記している。

> 紀州南牟婁と和州吉野郡との境を流るる北山川に、瀞八丁と名づくる名勝がある。〔……〕規模は小さいが「この奇勝は耶馬渓以上なり」との評もあるほどで、とにかく観光に志あるものは、一度討尋せなければならぬ名所である

『日本周遊奇談』には400近いトピクスが載っているが、唯一、今日的な意味での「観光」という言葉を用いて激賞したのが、十津川の瀞八丁だった。円了は観光すなわち「訪れた土地の光を観じ取る」ことの重要性を、十分に理解していた人物であった。

後期巡講の期間、365日／年で換算すると講演に費やした日は、約7年2ヶ月となる。また国内ばかりか満州・朝鮮・台湾・中国での巡る講演も行い、さらには当時珍しい南半球周遊旅行（明治44年、約10ヶ月）も敢行していた。明治39年から大正8年の14年間のうち、実に11年半に相当する期間、国の内外を旅行していたことになる。前期においても、明治35年から翌年にかけて、インド・欧米の視察旅行（約8ヶ月）に出ており、さらに巡講開始直前の最初の欧米視察旅行（明治21～22年、約1年）を考慮すれば、哲学館の創設（明治20年）に始まる円了の社会人としての人

生は、そのほとんどが「旅行」に終始したと言ってよい。生活者としての円了は、定住者というより恒常的旅行者であったのだ。

3度にわたる世界旅行は、決して遊興の旅ではなかった。①世界各地を視察し、各国の事情や動きを実際に「観て取る」こと、②世界的な視点から、日本や自己の「点検・改善」を図っていくこと、③世界の「良い点」を取り入れること、この3点が目的とされた。円了にとって世界旅行とは、他者の目で自己を見つめ直し、新たな取り組みを始める契機でもあった。最初の世界旅行では「その国固有の学問技芸」の重要性を認識し、欧米にならった帝国大学のスタイルではなく、自ら創設した哲学館を日本や東洋の思想や文化に根ざした大学に発展させた。2度目の世界旅行では、イギリスをモデルに日本型社会教育運動（「修身教会」）を起こした。3度目の世界旅行では、社会教育の拠点とした「哲学堂」を一般に開放し、公園化した。

まさに円了は、今日的な意味での――そして真の意味での――「国際観光」の実践者であった。

（3）「国際観光立国論」の提唱

円了は、観光政策のプランナーでもあった。条約改正をめぐり国論が紛糾していた明治21年、円了は富国策として「坐なから国を富ますの秘法」と題する、一種の「リゾート開発構想」とも言える、ユニークな国際観光戦略を世に問うた。

しかも、その「坐なから」の秘法とは、ガイドブックをつくり「日本国内に大規模で安価なホテルをつくり、外国人の来遊を引くこと」、たったそれだけだった。

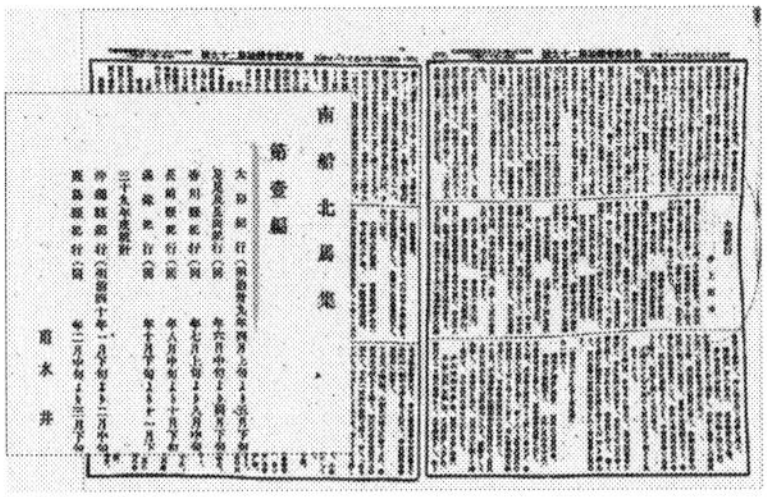
南船北馬集
第壹編

「大和紀行」原書

詳細は別稿に譲るが、当時誰もが主張した「強兵・殖産興業・貿易・植民の富国策」のことごとくを、すぐには実行できず、多大の資金を必要とし、当時の日本や日本人の未熟な実力では成功が見込めないと否定し、お金もかからず、手間暇もかからない、そして他国と競合することない外国人観光客の誘致を民間主導ですすめること、これを富国の「秘法」として提唱したのである。

この円了の「秘法」とまったく同趣旨・同内容の提案は、当時の三井の大番頭・益田孝（1848－1938）によって東京商法会議所（現東京商工会議）でもなされていて、こちらは明治26年の「喜賓会」の創設につながった。したがって円了の「秘法」も実現可能性を持っていたことになるのだが、留意したいのは、そのフィージビリティでもオリジナリティでもない。この「坐なから」の「観光立国論」が、円了の外国旅行中、当地のヒト・モノ・コトとのふれあいの中で構想されたことだ。井上円了とは、「その地の光を観じ取る」ことのできる人であったと言って良いだろう。

3.「大和紀行」

(1) 旅の始まり

明治39年4月2日午後、東京・新橋駅で車中の人となった円了は、平塚（現在の神奈川県平塚市）で所用を済ませた後、5日午前6時に京都に着いた。しばし休憩をとると奈良行きの[7]列車に乗車する。ここから始まる「大和紀行」について、『南船北馬集 第一編』の記述で円了の足取りを辿ることにしよう。

翌5日、午前2時（※午後2時の誤りか）、目的地の今井町（現在：奈良県橿原市）に到着。称念寺に投宿する。4月6日、午前中は称念寺住職とともに畝傍御陵と橿原神宮に参詣、午後に称念寺で講演。4月7日、磯城郡三輪町（現在：奈良県桜井市）の「天理教会堂」で講演。郡教育会の依頼であった。宿所は医師の奥山周軒宅。

この奥山とは谷三山の門人「三輪ノ医者奥山」だろう。三山と円了は奥山を介して接点を持っていたのだ。4月8日、雨天の中長谷寺に参詣し、豊山派管長ら面会。午後に長谷寺を下山し、桜井駅近辺の「皆花楼」に投宿。4月9日、多武峰に登る予定であったが疲労のため断念。終日、皆花楼で休息。夜に入って吉野から哲学館出身の上田昊覚（後述する小川村中黒の興禅寺住職）が訪問。上田は吉野郡での講演会の主催者で、最後まで「大和紀行」に同行した。

（2）旅の途中

①先引きする犬馬の目撃

4月10日、上田らとともに宇陀松山（現在：宇陀市大宇陀）を経て吉野郡内に入る。道は険しい上に、8日から続く雨のため「泥深し」の状態で、人（力）車は進むことができず、「犬馬の力をかりてようやく進行」できる有様だった。円了は「馬の先引きは、今回はじめてこれを見る」と記している。

この犬や馬に人力車を引かせる方法には、よほど強い印象を受けたようで、『日本周遊奇談』では、大仏・桜・茶粥・吉野袴などと並べて「大和の七奇」に挙げている。また同書では、「第四一話　牛力、馬力、犬力」のところでも、次のように記

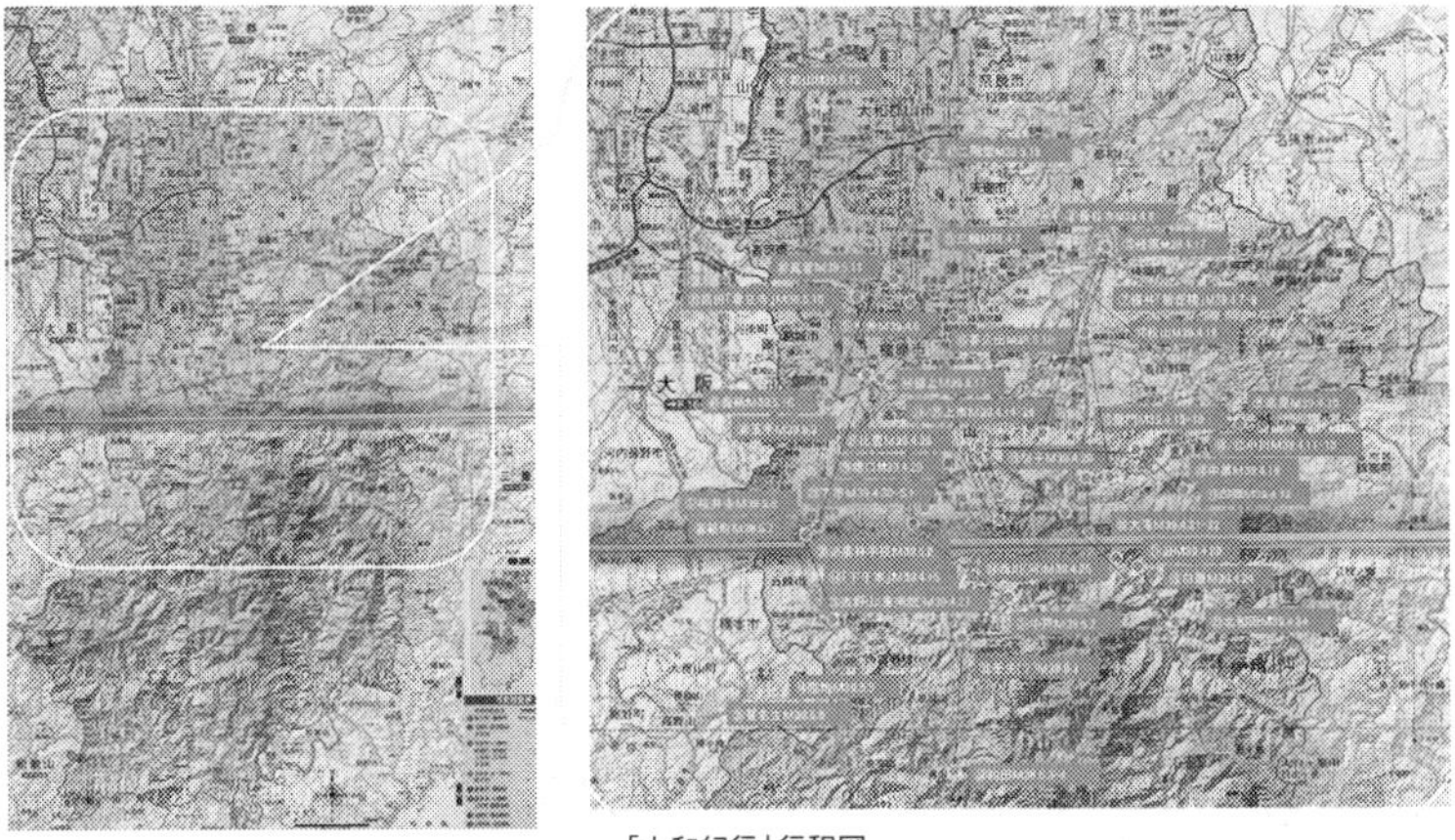

「大和紀行」行程図

されている。

山陽道から山陰道に向かうところは車道が険峻なので、人力車を「人の代わりに牛を用いて先引きをなさしむ。また、馬を用うることもある。因幡にては牛のほかに婦人の先引きする所がある。大和吉野郡内にも馬に先引きさせる所がある」また、近年は犬の先引きが流行してきたが、「わが国にて人力の先引きに犬を用うることを始めたるは大和国桜井町」で、その後奈良県各地や伊賀地方でも流行した。今日（※明治44年時点）でも、岡山県の一部、木曾街道などで、犬の先引きが見られる。流行せるように見受けた。

また、「第四二話　犬税」という項目では、

人力車の先引きに犬を使用することが、一時盛んに奈良県下に流行するに至り、先引き犬に県税を課せしことがあった。これこそ真のケン税であるとの評を下したものがある。その後、大和より伊賀に入りて流行せしも、危険の場合多きために、三重県にては県令をもって禁じ、ただ今にては荷車のみに用いておる。

この「犬の先引き」について、『奈良県議会史 第一巻』（1991）に、次のような興味深い記述がある。

> この年〔※明治41年〕陸軍特別大演習を前にして人力車の犬の先引きが禁止された。犬の先引きとは、人力車を引く補助を犬にさせることであるが、美観上の問題と、危険であるとの理由で禁止されたのである。〔…〕
> 〔当時の警察部長は県議会での質問に答えて〕犬の先引きは危険であるから「断然禁止したので固より之は一時的の禁止ではなく永久的に禁ずる積りである」と答弁した。

さらに円了は「犬の先引き」と「犬税」とを結びつけて論じているが、本来ペットへの課税である「犬税」との関係は不詳である。ただし、上記引用の禁止時期と「犬税」の廃止時期は重なっている。

さて、車上の円了は桜の咲いていない桜峠で「桜坂といふものゝ花はなし、吉野の山のゲート(gate)慣れども」と英語も交えて戯れ歌をうそぶきつつ、円了は高見村（現在：奈良県吉野郡東吉野村）に入っていく。

②「凱旋門」の発見

当日（10日）夜、竜泉寺で講演。「数里の山間より来集」した聴衆で満席となった。円了は「演説の前後に小学児童、唱歌を奏す」とうれしそうに記している。当夜は鷲家旅館で宿泊。

4月11日、高見村から小川村（現在：奈良県吉野郡東吉野村）の鷲家口に移動。午後に宝泉寺（住職は辻南渓）で講演するが、講演会に先だって日露戦争にかかる「三村合同戦死者追弔会」に列席し、その様子を次のように描いている。

> 祭壇の構造および装飾、大いに意匠を凝らし、西野老師導師となり、各宗の僧侶これに参加し、祭文、弔詞を朗読するもの数十人、会衆千に満つ。式典すこぶる荘重にしてかつ盛観を呈せり

『日本周遊奇談』にも、この小川村での体験が綴られている。

> 日露戦役後、余、大和吉野の山中に入り、深山幽谷を跋渉して大御山麓に至った。村民中には旧暦を知りて新暦を知らざるものが多い。これ、いわゆる『山中暦日なき』仙境である。しかして村々、凱旋門を設けざる所はない。〔…〕小川村に凱旋せる軍人に感謝状を贈りたいから起草せよとの依頼に応じ、言文一致流の長編を作りて授けた

この式典では円了が感謝状を起草したようだが、注目されるのはその前文、なんと当時の東吉野村に凱旋門が設置されていたというのだ。翌12日に訪れた四郷村（現在吉野郡東吉野村）でも、「戦勝の結果、村々区々設くるに凱旋門をもってす」

る光景に出あっている。

明治27年、明治維新後初の本格的な対外戦争である日清戦争が起こり、10年後の明治37年には近代総力戦の要素を多分に含んだ日露戦争が勃発した。日清戦争でも、樋口一葉の『水の上』に書かれた日比谷の「凱旋門」などがつくられたが、日露戦争では一層多くの凱旋門が全国各地で建設された。ただ国の登録有形文化財となっている「山田の凱旋門」（鹿児島県姶良市姶良町）のような恒久的な施設は少なく、多くはお祝いのときなどに作られる常緑樹の葉で包んだ弓形の門（「緑門」）が「凱旋門」に用いられたとされる。円了が東吉野村（当時の小川村）で目撃したのも、その種の「緑門」だろうが、いまだ「新暦を知らざる」とされた奈良の東吉野村でも、各村落単位で「凱旋門」設置の風潮が広まっていたことは興味深い。なお同時期、東京の万世橋でも、杉の葉の巨大な「緑門」が作られている。葉が赤茶けて短期間で撤去されたようだが、あるいは東吉野村の「凱旋門」も相応に大きなものであったかもしれない。日露戦争の戦勝記念なら、立派でなければ意味が無いからだ。ただし、今日では確認できる術（すべ）術《すべ》はない。

12日夜の講演会も、10日と同様、演説の前後に「小学児童の唱歌および楽隊の奏楽ありてすこぶる盛会」であった。円了は、このような地こそまさに「桃源郷」とご満悦である。

4月13日、再び小川村に戻り、翌14日に上市町（現在：吉野郡吉野町）に移動。「香月楼」で休憩の後、午後は郡教育会で講演。4月15日、晴天の日曜日。上田、小西とともに満開の吉野山下千本の桜を観に行き、吉野山に水（川や池）のないことを惜しがっている。上市の竜門滝も見学している。翌16日は雨のため、終日、宿所の西蓮寺で過ごす。

4月17日、徒歩で上市から宇陀松山町へ移動。そこから人力車で榛原町（現在：宇陀市榛原）に入る。円了は鳥見山を目の当たりにし、肇国の地・宇陀郷に足を踏み入れた感慨を噛みしめる。講演会場は榛原高等小学校。宿所は融通念仏宗の宗祐寺。翌18日は、宇陀松山町で講演。会場は万法寺。

4月19日、吉野郡小川村中黒に戻る。宇陀松山からの帰路、のどかに午睡を楽しみながら、桃源郷のような宇陀・吉野で春を迎えられた喜びと、「黄塵」中でしか春風に出会えない都会人を哀れみが相半ばした円了であった。4月20日、小川村中黒から国樔村（現在：吉野郡吉野町）の新子に移動。高等小学校を会場とした夜の講演会は「聴衆、堂にあふる」ほどの盛会だった。

③「山林王」への謁見

4月21日、円了は川上村（現在吉野郡川上村）の大滝で、昼夜2回の講演。「対岸の風光ことに佳なり。これ吉野山中の奇勝の一ならんと」感嘆する。また「当所は大和屈指の富豪土倉庄三郎の居村にして、氏が従来公共事業に尽くせし跡、実に観るべきもの多し」と言い、「人みな称して吉野山中の人傑となす」と土倉を賞賛している。円了はまた、川上村の「学校は尋常高等を合して十九校あり、村内の教育費は一万円以上に達する」と驚いている。もちろん学校整備も土倉の尽力と知っていただろう。小学生の制服まで土倉が寄付していたと聴いたかどうかは、わからないが。

川上村と教育に関わって、注目しておきたいのは、次の記述である。

主人、年やや老ゆるも身なお健やかなり。深く修身教会の旨趣を賛同し、大いに尽力せんことを約せらる。

「主人」すなわち土倉庄三郎は、修身教会の趣旨に賛同し尽力を約束したのである。その約束どおり、同年に「大滝修身教会」が設立され、１９４０年代半ば以降もしばらくは活動を継続していた。修身教会活動は明治36年末から始まっているが、本格的に進められるのは、後期巡講が始まる明治39年ごろからである。詳細の調査が必要だが、現在も建物の残る川上村の「大滝修身教会」は、全国に先駆けて創立され、おそらく最も長く活動していた組織ではないか。なお、休日になると土倉は自ら教壇に立っていたと言う。

4月22日、引き続き川上村大滝で昼夜2回の講演。翌23日、大滝から川上村役場のある迫に遡上。同地の官幣大社――丹生川上神社上社であろう――を会場に講演。24日、さらに「数里」を「轎（駕籠）」で遡上して、同村北和田に入る。講演会場は高等小学校。円了は、「深山幽谷中にありて、なお学校の設備至れる」を見て感心している。講演会後は「渓流に沿って下行」して白屋に入り、夜にも講演会を開催。この日だけで往復6里（約24キロメートル）の移動である。

4月25日、白屋を出発。迫から大滝、蜻蛉滝を経て西川に至る。円了は十津川村

大滝修身教会のあった建物（筆者撮影）

に次ぐ川上村の大きさに驚き、「村内を貫通せる一帯の渓流は吉野川の源流にして、両岸の風光自然に武陵桃源の趣あり」と感嘆している。

4月26日、雨の五車峠を越えて上市町（現：吉野郡吉野町）に入る。講演会場は浄宗寺。翌27日、雨の中を吉野山に移動。講演会場は東南院。宿所は「芳山館」。この館の後庭には義経と静の決別の地とする藤尾坂があったと記している。28日、朝に如意輪寺を訪ねた後、吉野川対岸の大淀村（現在：吉野郡大淀町）に入る。講演会場は聖徳太子の開基にかかる宇比曽世尊寺。同寺は当時「堂宇荒廃を極め、その状廃寺を見るがごとし」の無残なありさまで、円了は講演で十七条憲法から説き起こし、再興の必要を訴えている。4月29日、大淀村増口の専立寺で講演。円了は吉野郡長への謝意を記している。郡長自ら連日講演会に参席し、修身教会にも助成の約束をしたようだ。30日、午前に下市町（現在：吉野郡下市町）の立興寺で講演。宿泊は当地の旅館（名称は不明）。

④女性の力を実感

5月1日、雨の下市町で昼夜2回の講演。翌2日、早朝から農林学校に入り、特に生徒のために講演を行う。この学校では円了の『修身要鑑』を教科書として採用していた。これを知った円了は、生徒に訓戒の言葉を載せた「小箴」を配布している。戦後の国家経営において富国の源は農林にあり、生徒らが実業界のリーダーとなることへの期待を込めたのである。この日は日露戦争の陸軍凱旋大観兵式が挙行されている（※ただし、東京などで行われたのは4月30日とされている）。

午前中に農林学校を出ると下市旅館で小休憩の後、「峻坂険路を攀じて」南芳野村（現在：吉野郡下市町・黒滝村）に入る。山頂付近の雲深き辺りに小学校があるのを見て「学童は雲を踏んで帰るのだろうか」と感慨に耽っている。午後4時、中戸の光照寺で講演。

円了は、この地の女性が「一種の異様の袴をうがち、〔十五貫目ないし二十五貫目（40キログラム～90キログラム）もの〕重荷を背負いて峻坂を上下す」る、その労力に驚きの声を漏らしている。

この「一種異様の袴」を円了は「芳野袴」と言い、先に挙げた「大和の七奇」にも挙げているが、現在地元では「黒滝袴」と呼ばれている。『黒滝村史』では昭和8年出版の書物を引用して、次のように「黒滝袴の由来」を説明している。

労働のためにはく一種カルサン型の袴を黒滝地方では黒滝袴と呼ぶ。これは、もとは公卿のはくフワフワとした大きい袴〔で〕それが破れて修繕しているうちに、黒滝袴のような形になった。

カルサンとは、山仕事で着用する労働着で、中世に日本に来たポルトガル人のズボンがから派生したとも言われる。村史所収の写真では判断できないが、足首の所が絞られているのが特徴のようだ。由来によると、公卿という高い位の公家の袴（指貫）とされるが、黒滝村で山仕事用に使われるようになった経緯は記されていない。今日、黒滝村は「南朝の奥座敷」と紹介されることと関係しているのかもしれない。

円了ならずとも、この袴を穿いて女性が重い荷物を担いで働いている姿には心動かされる。

この地域の吉野林業とは、男性や女性といった性別、そして年齢に関わりなく、一家総出を必要とする仕事である。山に入ると自分しか頼る者はいない。自分で考え・行動できる知識や技倆を必要とする。先に触れた川上村の土倉庄三郎が、小学校の建設や女性の教育に力をいれたのも、おそらくこのような事情が背景にあるのだろう。

5月3日、同じ南芳野村内の壬生で講演。昼食後、雨の中笠木嶺に登る。円了は雲が深く立ちこめ、山水の秀美を見ることができなかった悔しさを隠さない。嶺を下り天川村に入る。熊野川上流に位置するこの村の景観は、雲の形も山の姿も、そして風俗も人情も「実に仙境なり」と感嘆する。この日円了の移動距離は、実に7里半（30キロメートル）に及んでいる。

5月4日、昼夜2回の講演。天川村のありようを、円了は次のように記す。

> 一村の人家は五、六里の間に散在し、これを合するも五百に満たず。毎戸、木工を業とす。民家多くは壁を有せず。男女ともに芳野袴を着す。役場吏員もまたしかり。山林多きも地価安く、一町歩平均四十銭ぐらいなりという。食用品はすべてその供給を他村に仰ぐ。ただ、その地に産するものは蕨とアメ魚あるのみ。

林業をもっぱらとする山村の様子が簡潔に捉えられている。

5月5日、天川村和田を出発。日程の都合で大塔村・野迫川村・十津川村に入れないことを「遺憾の至りなり」と口惜しがりつつ、「渓谷間の樵路をたどりて行くこと五里」という過酷な行程をすすむ。だが、円了は「仙人のすむような風物には驚嘆」し、むしろ道中の景色の変化を楽しみながら、宗檜村（現在の西吉野村）の陰地に入る。5里の険しい山道のあとに講演会が待っているのだが、当時48歳の円了は「その風景また、画中に座するの思いあり」と賞する余裕を見せて、

> この辺りの人家は多くは山の絶頂より半腹の間に散在し、隣家に行くに数十丈を上下せざるを得ず。これ南芳野村及び宗檜村の特色とす。ここに住するものは坂路を上下する習慣により、平地を行くにも足を高くあぐる癖ありという。伊勢山田の旅館にて客の歩き風を見て、直ちに吉野郡内の人なることを判知すというはこの習慣あるによる

どうやら伊勢神宮近くの旅館で聞いたらしい、吉野の人は足を高く上げて歩くという話に、合点がいったようだ。

⑤平地に戻る

5月6日、宗檜村陰地を出て、賀名生村（現在：西吉野村）に入る。講演は夜で、会場は高等小学校。翌7日の朝、掘家を訪れて後醍醐天皇の行在所や宝物を拝観。

その後、賀名生村を出て正午に五条町（五條市）に到着。昼食の後、郡教育会と「各宗協同」との共催により「倶楽部の楼上」で講演会を開催した。この日、五條に着いた円了は、感慨深げに次のような感想を記している。

去る二日、下市町を辞してより、今日に至るまで一週の間は、吉野山中人車の辨なき所を跋渉し、毎日草鞋をうがちて峻坂を上下したりしが、五條に至りてはじめて平坦の地を見、なんとなく都にでたる心地をなす

この一週間ほどの、山間部各地での移動がいかに厳しいものであったかを物語っている。

もう一つ注目したいのは、講演会場となった「倶楽部の楼上」である。この倶楽部が「五條倶楽部」（または「和陽倶楽部」であれば、『大東合邦論』を著し、「東洋社会党」を立ち上げた異能の政治家・樽井藤吉（１８５０‐１９２２）の最後の生活の場所であった。樽井の評伝に、晩年に連れ添った女性の言葉が残されている。

「中風になつてからは、いくら何でもわしもどうもならん、ウチも狭いのでどこかへ行つてくれと言ひますと、五條倶楽部へ行つたのですが、〔……〕」[8]

⑥税所篤一の登場

5月8日、午後に中学校で講演。終了後、旧知の人とともに桜井寺を訪問、天誅

組の顛末を聞く。翌9日、五條停車場から御所に向かう。工業学校内で郡教育会主催の講演。

5月10日、御所から北葛城郡高田町（現在：大和高田市）に入り、専立寺で講演。「各宗協同の発会式にして、すこぶる盛会」であった。高田御坊とも称する専立寺について、円了は「堂宇広大にして、眺望また幽雅なり」と記している。翌11日、高田町から車で真菅村に移動。宇土橋の専念寺で「和州布教団支部の発起にて、宗祖降誕会を挙行す。聴衆、堂に満つ。」とあるが、詳細は不明。

5月12日、畝傍停車場から奈良に出て、郡山町（現在：大和郡山市）に入る。講演会場は中学校の講堂。発起者は生駒郡教育会と中学校校友会。「奈良市外桐山より」税所篤一が会場に現れ、円了はじめ主催者の出迎えを受けている。円了は講演後、税所の山荘に招かれ「本県有名の庭園」を愛で、「望外の優待」を受けている。

税所篤一とは初代奈良県知事・税所篤の長男で、新潟県・岐阜県等の県警部長を歴任したが、明治26年（37歳ごろ）に岐阜県警を依願退職している。その後、大正3年に死去（58歳か）するまで、約20年間の消息を示す記録は見つけることができない。「奈良市外桐山」からすれば、当時は山辺郡山添村桐山（現在）あたりで暮らしていたことになる。公的資料には残っていないので、別荘的に使われていたのかもしれない。税所の立場や「本県有名の庭園」など大変興味深い内容である。

翌13日から14日まで、奈良を離れて京都に滞在。13日は京都市議事堂で「無慮千名」の聴衆を相手に「丙午の迷信」について講演している。

⑦「連座」の日

5月15日、奈良に戻り、山辺郡二階堂村（現在：天理市）田井庄の光蓮寺で講演。当寺住職・越智敏雄らが労を執った。翌16日、丹波市町から乗車して、吐田郷村（現在：御所市）に入り、名柄の竜正寺で講演。円了は葛城山を眺望し「楠氏籠城の当時を追懐」している。17日、竜正寺から畦道を歩いて掖上村（現在：御所市）玉手の満願寺へ移動。円了は「大和の名物は大仏と吉野桜と茶粥」と言いながら、その茶粥をご馳走になっている。

5月18日、玉出を出て御所から乗車し、磯城郡香具山村（現在：橿原市・桜井市）に入る。講演会場は、円光大師ゆかりの法然寺。「聴衆満堂、すこぶる盛会」であった。この日は「連座と称し、農家みな餅をつきて休業す」る日に当たっていた。連座の由来を円了は「当麻寺の故事より起こる」と記している。

上記文中の「連座」は「レンゾ」と読み、『祭礼事典・奈良県』では次のように説明されている。

> 奈良盆地の農村地帯では、3月の中旬から5月の中旬にかけて、近在の社寺の祭礼の日にあわせるようにして、春の一日、農休みの日を設定し、村中で楽しむ風習があった。これをレンゾとよびならわして〔いる。〕

「レンゾ」の語については「ことばの由来はよくわかっていない」とし、「当麻寺の練供養（5月14日）を意味する『練道』からきたというような説明も納得しにくい」

と、円了が記した説をあっさり却下する。そして「共同の行事で『連れる』という意味があるらしいとは思われる」と言い、農家の「生業暦と結びついた『休みの日』の意識」と「社寺への行事の参拝」に着目して、3月22日に始まる法隆寺会式から5月14日の當麻寺の練り供養（「練道」）までを「『レンゾ』という意識がみられた『社寺の祭礼』」と位置づけている。つまり、レンゾ―連座―を「レンゾと意識されていない地域」も含め、寺院とかかわる「村の春先の行事」と捉えているのである。

一方、市町村史などでは、明治39年の「円了説」も力を失っていない。当時の香久山村に近い今日の橿原市は『橿原市史』の中で、次のように記している。

> レンゾという言葉も、今では連座などの字をあてたりしているが、その語源もおそらく練道供養のレンドオがレンド・レンゾと変化したものであろうと考えられる。

ただ、残念ながら出典は円了の「大和紀行」ではないようだ。折口信夫の大正7年（1918）の論考「方言」に、

> ○れんぞ・れんど　此語は〔……〕恐らく練道供養のれんどおが〈れんぞ〉となつたものであらう。

と記述されている。一目（一読）瞭然、『市史』の記述は、この引き写しである。

引用元の明記はないが、折口も苦情の言えた立場ではない。この文言の前に「思ひ当るのは、当麻寺の練供養である」としているが、自分自身で思い当たったのかどうか。折口の論考が掲載された雑誌（『土俗と伝説』）の発行は、円了の記述から12年も経った後だ。明治39年当時、折口はまだ國學院大學の予科生だった。折口は若い頃、円了がつくった「哲学堂」に寄宿していた。円了からの薫陶や何らかの示唆や影響を受けていて不思議はない。

⑧農村祭礼から国家祝祭日へ

本稿の文脈でより重要な事実は、明治39年当時、円了が伝聞体で記したことから窺えるように、少なくとも香久山村では、レンゾ――連座――が「当麻寺の故事より起こる」と考えられていたことだ。円了が書き残しておいてくれたおかげで、「レンゾ＝当麻寺の故事」説（円了説）が俄然信憑性を帯びてきたのである。

では、先の『事典』の記述には根拠がないのだろうか。「奈良盆地の農村地帯」のレンゾの実施の状況を見ると、当麻寺の練供養（5月14日）前後の日に行われる地域は少なく、4月3日が圧倒的多数を占めている。最近の傾向ではない。大正4年（1915）に奈良県教育会の依頼で行われた調査[9]によると、記録の残っている55町村（当時）で、5月に入ってからのレンゾは16町村。そのうち当麻寺の練供養に合わせて5月14、15日に行われているのは、高田町（当時）ほか3村（以下「高田町等」）しかない。他の12村は4月3日にもレンゾが行われている。また、4月3日にレンゾを行っていない町村は高田町等を含め8町村だけである。もっと言えば、日付が記載されていない等の町村を除き、4月3日は例外なく――高田町等も――農家の休日、すなわち先の『事典』がレンゾと定義した「春の一日、農休みの日」に該当するのである。「大和紀行」にあらわれた香久山村も、この大正4年の調査では、レンゾの日は4月3日と記録されている。円了の見た5月18日ではなく。

幕末あたりから宮中では神武天皇の没した日（旧暦3月11日）に祭祀が執り行われていた。この宮中行事が明治41年（1908）の「皇室祭祀令」で神武天皇祭となり、新暦にあたる4月3日が国家の大祭の一つと定められた。そして大祭日は「家々国旗を掲げ一戸一人は必ず其の家族を代表して其〔祭典の〕式場に参列し祭典に与」ることとされ、奈良では時期の近いレンゾと重合したのだ。その結果、香久山村のレンゾ――連座――も、円了が目撃した5月18日から、4月3日に「変更」されたのである。

円了の先の記述は、明治39年から10年の間に、国家が定めた祝祭日が「国民の義務」となり、旧来の農村生活における伝統的祭礼に置き換わるかたちで、神武天皇祭が農耕儀礼として受容されていたことを示す、極めて貴重な記録なのである。

（3）旅の終わり

5月19日、香具山から畝傍に出て乗車、京都に向かう。正午に京都に到着した円了は、夕刻東六条皆山校で講演。「聴衆、堂にあふれ、庭前また人をもって埋ずむるに至る」ほどの大盛況であった。20日と21日の午前も京都で講演。21日の午後は大阪（茨木）で講演。22日は再び京都に戻って講演している。

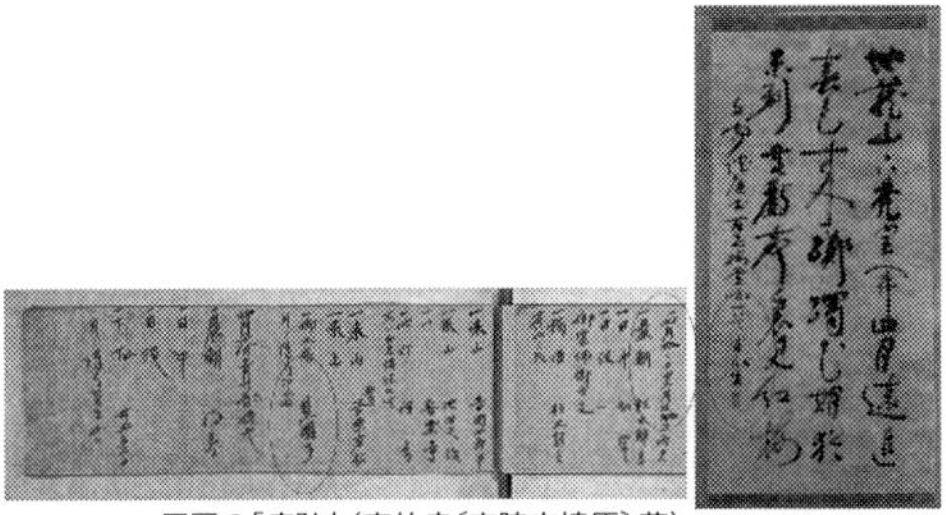

円了の「痕跡」(宗祐寺〔宇陀市榛原〕蔵)

5月22日、午後8時に京都駅から急行で帰京。翌23日の朝、東京に到着。円了はそのまま「和田山哲学堂に至り、四聖に向かいて無事帰京を奉告」している。

4月2日からの延べ52日間の長きにわたった「大和紀行」は――ようやく――終わった。本稿も、ここでいったん明治39年の大和における円了の追跡を休止し、奈良の地に残された「大和紀行」の痕跡を拾い集めることにしたい。

(4) 奈良では空白の「50日」

ところが、その痕跡は、ほぼ皆無である。井上円了の「大和紀行」は、奈良(大和)記録や記憶からは、すっぽり抜け落ちてしまっている。

講演は寺院を会場とする場合が多かったが、これを記した文書等は見つかっていない。思い出話としても、伝わっていない。明治39年前後という時期が、それまでの師資相承の時代から血統での相続の時代に移る端境期にあたっていたことも、一因なのだろうか。宿泊した旅館の多くも消えており、円了の名を載せた宿帳も残っていない。

「井上博士講演」の新聞記事が見つかったが、日付は大正6年。「大和紀行」のときではない。亡くなる2年前の最晩年に、奈良市で講演したときのものだ。

円了の「大和紀行」の痕跡は、今のところ宗祐寺(現在の宇陀市榛原)に残る、明治39年5月17日の宿泊者名簿に記された署名とその時お礼として贈った揮毫、これだけである。

「大和紀行」の記述は「珍しい事物」に満ちている。だが円了は、妖怪博士の立場から珍奇な事物や異聞・綺譚を蒐集したわけではない。先に述べたように「大和紀行」を含め、巡講日誌が収録されている『南船北馬集』各編は、非売品である。想定読者は一般大衆ではない。各講演開催地の関係者である。要するにお礼がわりの贈答品として制作されたのだ。地域の珍風景や奇習を並べるはずがない。われわれが「珍しい」と感じるのは、今となっては失われてしまったものであるからだ。あるいは、その失ったものへの「価値」を感じなくなってしまっているからだろう。

当時・その地域にあっても、そこで暮らす人には価値に気づくこともない、ありきたりのものであったかもしれない。その「普通の日常」に、観光者・円了は「光」を「観」じて、克明に記録したのである。お世話になったあなたがたの土地には、こんなに素晴らしいものが、たくさんありますよと伝えるために。

「大和紀行」に記された事物は、今も各地域に少なからず残っている。しかし、円了が観た「光」は、「大和紀行」の消失とともに、記録からも記憶からも消えてしまった。

明治39年の円了が、とりわけ奈良の「光」と観じたものは何だろう。言い換えれば、その「光」こそ日露戦争が終わったころ、日本が「真」の近代化を目指す上で、何よりも必要であったものに違いない。

4．観光／円了／奈良

（1）国策としての「観光」論

ここで、いったん明治21年の観光立国論「坐なから国を富ますの秘法」に戻る。日清戦争後の明治28年、円了は「戦後の富国策」という論考を発表した。その内容は「坐なから」とまったく同一。タイトルを付け替えて、末尾に一文付け足した。戦争で消費された巨額の軍事費は、平和的な観光で取り戻そう、と。

日露開戦直前の明治37年、円了は「対露余論」で徹底した非（反）戦論を展開し、「兵力のみを以て東亜の平和を維持すること能はざるを主唱」した。当時一般にそうであったように、円了も「富国と強兵は実際上密切なる関係を有する」と認識していた。この時期の強兵策が非戦論なら、一体である富国策も、非戦の上になりたつ観光論が維持されていただろう。

明治21年の観光立国論である「坐なから国を富ますの秘法」は、日清戦争や日露戦争を含め、その時々に移ろう世情を意識しつつも、円了の一貫した「富国策」であり続けたのだ。

（2）円了の「観光」観

そもそも「坐なから」とは、どういう意味なのか。そして、どう訓めば良いのか。「坐」は「〈ざ〉」や「〈すわ〉る」よりも、古語では「〈い〉ます」ないし「〈まし〉ます」と読むのが一般的で、『日本書紀』「巻第三 神日本磐余彦天皇 神武天皇」にも用例が見られる。

神武帝が「平天下」を企図して「東征」に向かった翌年の9月、先住者「国つ神」の抵抗に苦しんでいたとき「天つ神」から「天神地祇（天つ神と国つ神の双方）をお祀りせよ」とのお告げがあり、その「神意」のままに行動すると、敵は自ら塞いだ進路を拓いた。神武帝はさらに神意を占い、こう宣告する。もし水を使わずに飴が作れれば、武器を使うことなく「天下を居ながらに平らげる」ことができるだろう、と。このあと見事に水なしで「飴即ち自づからに成」るのだが、この部分が『日本書紀』では「坐平天下」と記され、「坐〈い〉ながら天下〈あめのした〉を平〈たいら〉けむ」と読み下されるのである。飴は天と掛けた比喩であろうが、美味なる作物の豊穣なる稔りを想起させる。ここで「坐」は「鋒刃之威〈つはもののいきほい〉」と対比されている。

つまり、平和のうちに天下を統治する方法が「坐〈い〉なから」。日常的で平和な状態を表現し、戦闘的ないし競争的な状況とは鮮やかに対比されて使われる語である。円了が「坐なから」を、他ならぬ国粋主義者の機関誌とされる『日本人』に提起した理由も、そこにあったのではないか。

「坐なから国富論」が否定した従来型の富国策、すなわち強兵・製産・貿易・出稼のいずれもが他国（多くは西洋列強国）との競争を必至とし、諸資源の確保やマーケット拡大のためにアジアへの進出を不可避とする。自国内だけの風致文物を、自国内でのみ活用する、国際観光政策だけが――来遊者への便宜供与にとどまる限り――平和的かつ非競争的に国を富ませる方法、すなわち「坐なからにして国を富ませる」政策となる。その政策がホテル改良やガイドブック作成といった、来遊者への便宜供与というパッシブな――すなわち「坐ながら」の――範疇を超えて、地域資源の観光商品化や観光地開発などの積極的インバウンド策に踏み込んだとたん、観光は製産や貿易と同義になり、目の色を変えた観光客獲得競争に、世界も国家も地域も企業も、個人さえも一つになって巻き込まれてしまう。

だからこそ、「坐ながら」の「秘法」は、ガイドブックと安価なホテルをつくるところで、とどまらなければならなかったのだ。そうでなければ富国の秘法は、亡国の呪文に転じてしまうのである。

（了）

《注》

1．上田正昭他監修『講談社日本人名大辞典』（２００１）講談社、p.215
これ以降の参考引用文献等については必要に応じて本文に記載し、注記を要すると判断したもの以外は、基本として資料名・引用箇所等の明記は省略する。不明の点は編集責任者あてお問い合わせください。

2．三浦節夫「井上円了と著述：井上円了略年譜・井上円了著述目録・『井上円了選集目次』」『井上円了センター年報』第13号（２００４）東洋大学

3．「全国巡講」の数値データについては、主に三浦節夫「井上円了の全国巡講データベース」『井上円了センター年報』第22号（２０１１）東洋大学（※２・（１）も同じ）

4．以下本節引用は、井上円了「哲学館専門科二四年度報告書題言」『忠孝活論序論』（１８９３）哲学書院

5．三浦節夫『井上円了』（２０１６）教育評論社

6．初出『修身協会雑誌』第三一号（１９０６．７．11）、引用元「館主巡回日記」『井上円了選集12』（１９９７）東洋大学

7．本章を通して井上円了『南船北馬集第一編』、引用元は『井上円了選集13』（１９９７）東洋大学

8．田中惣五郎『東洋社会党考』（１９３０）一元社

9．奈良県教育会による大正４年の調査などによる。

「あとがき」にかえて

円了の「坐なから国を富ますの秘法」は、明治21年における外国人向け、保養地すなわち「リゾート」開発構想と翻案できる。その「リゾート」には、「止むを得ず採る最後の手段」というもう一つの意味がある。海外事情を実際に観て取った円了にとって、強兵・殖産興業・海外雄飛などは、当時の日本には、荷の重すぎる国富策に映った。「坐なから」の観光立国論は、経済やモノに恵まれないこの国の実力に見合った、そして、他国と争う必要のない、日本の近代国家建設に向けた、円了苦肉の構想だったのである。その観光立国を民間主導で進めようとするとき、日本の将来を担う「光」は明らかである。円了がなりふり構わず日本を駆け巡ったのも、この「光」を観じ取りたいためだったのだろう。

「大和紀行」から戻った円了は、ほどなく「大和論」を執筆した。日露戦争の勝利に浮かれる民衆を横目に、次のように掉尾を括った。

昨年（2022）発行の『奈良県立大学ユーラシア研究センター学術叢書1 vol.3　奈良に蒔かれた言葉　近世・近代の思想』でも引用したが、ここでも「あとがき」にかえて載せておくこととしたい。円了が奈良の地に蒔いた言葉である。

> 振古未曾有の戦争はここに一過し去れり。これより戦後の経営を講究せざるべからず。戦争の経営は至難なりといえども、時日を要すること短し。しかるに戦後の経営は急進速行をもってなすべからず。これ戦後の経営の、易くしてか

えって難きゆえんなり。故に今日の青年は、決してこの戦争の勝利に安んずることなく、堅忍持久の精神をもってこれに当たらざるべからず。

円了は「若い人は戦争に勝ったことで浮かれてはならない。今こそ、落ち着いて長期的視野をもって事に当たらなければならない」との認識を示し、その上で「大和論」をこう締めくくった。

その手本を、まず大和の青年において示されんことを望みてやまざるなり

（編集責任者　中島敬介）

執筆者等プロフィール

植村和秀（うえむら・かずひで）

京都産業大学法学部教授

１９６６年京都府生まれ。京都大学法学部卒業。専門は日本政治思想史。『昭和の思想』（講談社選書メチエ、２０１０）、『日本のソフトパワー』（創元社、２０１２）、『ナショナリズム入門』（講談社現代新書、２０１４）、『折口信夫』（中公新書、２０１７）など著書多数。

井上さやか（いのうえ・さやか）

奈良県立万葉文化館企画・研究課企画・研究係長

１９７１年宮崎県生まれ。同朋大学文学部国文学科卒。中京大学大学院博士課程満期退学。博士（文学）。中京大学非常勤講師等を経て、２００１年から財団法人奈良県万葉文化振興財団万葉古代学研究所（現・奈良県立万葉文化館）に所属。２０２２年から現職。専門は『万葉集』を中心とした日本文学・日本文化。著書に『山部赤人と叙景』、『万葉集からみる「世界」』（ともに新典社）。『マンガで楽しむ古典万葉集』、『マンガはじめて読む古事記と日本書紀』（ともにナツメ社）監修。『飛鳥への招待』（中央公論新社）分担執筆、他多数。

岡本貴久子（おかもと・きくこ）

奈良県立大学ユーラシア研究センター客員研究員

東京大学大学院人文社会系研究科修士課程修了、総合研究大学院大学文化科学研究科博士課程修了、博士（学術）。所属学会は文化資源学会、美術史学会、生き物文化誌学会。主な著作に『「記念植樹」と日本近代―林学者本多静六の思想と事績』（思文閣出版、２０１６）、「「みどり」からみる明治期日本の風景と自然観一考」『グリーン・エージ』（538号、特集・都市の大樹を次世代に引き継ぐ、２０１８）、「全国植樹祭と河井弥八―国土緑化に向けたまなざし」『山林』（１６３４号、大日本山林会、２０２０）、「東京帝国大学における林学教育の導入とその使命」瀧井一博編『「明治」という遺産』ミネルヴァ書房、２０２０）、「空海と山水―「いのち」を治む」末木文美士編『比較思想から見た日本仏教』（山喜房佛書林、２０１５）、共著で秋道智彌編『日本の環境思想の基層　人文知からの問い』（岩波書店、２０１２）など。

大川真（おおかわ・まこと）

中央大学文学部人文社会学科哲学専攻教授

１９７４年群馬県生まれ。東北大学文学部卒業後、同大学大学院文学研究科博士課程修了。博士（文学）。専門は日本思想史、日本精神史。東北大学大学院文学研究科助教、吉野作造記念館館長、中央大学文学部人文社会学科哲学専攻准教授を経て、２０２０年から現職。著書に『近世王権論と「正名」の転回史』（御茶の水書房、２０１２）、『年号と東アジア―改元の思想と文化―』（共著。八木書店、２０１９）など。

桐原健真（きりはら・けんしん）

金城学院大学文学部教授

１９７５年茨城県生まれ。東北大学大学院文学研究科博士課程後期修了、博士（文学、２００４）。東北大学大学院文学研究科助教、金城学院大学文学部准教授等を経て、２０１６年から現職。専門は近代日本倫理思想史、言説史研究。著書に『カミとホトケの幕末維新―交錯する宗教世界』（共編著、法蔵館、２０１９）、『松陰の本棚―幕末志士たちの読書ネットワーク』（吉川弘文館、２０１６）、『近代東アジアの経済倫理とその実践―渋沢栄一と張謇を中心に』（共編著、日本経済評論社、２００９）など。

福家崇洋（ふけ・たかひろ）

京都大学人文科学研究所准教授

１９７７年徳島県生まれ。２００１年京都大学経済学部卒、同大学院人間・環境学研究科博士後期課程研究指導認定退学。博士（人間・環境学）。富山大学准教授を経て２０１８年から現職。専門は近現代日本の社会運動史、社会思想史。著書に『戦間期日本の社会思想―「超国家」へのフロンティア』（人文書院、２０１０）、『日本ファシズム論争―大戦前夜の思想家たち』（河出書房新社、２０１２）、『満川亀太郎―慷慨の志猶存す』（ミネルヴァ書房、２０１６）、『思想史講義』（共編、筑摩書房、２０２２、３）。

中島敬介（なかじま・けいすけ）

奈良県立大学ユーラシア研究センター特任准教授、副センター長

主な著作に「『勅語玄義』に見る奇妙なナショナリズム」東洋大学 井上円了研究センター編『論集 井上円了』（２０１９）教育評論社、「地域経営の視点から見た『平城遷都一三〇〇年祭』」『都市問題研究』第60巻11号（２００８）、「もう一つの観光資源論」『日本観光研究学会研究発表論文集 No.29』（２０１４）、「井上円了の国家構想」『東洋大学井上円了研究センター年報 vol.26』（２０１８）、「南貞助論―日本の近代観光政策を発明した男」『日本観光研究学会研究発表論文集 No.34』（２０１９）など。

奈良県立大学ユーラシア研究センター学術叢書シリーズ2

vol.3 奈良に蒔かれた言葉Ⅱ 近世・近代の思想

2023年3月31日　初版第一刷発行

編　著　者：奈良県立大学ユーラシア研究センター
責任編集者：中島敬介（ユーラシア研究センター特任准教授・副センター長）

発　行　所：京阪奈情報教育出版株式会社
〒630-8325
奈良市西木辻町139番地の6
URL：http://narahon.com/　Tel：0742-94-4567
印　　　刷：共同プリント株式会社

ISBN978-4-87806-830-0